本书由河北省社会科学基金项目"数字经济下河北省传统电商营销模式转型研究"（批准号:HB20GL025）资助出版

电商数字化营销模式革新
——以京津冀为例

许曼◎著

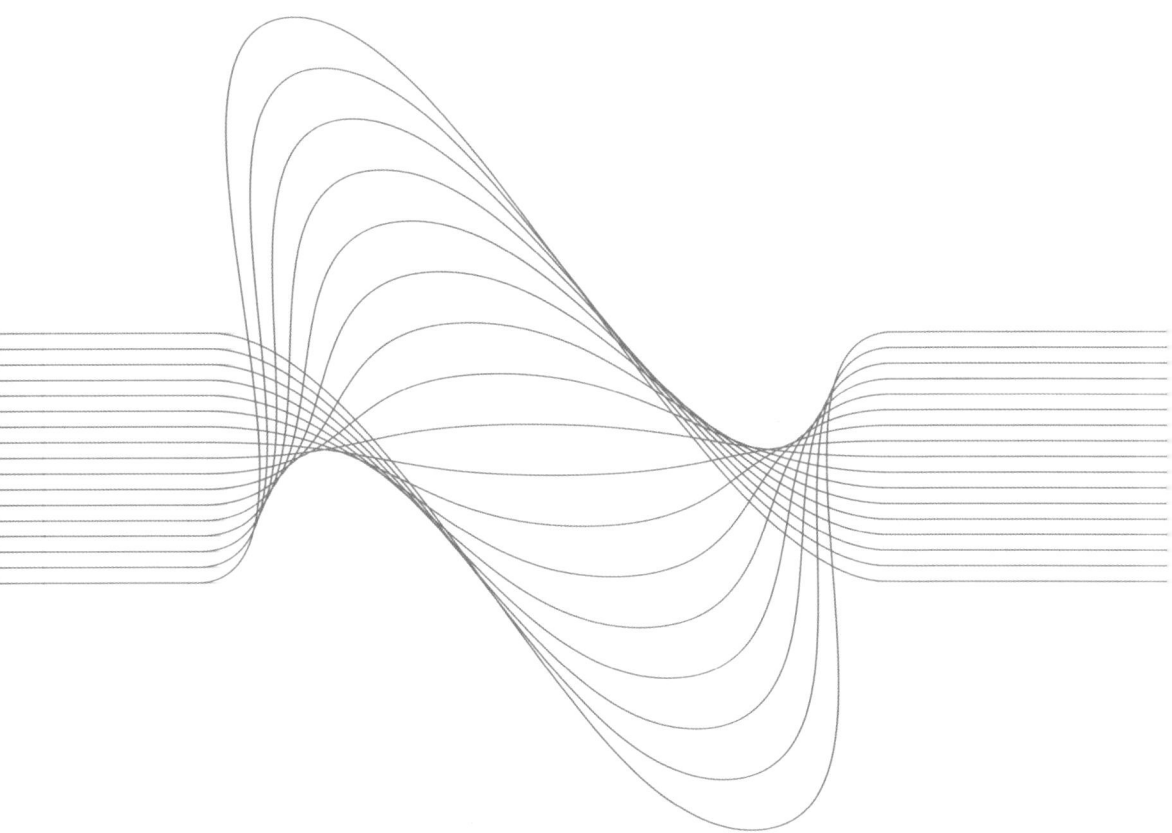

中国社会科学出版社

图书在版编目（CIP）数据

电商数字化营销模式革新：以京津冀为例 / 许曼著.
北京：中国社会科学出版社, 2025. 5. -- ISBN 978-7
-5227-4894-8

Ⅰ. F724.6

中国国家版本馆 CIP 数据核字第 2025YR2871 号

出 版 人	赵剑英
责任编辑	李凯凯
责任校对	胡新芳
责任印制	李寡寡

出　　版	中国社会科学出版社
社　　址	北京鼓楼西大街甲 158 号
邮　　编	100720
网　　址	http://www.csspw.cn
发 行 部	010-84083685
门 市 部	010-84029450
经　　销	新华书店及其他书店
印刷装订	北京市十月印刷有限公司
版　　次	2025 年 5 月第 1 版
印　　次	2025 年 5 月第 1 次印刷
开　　本	710×1000　1/16
印　　张	16.25
字　　数	218 千字
定　　价	89.00 元

凡购买中国社会科学出版社图书，如有质量问题请与本社营销中心联系调换
电话：010-84083683
版权所有　侵权必究

前　言

在数字经济迅猛发展的时代背景下，电商行业正经历着前所未有的变革。作为中国经济的重要引擎之一，京津冀地区的电商企业更是站在了这场变革的前沿。本书旨在深入探讨这一变革过程，分析传统电商企业在数字化浪潮中面临的挑战与机遇，以期为企业营销模式的创新提供理论支撑和实践指导。

随着互联网的普及和科学技术的进步，消费者的购物行为、偏好和需求都发生了深刻变化。这一变化要求电商企业必须紧跟时代步伐，不断更新和优化自身的营销模式。特别是在京津冀地区，作为中国经济的重要增长极，这里的电商企业面临着更加激烈的市场竞争和更为严格的监管要求。如何在这样的背景下保持行业领先地位，实现持续增长，成为摆在每个电商企业面前的重大课题。

本书从电商数字化营销模式的现状出发，结合京津冀地区的实际情况，分析了传统电商企业在发展过程中面临的优势与挑战。通过引入博弈论等经济学理论，深入探讨了竞争环境下传统电商企业营销模式数字化转型策略，为企业制定科学合理的营销策略提供了有力的理论支撑。同时，本书还结合了大量实际案例，展示了电商企业在数字化营销方面的创新实践和经验教训，为企业提供了宝贵的参考和借鉴。

本书共包括八章。第一章为数字经济、电商与营销：传统企业变革的三大核心力量；第二章为博弈思维与营销策略：引领未来的商业智慧；第三章为数字经济时代下的营销变革；第四章为传统电商企业的发展压力与机遇：营销模式的转型与创新；第五章为京津冀传统电商企业现状分析；第六章为代表性电商企业营销模式经验借鉴；第七章为基于博弈论的传统电商营销数字化转型策略分析；第八章为京津冀传统企业营销数字化转型建议。

在撰写过程中，笔者始终秉持客观、公正、专业的态度，力求为读者呈现一个全面、深入的电商数字化营销图景。然而，受研究背景和能力水平的限制，笔者对电商企业数字化转型相关政策和理论的理解尚显浅薄，加之涉及的理论研究和实践操作都极为复杂，书中难免存在不足和疏漏之处。在此，笔者恳请广大读者不吝赐教，提出宝贵的意见建议，精进后续研究，为推动电商行业的持续发展和创新贡献力量。

最后，感谢在成书过程中所有在专业领域给予笔者指导和帮助的专家、学者和业界人士，是你们的智慧与付出让本书得以顺利完成。笔者期待本书能成为电商企业、政策制定者、学者和研究者等多方人士了解电商数字化营销趋势、探索创新发展之路的重要参考读物。

目　录

第一章　数字经济、电商与营销：传统企业变革的三大核心力量……………（1）
　第一节　数字经济的崛起……………………………………（2）
　第二节　电商行业的全面剖析………………………………（10）
　第三节　营销变革：背景、趋势与新视角…………………（23）

第二章　博弈思维与营销策略：引领未来的商业智慧………（29）
　第一节　博弈论概述…………………………………………（29）
　第二节　营销策略概述………………………………………（38）
　第三节　博弈论在营销策略中的应用………………………（43）

第三章　数字经济时代下的营销变革……………………………（49）
　第一节　数字经济时代下营销环境的变革…………………（49）
　第二节　数字技术对营销变革的影响………………………（52）
　第三节　数字技术在营销中的应用…………………………（58）

第四章　传统电商企业的发展压力与机遇：营销模式的转型与创新……………………………………………（67）
　第一节　传统电商企业面临的发展压力……………………（67）
　第二节　传统电商企业的发展机遇…………………………（75）

第三节　传统电商企业的发展优势 …………………………（82）
第四节　传统电商企业的发展劣势 …………………………（87）
第五节　传统电商企业营销模式转型的迫切性与
　　　　必要性 ………………………………………………（96）

第五章　京津冀传统电商企业现状分析 ……………………（101）
第一节　京津冀地区电商行业概述 …………………………（101）
第二节　京津冀传统电商企业基本现状分析 ………………（115）
第三节　传统电商企业面临的优势与挑战 …………………（132）

第六章　代表性电商企业营销模式经验借鉴 ………………（139）
第一节　京东 …………………………………………………（139）
第二节　阿里巴巴 ……………………………………………（158）
第三节　拼多多 ………………………………………………（182）

第七章　基于博弈论的传统电商营销数字化
　　　　　转型策略分析 ………………………………………（207）
第一节　电商营销中的博弈关系分析 ………………………（207）
第二节　竞争环境下电商企业的数字化转型升级策略 ……（210）

第八章　京津冀传统企业营销数字化转型建议 ……………（232）
第一节　明确转型目标和战略 ………………………………（232）
第二节　强化区域合作与数据共享 …………………………（233）
第三节　优化数字营销工具和技术 …………………………（236）
第四节　加强人才培养和团队建设 …………………………（238）
第五节　创新营销模式和策略 ………………………………（240）
第六节　加强政策支持和引导 ………………………………（241）

参考文献 …………………………………………………………（243）

第一章

数字经济、电商与营销：传统企业变革的三大核心力量

随着科技的飞速发展和信息化的不断深入，我们正处在一个崭新的时代。在这个时代中，数字经济、电商和营销策略的变革正在以前所未有的速度和规模重塑商业环境。[1] 它们不仅为传统企业带来了巨大的商业机会，更为它们提供了转型和升级的强大动力。[2]

数字经济的崛起正在深刻改变着企业的运营模式。通过大数据、云计算、人工智能等先进技术的应用，企业能够更好地理解市场需求，预测消费者行为，从而制定出更加精准的战略决策。此外，数字经济还为企业提供了更加灵活的商业模式和创新机会。无论是跨界合作、线上线下融合，还是个性化定制，数字经济都为企业提供了无限的想象空间和可能性。

电商的繁荣发展正在改变着企业的销售模式。传统的销售模式越来越受到电商的冲击，企业需要适应新的市场环境，转变自身销售策略，积极开拓线上销售渠道。与此同时，电商平台的兴起也为

---

[1] 李俊、付鑫：《数字贸易促进数字经济发展：机理、事实与建议》，《国际贸易》2024年第7期。

[2] 乔晗、胡杰、张硕等：《商业模式创新研究前沿分析与评述——平台生态系统与价值共创》，《科技促进发展》2020年第1期。

中小企业提供了与大企业公平竞争的机会。通过电商，中小企业能够以更低的成本、更高的效率接触到更多的消费者，从而实现快速成长。①

营销策略的不断创新正在推动企业更好地满足消费者需求。随着消费者需求的多样化、个性化，企业需要运用创新的营销策略来吸引和留住消费者。社交媒体、短视频、直播等新型营销方式的兴起，为企业提供了更多与消费者互动的机会。通过这些营销策略，企业不仅能够更好地理解消费者需求，还能与消费者建立更加紧密的联系，提升品牌价值和影响力。②

数字经济、电商和营销策略的变革并不是孤立的，它们相互交织、相互促进，共同构建了一个智能化、高效化、互联化的商业世界。在这个世界里，企业需要不断提升自身的技术实力、创新能力、市场洞察力，才能灵活应对市场的挑战和机遇。同时，企业还需要与政府、行业协会、研究机构等各方建立更加紧密的合作关系，共同推动行业的健康发展。

第一节　数字经济的崛起

进入 21 世纪以来，全球范围内的信息通信技术不断突破创新，这为数字经济的快速发展提供了关键的驱动力。数字经济的崛起便成为一个不可逆转的趋势。数字经济的崛起是技术、市场和社会需求等多重因素共同作用的结果，随着互联网和相关技术的快速发展，数字经济逐渐成为全球经济增长的新引擎。③ 数字经济的快速

---

① 高凯：《数字经济时代生鲜电商企业商业模式创新研究》，《商业经济研究》2024 年第 11 期。

② Johnson, L. and Wang, M., "Marketing in the Digital Age: Strategies and Challenges", *International Journal of Marketing Studies*, Vol. 18, No. 3, 2021, pp. 21–32.

③ 钟红、于梦扬：《央行数字货币对全球跨境支付体系的影响》，《新金融》2023 年第 10 期。

发展不仅为经济增长注入了新的动力，还深刻地改变了人们的生活方式和社会经济结构。

一 数字经济崛起的关键驱动力

（一）技术突破与互联网的普及

技术突破为数字经济的崛起提供了坚实的基础。[①] 自20世纪后期以来，信息通信技术不断创新，从微电子技术、计算机技术到互联网技术的突破性进展推动了数据存储、处理和传输能力的极大提升。此外，人工智能、云计算、大数据等新兴技术的兴起，为数字经济发展开辟了新的道路。[②]

互联网的普及为数字经济的崛起提供了广阔的平台。互联网的开放性和即时互动性使得信息与数据能够自由交换和共享，打破了信息不对称的局面。互联网的全球化特点为企业提供了更广阔的市场和商业机会，促进了跨国贸易和交流。[③] 随着移动互联网的普及，人们可以随时随地接入网络，享受数字服务，这进一步推动了数字经济的发展。例如，企业可以通过互联网平台进行全面运营，大大拓宽了销售渠道和覆盖范围；在线支付的兴起则改变了人们的支付习惯，为企业提供了更高效、便捷的支付解决方案。

基础设施建设的不断完善也为数字经济的崛起提供了有力保障。宽带网络、数据中心、云计算中心等基础设施的建设与完善，使得数据传输速度更快、数据处理能力更强，这为企业提供了高效、稳定的数据存储和计算服务，降低了运营成本。

[①] 王宇、束容与:《平台经济推动产业链高质量发展的机制与路径研究》,《当代经济科学》2024年第5期。

[②] 顾丽敏、张骁:《数字经济驱动企业商业模式创新的动因、机理与路径》,《南京社会科学》2023年第12期。

[③] 陈凯旋、张树山:《电商平台建设能推动数实融合吗？——来自国家电子商务示范城市的经验证据》,《当代经济管理》2024年第8期。

(二) 移动设备的普及与智能化

随着智能手机的出现和普及,移动设备成为人们获取信息和交流的主要工具,这为数字经济的崛起提供了重要的支撑。移动设备的普及与智能化,不仅提升了用户体验,还催生了一系列移动应用和服务,推动了数字经济的快速发展。

智能手机的普及为数字经济发展提供了广阔的市场空间。智能手机具备了高性能处理器、大容量存储和高清显示屏等硬件配置,为用户提供了更加流畅、便捷的操作体验。通过智能手机,人们可以随时随地购物和获取信息等,这为电子商务、移动支付等领域的快速发展提供了便利的条件。

移动设备的智能化催生了一系列移动应用和服务。移动应用的创新和发展,满足了用户在不同场景下的需求,例如社交、办公、娱乐等。移动支付的兴起改变了人们的支付习惯,推动了无现金社会的进程。此外,位置服务、增强现实、虚拟现实等技术也在移动设备上得到了广泛应用,为各行业提供了创新的机会。

智能手机的普及与移动互联网的发展相辅相成。移动互联网的快速发展为智能手机提供了更优质的网络环境,满足了用户高速上网的需求。4G 网络的普及提升了移动互联网的速度和稳定性,而 5G 网络的推出则进一步为物联网、边缘计算等新兴技术提供了有力支持。

(三) 云计算、大数据与人工智能的应用

云计算技术的兴起为数据的存储和管理提供了全新的方式。企业可以不必在本地服务器上存储大量数据,而是通过云计算服务进行数据的集中存储、管理和备份。这种方式的灵活性高、成本低,受到了企业的广泛欢迎。大数据技术的应用使得企业能够从海量数据中提取有价值的信息,为决策提供有力支持。通过数据挖掘和分析,企业可以更好地了解市场动态、消费者需求和业务流程,进而

优化产品和服务。人工智能的应用则进一步提升了数据处理和分析的智能化水平。人工智能技术可以自动识别、分类和分析数据，为企业提供更精准的预测和决策支持。人工智能还在语音识别、图像识别、自然语言处理等领域取得了显著成果，为各行业带来了创新和变革。

云计算技术的应用使数字经济具备了强大的计算能力和数据处理能力。[①] 云计算使得企业可以快速、灵活地获取和管理计算资源，而无须进行大规模硬件投入。这为企业节省了IT成本，提高了运营效率。同时，云计算还促进了数据共享，使得企业可以更加便捷地进行数据分析和处理，从而更好地支持决策制定和创新发展。

大数据技术的应用则为企业提供了更广阔的数据来源并使之具备强大的数据分析能力。通过大数据技术，企业可以从海量数据中提取有价值的信息，从而更好地了解市场动态、消费者需求和业务流程。这为企业优化产品和服务提供了有力支持，也为企业的决策制定和创新发展提供了依据。

人工智能的应用则进一步提升了数据处理和分析的智能化水平。人工智能技术可以对数据进行自动识别、分类和分析，从而为企业提供更精准的预测和决策支持。人工智能还在语音识别、图像识别、自然语言处理等领域取得了显著成果，为各行业带来了创新和变革。[②] 人工智能的应用不仅提升了企业的生产效率和服务质量，还催生了许多新的商业模式和创新创业机会。

（四）政府支持与政策推动

数字经济的崛起在很大程度上得益于各国政府的支持与政策推

---

① 罗琳：《大数据驱动的商业模式创新研究现状、内在机理及具体过程》，《商业经济研究》2020年第4期。

② 陈岳飞、王理、喻准：《融合型智能控制技术研究与应用》，《计量科学与技术》2023年第6期。

动。政府在数字经济发展中发挥着至关重要的作用，相关政策的制定和实施，为数字经济的快速发展提供了有力保障。

政府对数字经济的支持体现在制定和实施数字经济发展战略上。许多国家将数字经济发展作为国家战略，通过制定详细的发展规划和目标，为数字经济的长期发展指明了方向。政府通过财政支持、税收优惠等方式鼓励企业加大数字技术的研发和应用力度，推动传统产业的数字化转型和创新发展。此外，政府还设立了专门的机构和基金，用于支持数字经济的创新创业和人才培养。

政府在数字经济发展中发挥着基础设施建设的关键作用。政府加强了网络基础设施建设，提高网络覆盖率和增加带宽，为数字经济发展提供基础保障。政府还推动了数据中心、云计算中心等基础设施的建设，为企业提供了高效、稳定的数据存储和计算服务。这些基础设施的建设为企业提供了更好的发展环境，降低了运营成本。[①]

政府还加强了数据安全和隐私保护的监管，为数字经济发展创造了良好的法律环境。随着数字经济的快速发展，数据安全和隐私保护问题越来越突出。政府通过制定相关法律法规和标准，保障了个人和企业数据的安全与隐私权益。这为数字经济发展提供了必要的法律保障，降低了企业和个人的风险。

二 数字经济的影响

（一）对传统产业的冲击与变革

电子商务的兴起对传统零售业造成了巨大的冲击。随着互联网的普及和电子商务的发展，消费者越来越倾向于在线购物，这导致

---

① 冯朝睿：《高水平数字政府建设的影响因素及推进路径》，《河北大学学报》（哲学社会科学版）2022年第6期。

了传统零售业的销售市场大幅缩减。为了应对这种冲击，传统零售业需要积极拥抱电子商务，实现线上线下融合，提升用户体验和服务质量。

数字技术的广泛应用也深刻改变了传统产业的生产方式、管理模式和商业模式。在生产方式方面，智能制造、3D 打印等技术使得制造业的生产过程更加自动化、智能化，提高了生产效率和产品质量。在管理模式方面，大数据、云计算等技术为企业提供了更高效的数据管理方式，有助于企业实现精细化管理。在商业模式方面，移动支付、社交电商等新型商业模式不断涌现，为传统企业提供了创新发展的机会。[1]

新兴数字企业的崛起也对传统企业形成了竞争压力。这些企业借助数据分析、人工智能等技术手段，能够更快速地响应市场需求，提高生产效率和降低成本。这使得传统企业面临更大的市场竞争压力，不得不加快数字化转型的步伐，以适应市场的变化。

（二）创造新的经济增长点与就业机会

数字经济已成为全球经济增长的重要引擎，催生了一系列新兴产业和商业模式，为经济增长和就业市场带来了新的机遇。

数字经济催生了一系列新兴产业，如电子商务、云计算、大数据、人工智能等。[2] 这些产业的快速发展为经济增长提供了新的动力，成为全球经济增长的新引擎。例如，电子商务平台的兴起不仅改变了购物方式，还促进了物流、支付等相关产业的发展。云计算的普及为企业提供了灵活、高效的数据存储和管理服务，降低了 IT 成本。人工智能技术应用于各行各业，提升了生产效率、优化了产

---

[1] 钱雨、孙新波、苏钟海：《传统企业动态能力与数字平台商业模式创新机制的案例研究》，《研究与发展管理》2021 年第 1 期。

[2] 侯冠宇、熊金武：《数字经济对经济高质量发展的影响与提升路径研究——基于我国 30 个省份的 fsQCA 分析》，《西南民族大学学报》（人文社会科学版）2023 年第 8 期。

品和服务。

数字经济为企业提供了创新商业模式的机会。例如，共享经济、平台经济等新型商业模式为企业提供了更广阔的市场和商业机会。共享经济模式通过整合闲置资源，提高了资源利用效率，创造了新的价值。平台经济则通过构建交易平台，促进了供需双方的对接，降低了交易成本。这些创新模式为企业提供了新的发展机会，为经济增长注入了新的活力。

数字经济也促进了创新创业，为年轻人提供了大量的就业创业机会。随着数字经济的兴起，许多初创企业得以涌现，这些企业注重创新、勇于探索，为经济增长带来了新的动力。数字经济的智能化生产和服务模式催生了数据分析、网络安全等新职业领域的发展。这些领域对人才的需求不断增长，为年轻人提供了大量的就业机会。

（三）改变全球竞争格局与经济秩序

数字经济对全球竞争格局与经济秩序产生了深远的影响。[1] 它不仅重塑了传统产业的竞争格局，还催生了新的经济秩序和全球竞争格局。

在竞争格局方面，数字经济使得一些国家在数字经济发展方面走在前列，成为全球的领导者。这些国家具备先进的科技实力、丰富的数据资源和良好的基础设施，使得本国企业在数字经济的浪潮中脱颖而出，在全球竞争中占据优势地位。例如，美国和中国等国家在人工智能、云计算等领域具有明显优势，这些领域的创新和发展为这些国家的经济增长提供了强大动力。

数字经济的兴起也对全球经济秩序产生了影响，各国数字经济

---

[1] 徐康宁：《数字经济重塑世界经济与全球竞争格局》，《江苏行政学院学报》2022年第3期。

合作与竞争关系变得更加复杂。在传统的经济秩序中,国际贸易壁垒较多,各国市场相对封闭。然而,数字经济的发展促进了全球市场的开放化和自由化。随着数字技术的不断创新和应用,数据成为全球经济的新货币,使得资源在全球范围内更加便捷地流动和配置。这不仅促进了全球经济的发展,而且使得各国能够更好地发挥其比较优势,实现互利共赢。此外,数字经济的兴起加剧了各国之间的竞争,也加强了合作。为了应对数字经济带来的挑战和机遇,各国需要加强合作与交流,共同制定数字经济的相关政策和标准,如此,才能更好地应对数字经济带来的挑战和机遇,实现全球经济的可持续发展。

(四)推动全球化与国际贸易的发展

数字经济在推动全球化与国际贸易的发展中发挥着重要作用。随着数字技术的不断发展进步,信息、技术和资源在全球范围内的流动更加便捷,为全球化进程注入了新的活力。

数字经济促进了全球化的发展。电子商务的普及使得跨境贸易变得更加便捷,企业可以更快速地进入全球市场,与国外的客户和供应商建立联系。数字经济的兴起还推动了国际资本的流动,使得跨境投资变得更加高效和便捷。此外,数字技术的广泛应用也促进了跨国公司的全球扩张,使得企业能够更好地整合全球资源,实现全球化运营。

数字经济推动了国际贸易的发展。数字经济的兴起为企业提供了更广阔的市场和商业机会,企业可以通过电子商务平台拓展国际业务,实现全球化销售。此外,数字技术也推动了传统产业的转型升级,使得更多企业能够参与国际贸易,提高国际竞争力。

数字经济的兴起也加强了国际合作与交流。各国在数字经济领域的发展水平不同,通过合作与交流可以促进技术共享和经验交流,推动全球数字经济的共同发展。此外,数字经济领域的国际合作还可以促进跨国标准的制定和推广，为全球数字经济的发展提供统一的标准和规范。

第二节　电商行业的全面剖析

电子商务（electronic commerce）是一种基于互联网、移动设备等信息技术手段，实现商品或服务交易、支付等商业活动的商业模式。[1] 依托互联网技术发展，电商行业作为全球范围内迅速发展的新兴产业，自诞生以来便呈现出爆发式的增长态势，随着全球互联网用户规模的不断扩大和网络基础设施的完善，已经深入渗透到各个领域，改变了传统的商业模式和消费习惯，成为驱动经济增长的重要力量。

一　电商行业的发展历程

随着互联网技术的不断发展和普及，电商行业经历了快速的发展和变革，[2] 从电商平台崛起，到数字化转型加速，再到人工智能的应用普及，其演变历程反映了科技进步和消费者需求的变化。

（一）初创期

电商行业的起源可以追溯到20世纪70年代，当时计算机技术刚刚开始普及，人们开始尝试通过计算机进行商业交易。[3] 这个时期的电商行业还处于非常原始的阶段，交易规模很小，主要是通过电话、传真等方式完成交易。随着互联网的普及，电子商务的概念也逐渐形成。在这个阶段，电商行业的发展主要集中在一些基本的

---

[1] 陈露娟：《基于数字经济背景的电商发展策略分析》，《中国市场》2024年第18期。

[2] 李骏阳：《改革开放以来我国的零售革命和零售业创新》，《中国流通经济》2018年第7期。

[3] 刘潇：《电子商务对我国对外贸易的影响及对策研究》，《价格月刊》2015年第6期。

电子商务应用上，如在线购物、在线支付等。这些应用为消费者和企业提供了一种新的交易方式，使得交易更加便捷和高效。在线购物允许消费者在任何时间、任何地点都能购买商品，而在线支付则简化了支付流程，提高了交易的效率和安全性。此外，这个阶段还出现了电商平台的雏形。电商平台为消费者和企业提供了一个集中的交易线上场所，使得商品信息更加透明，交易更加便捷。一些电商平台还提供了在线客服服务，为消费者提供更方便的购买咨询和售后服务。

（二）探索期

随着互联网的普及和人们对电商行业的认识不断加深，电商行业进入了一个新的阶段——探索期。在这个阶段，越来越多的企业开始涉足电商领域，电商行业的规模不断扩大。电商行业也开始出现了细分市场和差异化服务，以满足不同消费者的需求。[①] 电商企业之间的竞争也日益激烈，价格战、广告战等促销手段层出不穷。同时，互联网技术的不断发展和普及为电商行业提供了更广阔的发展空间，除了在线购物、在线支付等基本应用外，电商企业开始不断探索新的商业模式和应用场景。例如，C2C（消费者对消费者）的交易模式，人们可以在网络上买卖二手商品；B2B（商业对商业）的模式，企业可以在网络上进行采购和销售，提高交易效率和降低成本。

（三）高速发展期

随着时间的推移，电商行业经过一段时间的竞争和发展，逐渐进入了高速发展期。在这个阶段，电商行业的规模不断扩大，一些实力雄厚、管理规范的大型电商企业开始崭露头角，成为行业的领

---

① 王智庆：《商贸流通业对区域经济发展的先导性作用及发展策略》，《商业经济研究》2016年第24期。

导者。这些大型企业拥有强大的技术实力、丰富的商品资源,有的还具备完善的物流体系,能够提供更优质的服务和更丰富的购物体验,从而吸引了大量消费者。同时,电商行业也开始出现整合的趋势。随着市场竞争的加剧,一些小型和中型的电商企业逐渐失去了竞争优势,被大型企业收购或合并。这些大型企业通过资源整合和优化管理,进一步提高了自身的竞争力,巩固了市场地位。在这个阶段,电商行业的商业模式和应用场景也更加丰富和多样化。除了传统的 B2C、C2C 模式外,还出现了 O2O(线上到线下)模式、社交电商模式等新的商业模式。这些新模式为消费者提供了更便捷、更个性化的服务,进一步推动了电商行业的发展。

（四）创新期

随着电商行业的持续发展,竞争也愈加激烈。在这样的背景下,电商企业开始更加注重创新和差异化发展,以期在激烈的市场竞争中脱颖而出。这个阶段是电商行业发展的重要转折点,不仅带来商业模式的变革,还催生了一系列新技术的应用。

个性化和定制化服务成为电商行业创新的重要方向。[①] 随着消费者需求的日益多样化,电商企业开始提供定制化的服务和产品,以满足不同消费者的个性化需求。例如,通过大数据分析,电商企业可以深入了解消费者的购物习惯和偏好,从而提供更加精准的推荐和服务。[②] 同时,社交电商和跨境电商等新模式的出现,也为消费者提供了更丰富、更便捷的购物体验。与此同时,新技术的不断涌现和应用为电商行业的发展带来了更多的机遇和挑战。人工智能技术为电商企业提供了智能化的客户服务,能够自动回答消费者的

---

① 李杰:《基于电子商务平台的物流企业营销策略探讨》,《商业经济研究》2024 年第 6 期。

② 刘光毅、张慧敏、佟舟等:《6G 移动信息网络架构:从通信到一切皆服务的变迁》,《中国科学:信息科学》2024 年第 5 期。

问题、提供智能推荐等服务，大大提升了客户满意度。大数据技术的应用则能够帮助电商企业更好地分析消费者行为和需求，为精准营销和个性化服务提供支持。物联网技术的兴起使得智能物流成为可能，提高了物流效率和准确性。

二 电商行业的市场分析

电商行业在全球范围内经历了迅猛的发展，其市场规模不断扩大，覆盖范围日益广泛，从零售、生活服务到高科技，几乎所有的行业都受到了电商的影响。互联网技术的发展以及用户购物习惯的转变是电商市场快速扩张的重要原因。

（一）用户分析

在电商市场中，用户的行为和需求对市场的发展起到了决定性的作用。因此，对用户进行深入分析是电商行业市场分析的重要环节。通过对用户年龄、性别、所处地域、消费习惯等方面的分析，可以深入了解用户需求，为电商企业提供精准的市场定位和营销策略。

用户画像构建：通过对用户年龄、性别、所处地域、消费习惯等数据的收集和分析，构建出具有代表性的用户画像，有助于电商企业精准定位目标用户群体，制定有针对性的营销策略。

用户行为研究：深入收集用户的购买决策过程、浏览路径、搜索关键词等数据，了解用户的消费习惯和需求，为电商企业提供精准的产品推荐和服务优化。

用户生命周期价值评估：根据用户的购买频次、客单价、忠诚度等指标，评估用户的生命周期价值，有助于电商企业制定合理的营销策略，提高用户转化率和复购率。

移动电商用户分析：随着移动设备的普及，移动电商用户呈现出年轻化、地域性等特点。通过对移动电商用户的消费习惯、使用场景等进行分析，有助于电商企业优化移动端用户体验，提升移动端转化率。

用户反馈与优化：通过收集用户评价、反馈等信息，及时了解用户体验的痛点和需求，为电商企业提供改进和优化的方向，提高用户满意度和忠诚度。

（二）竞争分析

电商行业无疑是一个充满活力和竞争的市场。各大企业在这个市场中，为了取得一席之地，都在不断地寻求创新和差异化。

大型电商平台通过拓展多元化业务和打造优质生态系统以保持领先地位。大型电商平台凭借其规模和资金优势，往往在资源获取、供应链管理等方面具备显著的优势。[①] 例如，亚马逊、阿里巴巴、京东等大型电商平台通过持续的技术创新、资本运作和战略合作，不断巩固和扩大自身在电商市场的份额。这些平台有能力与供应商建立长期稳定的合作关系，确保商品的多样性和质量。此外，大型电商平台通常拥有完善的物流体系，能确保及时、准确高效的配送服务，提升消费者体验。

中小型电商企业则通过深耕细分市场、提供个性化服务等策略寻求突破。中小型电商企业通常在细分市场或特定领域内具有较强的专业性和竞争力。许多中小型电商企业专注于某一特定领域或产品，提供更为专业和个性化的服务。例如，一些专注于手工艺品、有机食品、设计师品牌的电商企业，通过深耕细分市场，赢得了稳定的用户群体。这种"小而美"的策略往往能吸引特定的消费群体，形成稳定的用户基础。

跨界竞争和全球市场竞争的加剧推动电商企业不断创新和升

---

① 沈波、张宁昕：《多个平台排他性交易的理论与反垄断分析》，《系统工程理论与实践》2024年第2期。

级。随着电商市场的不断扩大，越来越多的企业跨界进入电商领域。这些企业凭借自身的品牌优势、供应链资源或流量优势，在电商市场中寻求新的增长点。跨界竞争不仅丰富了电商市场的产品和服务，还为消费者提供了更多的选择。许多电商平台通过拓展国际业务、与海外合作伙伴建立战略联盟等方式，寻求在全球电商市场中占据一席之地。跨境电商的兴起为电商企业提供了更广阔的发展空间，但同时也带来了诸多挑战，如要应对不同国家的法律法规、货币汇率、税收政策等。①

（三）产品分析

在电商市场中，产品无疑占据了核心的地位。产品是吸引用户的核心，一款优秀的产品不仅能够吸引大量消费者的目光，更容易获得消费者的青睐，还能够为电商平台带来可观的利润。②

品质为王。随着消费者生活水平的提高，他们对产品的品质要求也越来越严格。在电商市场中，高品质的产品往往能够得到消费者的青睐，并建立起良好的口碑。因此，电商企业必须注重产品的品质，严格把控产品质量，才能在激烈的市场竞争中立足。

特色化产品受欢迎。在同质化严重的电商市场中，有特色的产品更容易引起消费者的关注。这些特色可能来源于产品的设计、功能、材料等方面。特色化的产品不仅能够满足消费者的个性化需求，还能够为电商平台带来差异化竞争优势。

定制化产品崛起。随着消费者对个性化需求的增加，定制化的产品逐渐成为电商市场的新宠。消费者可以根据自己的需求和喜好，定制具有独特属性的产品。这种定制化的服务满足了消费者的

---

① 周文辉、朱赛、蔡佳丽：《基于数字平台的创业企业如何应对独特性与合法性悖论？》，《南开管理评论》2024 年第 9 期。

② 钟芳、周颖辰、侯姣靓等：《整体主观偏好与嗜好性感官属性客观量化间的感知交互》，《中国食品学报》2024 年第 6 期。

个性化需求，同时也为电商企业带来了新的商机。

智能化产品崭露头角。随着科技的不断发展，智能化产品逐渐成为电商市场的新方向。这些产品通过引入先进的技术，能够实现智能化、远程控制等功能，为消费者带来更加便捷的生活体验。同时，智能化产品的出现也为电商企业带来了技术创新的机遇。

（四）技术分析

技术是推动电商行业发展的关键因素。云计算、大数据和人工智能等技术的广泛应用，为电商企业提供了前所未有的机会和挑战。

云计算技术使得电商企业能够更加灵活地处理大量数据和存储信息，提高了企业的运营效率和响应速度。通过云计算，企业可以快速扩展业务或缩小经营规模，以满足市场需求。此外，云计算还为企业提供了更加安全可靠的数据存储和处理服务，保障了企业的信息安全。

大数据技术的应用为电商企业提供了更加精准的市场分析和预测能力。通过收集和分析消费者行为、购买习惯、市场趋势等数据，企业可以更加深入地了解消费者需求和市场变化，从而制订更加有效的营销策略和产品开发计划。同时，大数据技术还可以帮助企业优化库存管理和物流配送，提高企业的运营效率。

人工智能技术的应用为电商企业提供了更加智能化和个性化的服务。通过人工智能技术，企业可以自动化处理大量数据和信息，提高服务质量和效率。同时，人工智能技术还可以帮助企业提供更加个性化的服务和推荐，提高用户体验和忠诚度。例如，智能客服机器人可以通过自然语言处理技术自动回答用户问题，提高客户满意度；智能推荐系统可以根据用户行为和喜好推荐相关产品和服务，提高客户转化率。

三 电商行业的创新与展望

随着科技的快速进步和消费者需求的不断演变,电商行业正在迎来新一轮的创新和变革。通过不断创新和适应变化,电商企业将迎来更加广阔的发展空间和商业机会。

(一)电商行业的新兴趋势

人工智能与机器学习。人工智能(AI)与机器学习技术在电商行业的应用已经成为一股不可忽视的力量。这些先进技术正改变着电商行业的运营模式,为企业带来前所未有的竞争优势。AI 和机器学习技术的应用将进一步深化,尤其是在客服领域。通过自动化客服系统,电商企业能够快速响应客户的咨询,大大提高了服务效率。同时,智能推荐系统也正在改变消费者的购物体验。通过对用户历史行为的分析,智能推荐系统能够准确地预测用户的购物需求,为用户提供更加个性化的购物建议。此外,AI 技术还能对海量的用户数据进行挖掘和分析,帮助电商企业更好地理解客户需求,制定更加精准的市场策略。通过深度应用 AI 和机器学习技术,电商企业的运营效率和客户满意度将得到极大的提高。随着技术的不断发展,我们有理由相信,AI 和机器学习技术将在电商行业中发挥更加重要的作用。大数据技术将帮助电商企业更精准地洞察消费者需求,预测市场趋势,优化产品开发和供应链管理。通过对消费者数据的深度挖掘,企业可以为消费者提供更加个性化的服务和产品。

物联网(IoT)。物联网(IoT)是近年来新兴的技术,它正在改变电商领域的发展方向。随着物联网技术的不断发展,电商将与智能家居、智能穿戴设备等领域实现更深入的融合。[①] 这将为用户

[①] 齐骥、陈思:《数字化文化消费新场景的背景、特征、功能与发展方向》,《福建论坛》(人文社会科学版)2022 年第 12 期。

带来更智能、更便捷的购物体验。例如，通过智能冰箱进行在线购物。用户只需在智能冰箱上输入所需的商品信息，智能冰箱就会自动完成购物并送货上门。这种方式将使购物变得更加简单、方便，节省了用户的时间和精力。或如，通过智能手表完成支付也是一种新的支付方式。用户只需在智能手表上轻轻一划，即可完成支付，而且能随时查看交易记录和账单。这种方式不仅使支付更加快速、便捷，还能让用户随时随地完成支付，提高了购物的便利度。物联网技术的发展将为电商领域带来更多的商业机会和创新，为用户带来更优质的服务和体验。

社交电商与内容电商。社交电商和内容电商已经成为电商行业的新兴趋势，社交平台和内容创作平台亦成为电商的新战场。通过社交媒体分享和内容营销，电商企业能够更好地与消费者互动，增强用户黏性，提高品牌知名度和销售额。社交电商是指利用社交媒体平台进行产品销售的一种商业模式。通过社交媒体平台，商家可以与消费者进行互动，推广产品，并通过社交媒体平台的分享功能扩大产品的影响力。[1] 社交电商的优势在于能够利用社交媒体平台的用户基础和用户黏性，快速扩展产品的销售渠道，提高销售额。内容电商是指通过内容创作来销售产品的一种商业模式。内容创作者可以通过创作与产品相关的内容，吸引用户关注，引导用户购买产品。内容电商的优势在于能够通过优质的内容吸引用户的注意力，提高用户的购买意愿和忠诚度。社交平台和内容创作平台为电商企业提供了新的商业机会和创新空间。通过社交媒体分享和内容营销，电商企业可以更好地了解消费者的需求和兴趣，与消费者建立更紧密的联系，提高品牌知名度和用户黏性。同时，社交平台和

---

[1] Ernst, Stan, and N. H. Hooker, "Signaling Quality in an E-Commerce Environment: The Case of an Emerging E-Grocery Sector", *Journal of Food Products Marketing*, Vol. 4, 2006, p. 12.

内容创作平台的用户基础广泛，也为电商企业提供了更多的销售渠道和潜在消费者。

跨境电商。随着全球化的加速和跨境贸易的便利化，跨境电商将成为电商行业的一个重要发展方向。企业可以通过跨境电商平台进入国际市场，满足不同国家和地区消费者的需求。[①] 跨境电商的优势在于其突破了地域限制，为企业提供了更广阔的市场空间。通过跨境电商平台，企业可以方便地触及全球消费者，有效拓展销售渠道，提升销售额。同时，跨境电商也有助于降低企业的运营成本。企业可以直接与消费者进行对接，减少中间环节，降低不必要的开支。而且，跨境电商平台通常拥有完善的物流体系和支付系统，为企业提供了便利的物流和支付解决方案，进一步降低了运营成本。除了技术和战略的创新，跨境电商也为企业带来了组织结构的变革。在跨境电商模式下，企业的组织结构需要更加扁平化、灵活化和全球化，以适应快速变化的市场环境。此外，跨境电商也为消费者带来了全新的购物体验。消费者可以通过跨境电商平台直接购买全球各地的商品，享受更丰富多样的购物选择。这也进一步推动了消费者的购物需求和习惯的变化，为企业提供了更多的商业机会。

(二) 电商行业的未来展望

无界零售——企业通过对线上与线下平台、有形与无形资源进行高效整合，以"全渠道"方式清除零售渠道间的种种壁垒，模糊经营过程中各个主体的既有界限，打破过去传统经营模式下所存在的时空边界、产品边界等现实阻隔，促成人员、资金、信息、技术、商品等的合理顺畅流动，进而实现整个商业生态链的互联与

[①] 赵新泉、刘媛媛、林志刚：《"丝路电商"国际合作的成效、困难及对策》，《中国流通经济》2024年第8期。

共享。

无界零售意味着零售业将突破传统的线上线下界限，实现深度融合。企业将通过技术手段，将线上线下的购物体验完美结合，[①]使消费者可以在任何时间、任何地点，以任何方式进行购物，真正实现购物的无界化。未来的电商将更加注重为消费者提供无缝购物体验。无论是线下门店的数字化升级，还是线上购物的线下提货或体验，都将更加便利和智能化。例如，消费者可以在实体店内使用智能设备进行产品搜索、价格比较、自助结账等操作，也可以选择在实体店体验商品后，在线上进行购买。同时，企业也将通过大数据和人工智能等技术手段，对消费者的购物行为进行分析，为他们提供更加个性化、精准的商品推荐和服务。无界零售还将推动零售业内部的变革。随着线上线下融合的加深，零售业将不再是简单的商品销售，而是将向全渠道服务转型。企业需要拥有一套能够连接线上线下的完整体系，为消费者提供全方位的服务体验。

供应链优化——随着物联网和大数据技术的应用，未来的电商将更加注重供应链的优化和管理。物联网技术使得实时的库存监控成为可能。通过在商品上嵌入传感器，企业可以实时追踪库存状态，了解哪些商品在仓库、哪些正在运输、哪些在销售点等。这不仅能够减少库存积压和浪费，还使企业能够更准确地预测和满足市场需求。大数据分析为供应链管理提供了强大的洞察力。通过收集和分析历史销售数据、消费者行为数据、市场趋势等，企业可以预测未来的市场需求，从而更精准地进行库存管理和采购决策。这大大提高了运营效率，减少了不必要的成本。

物联网和大数据技术还促进了供应链的透明化和可追溯性。消

[①] 许桂涛、康凯：《体验经济背景下新零售供应链渠道选择策略研究——以 BOPS 全渠道参与者的博弈视角》，《当代经济管理》2024 年第 5 期。

费者现在可以实时追踪自己的订单，了解商品从生产到销售的每一个环节。这不仅提高了消费者的信任度，还有助于企业发现问题和改进流程。① 人工智能和机器学习在供应链优化中也起着越来越重要的作用。这些技术可以帮助企业自动预测需求、优化库存配置、制定运输策略等，从而实现更加智能化的供应链管理。

个性化与定制化服务——随着消费者需求的日益个性化和定制化，电商企业需要提供更加贴心和个性化的服务，以满足消费者的需求。

人工智能（AI）和大数据分析在个性化与定制化服务中发挥着关键作用。通过收集和分析消费者的购物历史、浏览记录、搜索行为等数据，AI可以深入了解消费者的需求和喜好，从而为其推荐更加贴心和个性化的商品和服务。这种个性化推荐不仅可以提高消费者的购物体验，还能帮助企业提高销售额和客户满意度。

电商企业可以通过定制化的方式为消费者提供更加贴心的服务。例如，企业可以根据消费者的需求和喜好，为其定制专属的商品，如定制的服装、鞋子、饰品等。这种定制化的服务可以满足消费者的个性化需求，提高其满意度和忠诚度。

电商企业还可以通过智能客服为消费者提供更加个性化和高效的服务。智能客服可以根据消费者的历史问题和回答记录，为其提供更加精准和专业的解答和服务。同时，智能客服还可以通过自然语言处理技术，理解消费者的意图，提供更加智能化的服务体验。

社交媒体和社区平台也为电商企业的个性化与定制化服务提供了新的机会。通过与消费者在这些平台上的互动，企业可以了解消费者的兴趣和需求，为其提供更加贴心和个性化的服务和产品。

---

① 石成玉、陈怪亨、王妍等：《大数据视角下生鲜电商供应链物流服务策略研究》，《农业技术经济》2023年第10期。

可持续发展——随着社会对环保和可持续发展的日益关注，电商行业也开始重视可持续发展，并将其作为重要的战略目标。未来的电商将更加注重环保和可持续发展，以保护地球环境，同时满足消费者对环保和可持续产品的需求。[①]

电商企业将采用更加环保的包装材料。传统的包装材料往往由塑料、泡沫等不可降解材料制成，对环境造成了严重污染。为了实现可持续发展，电商企业将积极采用环保、可降解的包装材料，如纸质包装、生物降解塑料等。这些材料可以在自然环境中快速降解，减少对环境的污染。

电商企业将优化物流配送路线，降低碳排放。物流配送是电商行业的重要组成部分，但传统的物流配送往往会产生大量的碳排放，对环境造成不良影响。为了实现可持续发展，电商企业将采用智能物流系统，优化配送路线，减少不必要的运输和空驶，从而降低碳排放。此外，电商企业还将积极采用清洁能源，如电动车、太阳能等，以减少对化石燃料的依赖。电商企业还将加强与供应商的合作，推动整个供应链的可持续发展。供应商是电商企业的重要合作伙伴，电商企业将与供应商共同制定可持续发展目标，推动供应商采用环保材料、优化生产流程、减少废弃物排放等。这样可以共同实现绿色发展，保护地球环境。电商企业应积极开展环保公益活动，提高消费者的环保意识。通过开展环保公益活动，电商企业可以向消费者传递环保理念，提高消费者的环保意识。同时，电商企业还将提供环保产品和服务，满足消费者对环保和可持续发展的需求。

---

① 王文姬、李勇坚：《电商平台促进消费扩容提质的机理与对策建议》，《行政管理改革》2023年第12期。

第三节　营销变革：背景、趋势与新视角

在当今高度信息化的社会，市场环境正经历着前所未有的快速变化。互联网、移动设备、物联网等技术的飞速发展为营销行业带来了更多的可能性。企业可以更加精准地定位目标消费者，通过各种渠道与消费者进行互动，提高营销效率和效果。随着生活水平的提高，消费者的需求和行为习惯也在不断变化。他们更加注重品质化、个性化、多元化的产品与服务，对品牌的忠诚度也越来越高。同时，消费者获取信息的渠道也更加多元化，不再完全依赖于传统的广告宣传。市场竞争的加剧使得企业需要更加注重品牌建设和市场拓展，提高自身的竞争力和市场份额。同时，企业还需要关注竞争对手的动态，及时调整自身的经营战略和营销策略。因此，营销变革成为企业适应市场变化、抓住商业机遇的必然选择。

一　营销变革的背景

技术进步与社会变革是推动营销变革的两大重要背景。[①] 数字技术的快速发展与应用，以及社会经济与文化环境的演变，都为营销行业带来了前所未有的机遇和挑战。

（一）数字技术的快速发展与应用

互联网的普及与演变。互联网技术的发展使得信息传播的速度大大加快，消费者可以随时随地获取所需的信息。同时，互联网的普及也为企业提供了更广泛的营销渠道和数据收集平台。移动设备的兴起。智能手机和平板电脑的普及使得消费者可以随时随地访问网络，与品牌进行互动，这为企业的营销活动提供了更加便捷的途

---

① 孙岩：《新媒体背景下的营销变革》，《青年记者》2010 年第 12 期。

径。物联网技术的发展使得物品与物品、物品与人之间产生了更紧密的联系，为企业提供了更多的数据来源和营销机会。AI 技术的应用使得企业能够更好地理解消费者需求，提供个性化服务，提高营销效率和效果。

（二）社会经济与文化环境的演变

随着社会的进步，消费者的价值观也在不断变化。他们更加注重个性表达、社会责任感、环保等方面的因素，对企业和品牌的期望也在不断提高。经济环境的变化会影响消费者的购买力和消费行为。[1] 例如，经济危机时期，消费者更加注重性价比和实用性，而非品牌和时尚因素。全球化进程的加速使得不同文化的交流日益频繁，消费者对多元文化的接受度不断提高，这些为企业提供了更多元化的市场机会。

二　营销变革的趋势

（一）数据驱动的个性化营销

随着大数据和人工智能（AI）技术的发展，数据在营销中的作用越来越重要。企业可以通过收集和分析消费者数据，深入了解消费者的需求和行为习惯，从而提供更加精准和个性化的产品与服务。通过大数据技术，企业可以收集消费者的各类数据，包括购买记录、浏览历史、社交媒体互动等，从而全面了解消费者的兴趣和需求。这些数据可以帮助企业进行市场细分、预测销售趋势、优化产品研发等。基于大数据的分析结果，企业可以实现对消费者的精准定位和个性化推送。例如，通过推荐系统，企业可以根据消费者的历史行为为其推荐相关产品；通过定制化服务，企业可以为消费

---

[1] 焦豪、张睿、杨季枫：《数字经济情境下企业战略选择与数字平台生态系统构建——基于共演视角的案例研究》，《管理世界》2023 年第 12 期。

者提供专属的产品或服务体验。

(二) 跨渠道整合与一致性体验

在当今多渠道营销的环境下，企业需要实现线上线下的无缝连接，为消费者提供多角度全方位的购买体验。随着消费者获取信息的渠道越来越多元化，企业需要采用多渠道营销策略以满足不同消费者群体的需求。线上渠道如社交媒体、电商平台等，线下渠道如实体店、活动等，都需要进行整合和协同。[①] 通过技术手段，如移动设备、物联网等，企业可以实现线上线下的无缝连接。例如，消费者可以在实体店试用商品后，在线上进行购买；或者通过社交媒体了解品牌信息后，到线下实体店进行体验。无论消费者通过何种渠道与品牌互动，企业都需要确保提供一致的品牌形象和体验。这样不仅可以提高消费者的满意度和忠诚度，还可以降低品牌的认知成本。

(三) 社交媒体与内容营销的崛起

社交媒体的普及为企业与消费者的互动提供了便捷的平台。内容营销则成为品牌建设的重要手段，通过有价值的内容来吸引和留住消费者。随着智能手机的普及，社交媒体已经成为人们获取信息和交流的主要渠道之一。企业需要充分利用社交媒体平台，与消费者建立互动关系，提高品牌知名度和美誉度。内容营销是一种通过创造和分享有价值的、与品牌相关的内容来吸引和留住消费者的营销策略。不同于传统的广告宣传，内容营销更加注重与消费者的情感连接和价值认同。通过故事叙述、知识分享等方式，企业可以建立品牌认同与信任，提高消费者的购买意愿和忠诚度。

三 新视角：体验式营销与情感联结

随着消费者需求的多样化和个性化，体验式营销和情感联结成

---

① 卢亭宇、庄贵军：《网购情境下消费者线下体验行为的扎根研究》，《管理评论》2021 年第 7 期。

为了营销变革的新视角。企业需要关注消费者的情感需求，提供独特的体验，与消费者建立深层次的情感联系。

（一）从产品到体验：如何创造难忘的用户体验

随着消费者对产品本身的关注逐渐转移到产品所带来的体验上，体验式营销变得越来越重要。企业需要创造独特的、与品牌理念相符的体验，让消费者在参与过程中留下深刻的印象。

了解消费者需求。在创造体验之前，企业需要深入了解目标消费者的需求和期望。通过市场调研、用户访谈、数据分析等方式，了解消费者在购买、使用和分享产品过程中的需求，以便为其提供有针对性的购买体验。

个性化与定制化服务。随着消费者对个性化需求的增加，提供定制化的服务和体验成为吸引消费者的关键。企业可以根据消费者的需求和偏好，为其提供定制化的产品、服务或体验，以满足其独特的需求。

创造独特的品牌氛围。品牌氛围是品牌形象的重要组成部分，也是消费者体验的重要方面。企业可以通过店面设计、环境布置、音乐选择等方式，为消费者营造独特的品牌氛围，使其在接触品牌时感受到品牌的独特魅力。

互动与参与。通过设计有趣的互动环节，可以增强消费者与品牌之间的互动和联系。例如，企业可以举办品牌活动、设置互动展区、提供DIY体验等，让消费者在参与中感受到品牌的魅力。

持续优化与改进。体验式营销是一个持续的过程，企业需要不断收集消费者的反馈和意见，对体验进行优化和改进。通过持续改进，企业可以不断提升消费者的满意度和忠诚度，增强品牌的市场竞争力。

（二）情感营销：建立品牌与消费者的情感联结

情感营销是指通过激发消费者的情感反应来影响其购买决策的

营销策略。① 情感联结不仅能增强消费者与品牌之间的关系，还可以增强消费者的口碑传播意愿。当消费者与品牌建立了情感联系，他们更愿意向亲友推荐该品牌，成为品牌的忠实拥趸。因此，情感营销是实现品牌长期价值的重要手段之一。企业需要深入了解消费者的情感需求，创造出能够引发其共鸣的品牌故事、形象和价值观，与消费者建立情感联结。

打造温情广告。温情广告是指在广告中融入情感元素，通过触动消费者的情感来引发共鸣。企业可以通过温情广告传递品牌的关怀和温度，让消费者感受到品牌的温暖和亲和力。例如，利用温馨的场景、感人的故事情节、温暖的色彩等元素，营造出温馨、感人的氛围，让消费者对品牌产生好感。

组织公益活动。公益活动是一种有效的情感营销手段，可以让消费者感受到品牌的正能量和社会责任感。企业可以组织各种公益活动，如慈善捐赠、环保活动、志愿者服务等，通过这些活动让消费者感受到品牌的关怀和正能量，从而建立起情感联结。

选择合适的品牌代言人。品牌代言人是一种能够引发消费者情感共鸣的有效手段。企业可以选择与品牌理念相符、具有良好形象和影响力的代言人，通过代言人的个人魅力和影响力，建立起消费者与品牌之间的情感联结。例如，选择受到大众喜爱的著名演员或公众人物作为代言人，通过其影响力和粉丝群体扩大品牌知名度和美誉度。

创造独特的品牌故事。品牌故事是情感营销的重要组成部分，它可以传递品牌的价值观和文化内涵，引发消费者的情感共鸣和认同。企业可以通过创造独特的品牌故事，让消费者感受到品牌的个性和魅力，从而与之建立起情感联结。例如，讲述品牌的起源、发

---

① 康晓光：《企业品牌个性化营销研究》，《经济纵横》2012 年第 6 期。

展历程、企业文化等故事，让消费者对品牌有更深入的了解和认识。

持续互动与关怀。情感营销是一个长期的过程，企业需要持续与消费者进行互动和关怀，不断加强情感联结。例如，通过社交媒体平台、电子邮件、短信等方式，向消费者发送节日祝福、生日祝福、优惠信息等关怀内容，让消费者感受到品牌的温度和关怀。

第 二 章

博弈思维与营销策略：引领未来的商业智慧

在当今复杂多变的市场环境中，企业要想取得竞争优势，不仅需要关注产品本身，更需要运用一种能够解析这种环境的理论工具。博弈论，作为一门研究策略互动的数学理论，正逐渐成为现代营销策略的核心框架。它为企业在制定营销策略时提供了独特的视角和实用的工具，使企业能够在激烈的市场竞争中做出最佳选择。博弈论的核心概念是策略互动和结局最大化。在企业营销策略中，博弈论的应用主要体现在对竞争对手行为的预测、市场定位、价格竞争、广告策略以及渠道管理等方面，可以使企业更准确地分析市场环境，制定有针对性的营销策略，并在与竞争对手的博弈中取得优势。

第一节 博弈论概述

博弈论（game theory）是研究决策主体在策略互动中的行为和结果的数学理论。[1] 它是现代经济学、政治学、社会学等领域的重

---

[1] Steven Tadelis, *Game Theory: An Introduction*, Princeton University Press, 2013.

要工具，为企业理解复杂的竞争与合作关系提供了有效的分析框架。

一 博弈论的基本概念

博弈论的基本概念包括参与人、行动、信息、策略、收益、均衡，其中参与人、策略和收益是描述一个博弈所需要的最少的要素，而行动和信息是其"积木"。[①] 参与人、行动、和均衡统称为"博弈规则"。[②] 博弈分析的目的是使用博弈规则预测均衡。下面给出这些基本概念的准确定义。

参与人（players）：博弈中的决策主体，可以是个人、组织或国家等。在博弈论中，参与人被视为具有理性的个体，能够根据自身利益和所掌握的信息做出最优策略选择。

行动（actions）：参与人在博弈过程中可以选择的行动方案，是参与人决策的具体表现。行动的选择通常受到限制，并且每次行动都可能导致不同的结果。

信息（information）：参与人在博弈过程中所掌握的知识、情报和数据等，包括其他参与人的行动历史、策略和支付函数等。信息是影响参与人决策的重要因素，不同情况下信息的完整性和可靠性可能会有所不同。

策略（strategies）：参与人在博弈中可以选择的完整行动方案集合，包括针对所有可能情况的最佳应对策略。策略的选取是博弈中最为关键的环节，它反映了参与人对局势的判断和自身的利益诉求。

[①] 高贵、孙元华、刘淼：《对博弈理论与农民专业合作社的思考》，《现代农业科技》2013年第2期。

[②] 白晨、彭洁、李金兵：《信息资源共享中提供方与中介的关系分析——基于博弈理论的研究》，《科技管理研究》2014年第18期。

收益（payoffs）：参与人在博弈中的收益或损失，是衡量参与人决策效果的标准。在博弈论中，收益不仅取决于自己的选择，还取决于其他参与人的选择。因此，收益是一个相对的概念，受到其他参与人策略的影响。

均衡（equilibria）：博弈中各参与人的策略组合，在该状态下，任何一方都不愿单独改变策略。均衡是博弈论中一个重要的概念，它反映了参与人之间的相对稳定状态，是分析博弈结果的重要依据。

综上可知，博弈论是一个涵盖了多个要素的复杂系统。在具体的博弈场景中，这些要素之间相互作用和影响，最终决定了博弈的结果。博弈论通过对这些要素的分析和研究，为我们提供了一种理解竞争与合作关系的有效工具。

二 博弈类型与特征

在博弈论的丰富领域中，合作博弈与非合作博弈构成了两大核心框架。合作博弈注重群体利益最大化，而非合作博弈则更关注个体或小团体的利益最大化。合作博弈和非合作博弈之间的区别主要在于人们的行为相互作用时，参与人能否达成一个具有约束力的协议。现在经济学家谈到博弈论，一般指的是非合作博弈，很少指合作博弈。[①] 与主流经济学中博弈论研究类似，本书下面所讲的博弈均指非合作博弈。

博弈的划分可以从不同的角度进行。[②] 第一个角度是根据参与人的行动的先后顺序。从这个角度，博弈可以划分为静态博弈与动态博弈，静态博弈中，所有参与人同时做出决策；动态博弈中，参

---

① 郭蓉：《企业营销腐败的治理对策分析：基于博弈论的视角》，《上海应用技术学院学报》（自然科学版）2013 年第 2 期。

② 王秦、朱建明、高胜：《博弈论与密码协议研究进展》，《密码学报》2019 年第 1 期。

与人按照一定的顺序依次做出决策。第二个角度是根据参与人对其他参与人的信息掌握程度，博弈可以分为完全信息博弈和不完全信息博弈。完全信息博弈中，所有参与人都拥有完全相同的信息；①不完全信息博弈中，至少有一个参与人拥有不完整的信息。②第三个角度是根据参与人的数量，博弈可以分为单人博弈和多人博弈。单人博弈是指只有一个参与人的博弈，而多人博弈则是指有两个或两个以上参与人的博弈。另一个角度是根据收益的性质，博弈可以分为零和博弈和非零和博弈。零和博弈是指一个参与人的收益等于其他参与人的损失，总和为零，而非零和博弈则是指参与人的收益或损失不一定存在正负抵消的情况。③将前两个角度结合起来，我们就得到了四种最为常见的博弈类型：完全信息静态博弈、完全信息动态博弈、不完全信息静态博弈和不完全信息动态博弈。下面将具体介绍这四种博弈的特点。④

（一）完全信息静态博弈

完全信息静态博弈涉及两个或多个参与人，每个参与人都有一套有限的策略集，这些策略集构成了参与人的策略空间。策略空间描述了参与人在不同情境下可选择的行动范围。完全信息静态博弈的一个重要特点是完美信息。这意味着每个参与人都拥有关于其他参与人的完整信息，包括策略集和支付函数。在完全信息条件下，参与人可以根据其他参与人的行动选择来做出最优决策。

完全信息静态博弈的优势在于其理论上的清晰性和简洁性，有助于深入理解博弈论的基本概念和原理。然而，在实际应用中，完

---

① 杨琳：《基于信息博弈模型的城市土地储备经济分析》，《技术经济》2012年第2期。
② 白孝忠：《中国产业结构调整中政府行为的博弈分析》，硕士学位论文，武汉理工大学，2004年。
③ 金白：《VUCA环境下土地交易的动态决策——政企动态博弈案例研究》，硕士学位论文，昆明理工大学，2020年。
④ 张维迎：《博弈论与信息经济学》，上海人民出版社2004年版。

全信息静态博弈可能面临信息获取和验证的挑战，因为在实际情境中，完全信息往往难以实现。此外，完全信息静态博弈忽略了时间因素和参与人之间的动态互动，这在某些情况下可能影响模型的适用性。尽管存在这些局限性，完全信息静态博弈仍然是一个重要的理论工具，用于分析和解决各种竞争问题。

（二）完全信息动态博弈

完全信息动态博弈涉及两个或多个具有完全信息的参与人，这些参与人按照一定的行动顺序进行决策，并受到其他参与人过去和当前行动的影响。在完全信息动态博弈中，每个参与人都知道其他参与人的策略空间、支付函数以及过去的行动历史，这使得每个参与人都能够根据这些信息来制定最优的策略。

在完全信息动态博弈中，策略选择是至关重要的。参与人需要根据其他参与人的行动和反应来制定最优策略。常见的策略包括先动优势、后动优势和混合策略等。这些策略的选择将直接影响博弈的结果。完全信息动态博弈广泛应用于各种实际场景，如商业竞争、政治选举、交通调度等。通过建立合适的博弈模型，可以分析不同场景下的参与人行为和竞争关系，为决策提供理论支持。

（三）不完全信息静态博弈

不完全信息静态博弈通常涉及多个参与人，每个参与人都有自己的策略空间和收益函数。与完全信息静态博弈不同，不完全信息静态博弈中，参与人不完全了解其他参与人的收益函数、策略空间以及行动历史等信息。这种信息不对称导致参与人在进行决策时需要借助各种推理和猜测，以最大限度地减小信息不完全带来的风险。不完全信息静态博弈的一个重要特征是信息的不完全性。由于参与人无法完全掌握其他参与人的信息，他们在决策时需要综合考虑各种可能的情况，并做出最佳的推断。此外，不完全信息静态博弈还具有非完美性，即参与人无法观察到其他参与人的所有行动和决策，这使得博弈的结果具有不确定性。

在不完全信息静态博弈中，策略选择至关重要。由于信息不完全，参与人需要采用一些合理的推断方法来减小风险。常见的策略包括贝叶斯均衡和相关均衡等，这些策略能够使参与人在面对不确定性时达到相对最优的决策结果。此外，参与人还可以通过不断学习和经验积累来改进自己的策略，提高决策水平。不完全信息静态博弈广泛应用于各种实际场景，如拍卖、保险市场、劳动力市场等。在这些场景中，参与人通常面临信息不完全的问题，需要通过各种方式来获取更多的信息，以制定最优的策略。例如，在拍卖中，竞拍者可能无法完全了解其他竞拍者的出价意图和估价，需要借助自己的经验和判断来做出决策。

（四）不完全信息动态博弈

不完全信息动态博弈主要研究在信息不完全的情况下，参与人如何根据对方的行动和策略调整自己的决策。与完全信息动态博弈不同，不完全信息动态博弈中，参与人对其他参与人的收益函数、策略空间等信息了解有限，这使得博弈的结果更加复杂和难以预测。在不完全信息动态博弈中，参与人的策略会相互影响。每个参与人都需要根据其他参与人的行为和策略调整自己的决策，以达到自己的目标。这种策略互动使得博弈的结果取决于参与人之间的相互影响和博弈过程的发展。由于信息不完全和动态性的特点，不完全信息动态博弈的结果通常是不确定的。每个参与人的收益情况都是不确定的，这使得参与人需要承担一定的风险。

在不完全信息动态博弈中，参与人通常需要通过信号传递来展示自己的类型或信念，以便其他参与人进行信息甄别。信号传递和信息甄别是不完全信息动态博弈中的重要机制，它们有助于改善参与人的信息不对称问题，使博弈更加公平和可预测。贝叶斯博弈是不完全信息动态博弈中的一种重要模型，它基于贝叶斯概率理论来描述参与人的信念更新和策略选择。在贝叶斯博弈中，每个参与人都有一个初始的信念状态，并根据其他参与人的行动和策略调整自己的信念。通过最优反应分析，可以确定参与人在给定信念状态下的最优策略选择。

不完全信息动态博弈在许多领域都有广泛的应用，如经济学、政治学、生物学等。应用案例与实证研究是验证不完全信息动态博弈模型的有效性和普适性的重要途径。通过分析现实世界中的具体问题，研究者可以揭示参与人在信息不对称情况下的真实行为模式和策略选择。这不仅有助于丰富和发展不完全信息动态博弈的理论体系，还为解决现实问题提供了有力的工具。

三 博弈均衡与应用

博弈均衡是指在博弈中，所有参与人的最优策略组合。在给定其他参与人的策略选择下，每个参与人都选择最优策略，使所有参与人的收益达到一种稳定状态，其中每个参与人都认为没有更好的策略选择，从而不再有动机改变自己的策略。

（一）纳什均衡与非纳什均衡

根据不同的分类标准，博弈均衡可以分为多种类型，其中最常见的是纳什均衡和非纳什均衡。[①]

纳什均衡是指在一个策略组合中，所有参与人都采取了最优策略，从而没有任何一个参与人愿意单方面改变自己的策略。在纳什均衡中，每个参与人的策略都是针对其他参与人策略的最佳反应。非纳什均衡则是指除纳什均衡外的所有均衡状态。非纳什均衡可能是多个参与人之间通过合作或协调达到的一种稳定状态，这种状态下的策略组合可能不是所有参与人的最优策略，但能够满足所有参

---

① 张维迎：《博弈论与信息经济学》，上海人民出版社2004年版。

与人的期望。

纳什均衡是博弈论中最为著名和被广泛应用的均衡概念。在纳什均衡中，每个参与人都理性地选择自己的最优策略，而不考虑其他参与人的利益。纳什均衡的优点在于其简单性和普遍性，它可以应用于多种类型的博弈问题。然而，纳什均衡也存在一些局限性。例如，它假设参与人都是完全理性的，但在现实中，人的行为往往受到情感、偏好和信息不对称等因素的影响，因此完全理性的假设并不总是成立的。

相比之下，非纳什均衡更多地考虑了现实中存在的信息不对称、参与人之间的相互影响和合作等因素。在非纳什均衡中，参与人可能会选择一种"合作"的策略，即为了实现共同利益而牺牲自己的短期利益。非纳什均衡的应用范围更加广泛，它可以解释许多现实中存在的合作和竞争现象。然而，非纳什均衡也存在一些问题，例如如何实现合作和如何维持稳定的合作关系等。

（二）动态博弈与重复博弈中的均衡①

在动态博弈中，参与人需要考虑行动的顺序和相互影响，因此均衡的概念需要做出相应的调整。动态博弈中一种常见的均衡是"子博弈精炼纳什均衡"，它是指在每个子博弈中都成立的纳什均衡。子博弈精炼纳什均衡要求参与人在每个阶段的策略都是最优的，并且能够考虑到其他参与人在未来的行动和反应。

重复博弈是指参与人之间进行多次博弈的一种形式。在重复博弈中，参与人需要考虑长期关系和未来收益，因此可能会选择更加合作的态度和更加稳定的策略组合。重复博弈中的均衡通常包括长期合作均衡和触发均衡等。长期合作均衡是指参与人之间通过合作实现共同利益的最大化；触发均衡则是指某个参与人一旦受到欺骗

---

① 张维迎：《博弈论与信息经济学》，上海人民出版社2004年版。

或背叛，就会永远采取不合作的策略。

（三）博弈均衡的应用

在经济学中，博弈均衡被广泛应用于市场交易、劳动力市场和企业竞争等多个方面。博弈论提供了一种理解经济主体行为决策的框架，有助于分析市场的供求关系和价格形成机制。

在研究市场交易时，博弈均衡可以用来分析价格竞争、供需平衡和贸易摩擦等现象。不同的博弈均衡模型可以解释不同的价格形成机制，如完全竞争市场中的价格接受者均衡、垄断市场中的垄断均衡以及寡头市场中的寡头均衡等。这些模型通过比较参与人的策略和预期收益，解释了市场价格的形成和变动。

博弈均衡在劳动力市场中也有着重要的应用。通过分析工资水平、就业率和劳动力市场结构等问题，博弈均衡可以帮助我们理解劳动力市场的运行机制。例如，在研究劳动力市场的供需关系时，博弈均衡可以用来分析企业与劳动者之间的博弈行为。企业会根据市场状况和自身需求制定工资水平和招聘条件，而劳动者则会根据自身的技能和需求选择合适的就业岗位。这种博弈行为的结果形成了劳动力市场的供求关系和工资水平。

除了市场交易和劳动力市场，博弈均衡在企业竞争中也发挥着重要的作用。企业之间的竞争往往涉及产品定价、市场份额和广告投入等方面的策略选择。通过构建博弈模型，可以分析不同竞争条件下企业的最优策略和预期收益。例如，在双寡头市场中，企业之间的博弈均衡可以帮助我们理解市场份额的分配和竞争格局的形成。此外，博弈均衡还可以用于研究企业间的合作与协调问题，例如通过合作协议或串谋来稳定市场价格和供给量。

通过运用博弈均衡模型，我们可以更好地理解经济主体的行为决策和市场运行机制，从而为政策制定和市场管理提供科学依据。同时，博弈均衡的应用也有助于促进经济学与其他学科领域的交叉融合，推动相关领域的学术研究和应用发展。

第二节 营销策略概述

随着市场竞争的日益激烈，企业要想在市场中获得成功，就必须制定出有效的营销策略。营销策略是企业根据市场环境、消费者需求和竞争态势，为实现营销目标而制订的营销方案。一个科学的营销策略可以帮助企业有效地占领市场和提高市场份额，同时也能够提高企业的知名度和竞争力。因此，制定科学合理的营销策略是每个企业在市场竞争中都必须重视的重要环节。

一 营销策略核心概念

营销策略是企业为实现营销目标而采取的一系列行动和决策的组合，其核心在于以市场为导向，以客户为中心，[①] 通过创新的产品、定价、促销和分销策略，满足市场需求并实现企业盈利。深入理解并掌握这些核心概念，能够帮助企业制定出更具针对性的营销策略，在市场中获得竞争优势，从而实现商业目标。

（一）目标市场定位

目标市场定位是企业营销策略中的重要组成部分，[②] 是指企业根据自身优势和特点，选择一个或多个细分市场作为自己的目标市场，并在消费者心中树立独特的形象和地位。[③] 目标市场定位的目的是在消费者心中形成一定的认知优势，提高企业的竞争力和市场份额。在目标市场定位的过程中，企业需要对市场进行深入的研究

---

① 宋思根、冯林燕：《顾客双重价值需求与零售营销变革——新经济社会学视角》，《北京工商大学学报》（社会科学版）2019年第6期。

② 戴生雷：《化工企业成本核算与精细化管理研究——评〈化工企业管理〉》，《分析测试学报》2020年第3期。

③ 汤向东：《海尔集团的营销渠道策略分析》，《中国市场》2011年第2期。

和分析，明确目标市场的需求和竞争状况，同时结合自身的资源和优势，制定出最佳的目标市场定位策略。

（二）产品差异化

产品差异化是指企业通过提供与众不同的产品或服务，以满足消费者独特的或未明确表达的需求，从而与竞争对手的产品或服务相区分。产品差异化可以帮助企业在市场中树立独特的形象和品牌声誉，提高消费者的忠诚度和依赖性，进而提高企业的竞争力和市场份额。[①] 在实现产品差异化的过程中，企业需要注重产品的创新和研发，以及对市场需求的深入了解和把握。

（三）促销和价格策略

促销和价格策略是指企业通过制定合适的促销和价格政策，吸引消费者的注意力，提高品牌知名度和销售量。促销和价格策略是营销策略中的重要环节，其目的是在满足消费者需求的同时，实现企业的营销目标。在制定促销和价格策略的过程中，企业需要考虑目标市场的特点和消费者的需求，同时结合自身的资源和优势，制定出最佳的促销和价格策略。

（四）品牌建设

品牌建设是指企业通过塑造独特的品牌形象和品牌价值，提高品牌知名度和忠诚度的过程。品牌建设是营销策略的重要组成部分，可以帮助企业在市场中树立良好的形象和声誉，提高企业的竞争力和市场份额。在品牌建设的过程中，企业需要注重品牌的形象设计、品牌传播和品牌管理等环节，以提高品牌的知名度和美誉度。同时，企业还需要注重品牌的持续创新和发展，以保持品牌的竞争优势和市场地位。

（五）销售渠道管理

销售渠道管理是指企业选择和管理销售渠道的方式和方法。一

---

① 余海燕：《论品牌扩散与市场进入壁垒》，《生产力研究》2005年第2期。

个良好的销售渠道可以帮助企业快速地占领市场，提高销售效率。在选择销售渠道时，企业需要考虑产品的特点、市场需求、行业竞争状况和企业自身资源等因素。同时，企业还需要对销售渠道进行有效的管理，包括对渠道商的选择、培训和支持等，以保证销售渠道的有效性和稳定性。

（六）市场调研与分析

市场调研与分析是指企业通过收集和分析市场信息，了解市场需求、行业竞争状况和产业趋势的过程。市场调研与分析是制定有效营销策略的前提和基础，可以帮助企业做出科学决策和模式创新。通过市场调研与分析，企业可以发现市场机会和挑战，从而调整营销策略以适应市场变化。同时，企业还需要根据市场变化及时调整营销策略，以保证营销策略的有效性和市场适应性。

（七）客户关系管理

客户关系管理是指企业通过建立和维护与客户的长期关系，提高客户满意度和忠诚度的过程。客户关系管理需要企业了解客户需求、为其提供优质的服务和支持，同时与客户进行有效的沟通和互动。良好的客户关系管理可以提高客户满意度和口碑，促进企业业务增长。同时，企业还需要根据客户需求和市场变化不断创新和完善产品和服务，以提高客户满意度和忠诚度。

二　营销策略的制定原则与方法

在当今高度竞争的市场环境中，制定有效的营销策略是企业取得竞争优势的关键。营销策略的制定需要遵循一系列原则，并运用科学的方法。这些原则和方法构成了营销策略的基础框架，它们有助于企业更全面地了解市场和竞争环境，明确营销目标，并制定具有可行性和针对性的营销策略。①

（一）营销策略的制定原则

以客户为中心——以客户为中心的原则要求企业在制定营销策略时始终关注客户的需求、期望和行为。客户是企业最重要的资产之一，只有深入了解客户的心理和需求，企业才能提供满足客户期望的产品和服务。通过研究客户需求和偏好，企业可以设计出更具针对性的产品和服务，并制定更加有效的营销策略，以提升客户忠诚度和满意度。同时，企业应该将客户满意度作为重要的衡量指标，不断改进产品和服务质量，提升客户体验。

差异化竞争——在竞争激烈的市场中，企业需要寻求独特的定位和竞争优势。差异化竞争原则要求企业关注竞争对手的产品、服务、品牌形象等方面，并寻求区别于竞争对手的差异点和创新点。②通过产品创新、服务升级、品牌形象塑造等方式，企业可以满足目标市场的特殊需求，并在市场中脱颖而出。差异化竞争能够让企业获得独特的竞争优势，并在消费者心中形成独特的品牌形象，提高消费者的购买意愿和忠诚度。

创新驱动——持续创新是企业保持竞争力的关键。随着科技的发展和消费者需求的变化，市场环境不断发生变化，企业需要不断更新产品和服务的核心技术和价值主张。创新驱动的原则要求企业保持敏锐的市场洞察力，及时把握市场变化和消费者需求变化，不断研发新产品、探索新的市场机会。同时，企业需要采用创新的营销手段，如数字化营销、社交媒体营销等，以扩大品牌知名度和市场份额。通过不断创新和改进，企业能够保持领先地位并获得持续的竞争优势。

---

① 郭国庆：《中国市场营销学科发展史》，中国人民大学出版社2023年版。
② 何慧爽：《产品差异化、竞争强度与企业R&D策略分析》，《科学学研究》2010年第9期。

（二）营销策略的制定方法

市场研究与数据分析——在制定营销策略之前，企业需要进行充分的市场研究和数据分析。市场研究可以帮助企业了解目标市场的需求、消费者行为模式、市场趋势和竞争对手情况等信息。数据分析则通过对销售数据、客户数据和市场数据的分析，帮助企业洞察市场规律和消费者行为模式。通过市场研究与数据分析的结合，企业可以更好地了解市场和消费者需求，为制定科学有效的营销策略提供有力支持。

SWOT分析——SWOT分析是一种有效的战略分析工具，可以帮助企业识别自身的优势、劣势、机会和威胁。通过SWOT分析，企业可以明确自身的战略定位和市场机会，并根据分析结果制定相应的营销策略。同时，SWOT分析还可以帮助企业了解竞争对手的优势和劣势，从而制定针对性的竞争策略。在SWOT分析的基础上，企业可以制订出更加科学合理的营销策略和行动计划。[①]

目标市场细分与定位——通过市场细分，企业可以将庞大复杂的市场划分为具有共同需求和特点的若干个子市场。在细分市场中，企业可以根据自身资源和能力选择定位适合的目标市场。通过明确目标市场和定位，企业可以更加有针对性地制定营销策略和进行产品设计研发，提高营销效果和市场占有率。同时，目标市场细分有助于企业更好地了解目标客户需求和行为特征，从而为之提供更加精准的产品和服务。

制定营销组合策略——营销组合策略是企业制定营销策略的核心内容之一。它包括产品策略、价格策略、渠道策略和促销策略等。在制定营销组合策略时，企业需要根据目标市场的需求和竞争

---

① 陈战波、朱喜安：《科技型中小企业持续创新能力评价体系研究》，《技术经济与管理研究》2015年第3期。

状况，制定适合的组合策略。例如，在产品策略上，企业需要根据市场需求设计出具有竞争力的产品；在价格策略上，企业需要结合成本和市场接受度制定合理的价格；在渠道策略上，企业需要选择合适的销售渠道并优化渠道结构；在促销策略上，企业需要采取多样化的促销手段来吸引消费者并增加销售量。通过合理制定营销组合策略，企业可以提升整体营销效果。

持续优化与调整——在实施营销策略的过程中，企业应不断收集市场反馈和评估营销效果。根据市场变化和消费者需求的变化以及综合分析反馈意见等数据信息，发现当前营销方案存在的问题和潜在的机会，从而调整优化当前方案，提高其针对性和有效性，这是营销策略制定的基本要求之一。通过持续优化与调整，企业可以确保营销策略始终保持竞争力和有效性。根据市场反馈和效果评估结果进行调整，能够使企业的营销方案更加符合市场需求变化，提高投入产出比，实现更好的销售业绩和市场占有率，提升企业的竞争力和盈利能力。

第三节　博弈论在营销策略中的应用

博弈论在企业的营销策略转型中扮演着重要角色。通过运用博弈论的理论框架和工具，企业可以更好地了解与分析消费者行为，理解市场的竞争格局和参与人之间的相互影响，从而制定出更有效的定价与广告策略，这种深入的理解为企业提供了制定更加有效的营销策略转型的基础，帮助企业在激烈的市场竞争中获得更大的竞争优势。同时，博弈论的应用还可以帮助企业优化营销组合策略、建立有效的客户关系管理系统，提升企业的市场表现力和竞争力。

一 消费者行为与博弈论

消费者行为是营销策略的核心。博弈论作为一种决策论，可以帮助我们理解消费者在市场交易中的决策过程和行为模式。首先，消费者的购买决策往往受到多种因素的影响，如产品特性、价格、品牌形象、个人偏好等。[①] 这些因素可以看作博弈中的策略或行动。同时，消费者的购买决策也会对企业的销售策略产生影响，二者形成一种相互影响的博弈关系。其次，消费者在交易中通常会追求效用最大化，即尽可能获得更多的利益或满足。这类似于博弈论中的纳什均衡，即每个参与人在给定其他参与人策略的情况下，都会选择最优的策略以最大化自己的利益。

此外，消费者的群体行为也可以看作一种博弈。当消费者群体面对共同的问题或挑战时，他们往往会采取集体行动以寻求最优解决方案。这种集体行动的方式可能会对市场产生一定的影响，如推动市场趋势的形成或改变企业之间的竞争格局。

二 价格竞争与博弈论

在市场经济中，企业之间的价格竞争是一种典型的博弈行为。博弈论为价格竞争提供了理论框架和工具，帮助企业理解或预测竞争对手的策略，从而制定出更有效的定价策略。

首先，价格竞争是一种零和博弈。在价格竞争中，企业通过调整价格来争夺市场份额和消费者。如果一个企业降低价格，消费者可能会增加对该产品的购买量，从而提高该企业的市场份额。然而，如果竞争对手也降低价格，消费者可能会转向竞争对手的产

---

① 韩德超、李丽佳：《消费者购买意愿、品牌效应对有机农产品零售企业绩效的影响》，《商业经济研究》2023 年第 19 期。

品，导致市场份额的重新分配。因此，企业需要在考虑竞争对手反应的情况下制定价格策略。

其次，博弈论中的囚徒困境和智猪博弈等理论框架也可以应用于价格竞争。囚徒困境描述了两个企业陷入相互降价的情况，最终导致双方都遭受损失。智猪博弈则说明了在某些情况下，先行降价的企业可能获得竞争优势，而跟随者则可能获得收益。这些理论框架为企业提供了在价格竞争中制定策略的思路。

最后，动态博弈也是价格竞争的一个重要方面。在动态博弈中，企业需要根据竞争对手的行动来做出相应的反应。例如，当竞争对手降价时，企业可以选择跟进降价或者维持原价。不同的选择可能会产生不同的市场份额和利润结果。

三 广告与博弈论

广告策略是企业为了在市场竞争中获得优势而制定的营销策略之一。博弈论是一种研究决策主体在给定信息结构下如何决策以最大化自身效用的学问。广告策略的制定需要经过一系列的决策过程。企业需要根据市场环境和竞争对手的行动来制定自己的广告策略。博弈论中的决策制定方法可以帮助企业分析各种可能的选择和行动，评估不同选择的风险和收益，从而制定出更加科学合理的广告策略。[1]

首先，广告主之间的博弈是广告与博弈论关系的一个重要方面。在给定的市场环境下，广告主为了争夺有限的媒体广告资源以及提升各自的宣传效果和增加产品销量，进行着一场场激烈的博弈。博弈的决策主体是各个行业的广告主，给定的信息结构是有限

---

[1] Soroush S., "A game theoretic approach for pricing and advertising of an integrated product family in a duopoly", *Journal of Combinatorial Optimization*, Vol. 45, No. 5, 2023.

的媒体广告资源和广告主的投放计划，效用则是提升的宣传效果和增加的产品销量。① 在这种背景下，博弈论可以提供一种理解和预测广告主行为的框架。

其次，广告与博弈论的关系还体现在消费者与广告主之间的互动中。消费者在接收到广告信息后，会根据自己的需求和偏好对广告进行筛选和判断。这种筛选和判断的过程实际上是一种博弈，消费者试图在众多的广告中找到符合自己需求的产品，而广告主则希望通过广告投放获得最大的回报。在这个过程中，广告主需要充分了解消费者的需求和行为模式，以便制定出更有效的广告策略。②③

最后，广告商在制定广告策略时也需要运用博弈论的原理。他们需要考虑广告主的需求、竞争对手的策略以及消费者的反应等因素，以制订出最优的广告方案。在这个过程中，博弈论提供了理解和分析广告商决策的工具。

广告策略的制定还需要考虑市场的整体竞争环境。在这个环境中，各个参与人之间存在着复杂的相互作用和博弈关系。通过运用博弈论的理论框架和工具，我们可以更好地理解市场的运作机制和各方的行为模式。

四 转型与博弈论

博弈论在企业的营销转型中扮演着重要角色。通过运用博弈论的理论框架和工具，企业可以更好地理解市场的竞争格局和参与人

---

① 宋宗耀：《博弈市场环境下的媒体广告快速反应机制研究——以天津人民广播电台为例》，《经济研究导刊》2009 年第 21 期。

② 赵菊、曹源红、孙翠英等：《基于平台零售的品牌商广告投入和价格博弈》，《运筹与管理》2023 年第 3 期。

③ Xiuxian L., Pengwen H., Shuhua Z., "The optimal advertising strategy with differentiated targeted effect consumers", Annals of Operations Research, Vol. 324, No. 1, 2022, pp. 1295–1336.

之间的相互影响。这种深入的理解为企业提供了制定更加有效的营销策略的基础，帮助企业在激烈的市场竞争中获得更大的竞争优势。同时，博弈论的应用还可以帮助企业优化营销组合策略、建立有效的客户关系管理系统，提升企业的市场表现和竞争力。

博弈论可以帮助企业更好地理解市场的竞争格局和参与人之间的相互影响。通过运用博弈论的理论框架和工具，企业可以分析竞争对手的策略、预测市场趋势和竞争格局的变化，从而制定更加有效的营销策略。例如，在价格竞争中，企业可以利用博弈论来分析竞争对手的可能反应，制定出既能提高销售量又能保持价格优势的定价策略。[1]

博弈论可以帮助企业制定更加精准的目标市场定位策略。在市场营销中，企业需要根据市场需求和竞争情况来确定目标市场和产品定位。通过运用博弈论的方法，企业可以分析消费者的行为和偏好，[2] 更好地了解市场需求和竞争状况，从而制定更加精准的目标市场定位策略。[3]

博弈论还可以帮助企业优化营销组合策略。营销组合策略包括产品、价格、渠道和促销等多个方面，是企业营销策略的核心。通过运用博弈论的理论框架和工具，企业可以优化营销组合策略，提高营销效果和市场竞争力。例如，在促销策略中，企业可以利用博弈论来分析消费者的购买决策过程，制订出更具吸引力的促销方案。

---

[1] Taleizadeh, A. A., Ghavamifar, A. & Khosrojerdi, A., "Resilient network design of two supply chains under price competition: game theoretic and decomposition algorithm approach", *Operational Research*, Vol. 22, 2020, pp. 825–857.

[2] 赵金实、霍佳震：《基于消费者行为的零售商双边博弈策略研究》，《南开管理评论》2010年第3期。

[3] Deqing Ma, Xiaoqing Wang, Jinsong Hu, et al., "The selection of sales channels considering consumer behavior preferences in a co-branding strategy", *Electronic Commerce Research and Applications*, Vol. 62, 2023, 101309.

博弈论还可以帮助企业建立更加有效的客户关系管理系统。客户关系管理是企业营销转型中的重要环节，能够帮助企业建立与客户的长期合作关系。通过运用博弈论的方法，企业可以更好地了解客户需求和期望，制订更加个性化的服务方案和客户关怀措施，提高客户满意度和忠诚度。

第 三 章

数字经济时代下的营销变革

随着数字技术的飞速发展，人类社会已经进入了数字经济时代。这个时代的特点是信息传播速度快、数据量大、消费者行为变化迅速。营销环境的变化也带来了营销方式的变革。为了适应这一变革，企业需要紧跟数字技术发展的步伐，不断探索和创新营销策略，以更好地满足消费者需求，提升品牌价值和市场竞争力。

第一节　数字经济时代下营销环境的变革

在数字经济时代，营销环境正在经历前所未有的变革。数字技术的发展改变了消费者的行为模式，改变了营销的策略和手段，为企业带来了新的机会和挑战。[①] 企业需要适应这种变化，积极拥抱数字经济，才能在竞争中取得优势。

技术进步是推动数字经济时代发展的关键因素之一。互联网、大数据、人工智能等技术的广泛应用，使得营销环境发生了翻天覆地的变化。企业可以借助先进的技术手段，实现精准的目标定位、个性化的产品推荐以及高效的营销沟通。同时，技术进步也催生了

---

① 史丹、聂新伟、齐飞：《数字经济全球化：技术竞争、规则博弈与中国选择》，《管理世界》2023 年第 9 期。

新的营销渠道和工具，如社交媒体、移动应用等，为企业提供了更多与消费者互动的机会。

随着数字技术的普及，消费者的购物行为和信息获取方式发生了显著变化。数字时代下的消费者更加注重个性化和体验，他们更倾向于在线上购买商品和服务，通过社交媒体、移动设备等多元化渠道获取信息。① 此外，消费者还表现出强烈的自主性和参与性，他们愿意主动分享自己的观点和体验，并参与到品牌的建设和推广中。② 这一变化要求企业精准把握消费者需求，深入了解消费者行为模式和心理特征，以进行更加精细化、个性化的营销活动。企业需要充分利用数字技术手段，如大数据分析、人工智能等，对消费者数据进行挖掘和分析，以便更好地把握消费者需求和行为，从而制定更加精准的营销策略。

数字技术的发展使得市场信息更加透明，企业之间的竞争也变得更加激烈。在数字经济时代，企业不仅需要面对同行业的竞争，还需要应对跨界竞争的挑战。跨界竞争者往往能够借助数字技术手段，打破行业界限，快速进入新的市场领域。为了应对市场竞争的加剧，企业需要不断创新和改进产品或服务，同时采取更加灵活的营销策略。此外，企业还需要加强与消费者的互动和沟通，建立紧密的关系和信任感。通过与消费者进行实时互动，了解他们的需求和反馈，企业可以快速响应市场变化，提升品牌知名度和忠诚度。同时，数字经济的开放性和全球性特点使得企业面临来自国内外的竞争压力。为了在激烈的市场竞争中脱颖而出，企业需要不断创新，提升自身的核心竞争力。这包括但不限

---

① 王永贵、王皓月、杨江琳等：《社交媒体营销研究与展望——基于 Web of Science 核心数据库和 CNKI 数据库的综合分析》，《管理评论》2024 年第 8 期。

② 杨光、王晓卓、汪立：《"众包"平台公示成功创意有助于用户创新吗?》，《南开管理评论》2024 年第 9 期。

于提供个性化的产品或服务、打造独特的品牌形象、优化客户体验等。

在数字经济时代，数据已经成为企业制定营销策略的关键依据。大数据、人工智能等数字技术的应用为企业提供了海量的数据资源，使得企业能够更好地收集、分析和利用数据。数据不仅能够帮助企业了解市场趋势和消费者需求，还可以为企业的决策提供有力支持。通过数据挖掘和分析，企业可以发现潜在的市场机会和消费者群体，制定更加精准的营销策略。为了更好地利用数据资源，企业需要建立完善的数据管理体系和数据分析团队，制定明确的数据收集和分析标准，对数据进行分类和整合，挖掘数据中的有价值信息。同时，企业还需要加强对数据安全和隐私保护的重视，确保数据的安全性和合规性。通过收集和分析消费者数据，企业可以深入了解消费者的需求和行为模式，进而进行更加精准的目标定位和制定个性化的营销策略。数据驱动的营销策略有助于提高营销效果、降低成本并增强消费者的满意度和忠诚度。因此，企业需要重视数据在营销决策中的作用，并建立完善的数据收集和分析体系。

随着消费者对个性化需求的不断增长，满足消费者的独特需求已成为企业在数字经济时代取得竞争优势的关键。企业需要关注消费者的个性化需求，提供定制化的产品和服务，以满足消费者的独特需求。为此，企业需要具备一定的定制化生产能力和快速响应市场变化的能力，这有助于提高消费者的满意度和忠诚度，以及提升企业的销售业绩。

社交媒体在数字经济时代发挥着越来越重要的作用。社交媒体平台为企业提供了与消费者互动和沟通的渠道，使得企业能够更好地了解消费者的需求和反馈。同时，社交媒体也成为企业进行品牌推广和营销活动的重要场所。① 通过社交媒体平台，企业可以发布产品信息、推广活动以及与消费者互动，从而提高品牌知名度和影响力。因此，企业需要充分利用社交媒体平台进行品牌管理和营销。

在数字经济时代下，跨界合作已经成为一种新的营销趋势。跨界合作可以帮助企业打破传统思维模式，创新业务模式和营销策略，从而拓展市场份额和增加销售业绩。② 通过与其他品牌或企业进行合作，企业可以共同推出新产品或服务、举办联合活动，或通过其他方式扩大市场影响力并增加品牌知名度。跨界合作的兴起要求企业具备开放的心态和资源整合的能力，以实现互利共赢。

第二节　数字技术对营销变革的影响

随着数字技术的不断进步，营销模式正面临着前所未有的转型机遇和挑战。数字技术为企业提供了丰富的资源和工具，使其能够更加精准地定位目标受众、创造吸引人的内容、实现个性化服务，并更好地与消费者互动。这种转型不仅有助于企业提高营销效率，还能够帮助企业更好地了解消费者需求和行为，从而优化产品和服务。③

一　数字技术助力企业实现精准目标定位

数字技术的发展为企业提供了丰富的客户数据资源，使企业能

---

① Xiaojing Z., Yulin Z., "Content marketing in the social media platform: Examining the effect of content creation modes on the payoff of participants", *Journal of Retailing and Consumer Services*, Vol. 77, 2024.

② Chen Z., Taisheng G., "The brand strategy and cross-border promotion of Han Chinese clothing under the digital economy", *Electronic Commerce Research*, Vol. 23, No. 1, 2022.

③ 高凯：《数字经济时代生鲜电商企业商业模式创新研究》，《商业经济研究》2024年第11期。

够更准确地了解客户需求、偏好和行为模式。通过大数据分析、云计算等技术手段，企业可以深入挖掘消费者数据，获取他们的喜好、消费习惯、购买决策等信息。这些数据不仅为企业提供了更精准的消费者画像，还揭示了市场趋势和潜在机会。利用这些数据，企业可以更精确地定位目标受众，并制定针对性的营销策略。比如，根据消费者的购买历史和浏览记录，可以发现消费者的购买习惯和偏好，同时，企业还可以通过分析消费者的搜索行为，了解消费者的关注点和需求。

社交媒体营销是数字技术实现精准目标定位的重要渠道之一。在传统营销模式下，企业往往采用大规模投放的方式进行广告宣传，但这种方式很难触达真正的目标客户，导致资源浪费。社交媒体平台拥有大量用户数据，企业可以通过分析这些数据了解目标受众的兴趣和行为特征，同时，社交媒体平台还提供了丰富的广告工具和数据分析服务，企业可以利用这些工具实现更加精细化的广告投放和效果跟踪。例如，企业可以根据目标受众的兴趣爱好和地域分布等因素，制定定向广告投放策略，提高广告的曝光率和点击率。[①] 而数字技术的发展让企业得以在更广阔的渠道和平台上进行精准投放，使广告更加符合目标受众的兴趣和需求。

数据驱动的决策不仅提高了营销的精准度，还为企业带来了更高的投资回报率。通过实时跟踪和分析营销活动的效果，企业可以及时调整策略，优化资源配置，进一步提升营销效果和客户满意度。因此，数据驱动的决策已经成为现代营销的核心要素，对于推动营销模式的转型和创新具有重要意义。

---

① 赵江、梅姝娥、仲伟俊：《基于策略性消费者不同行为的动态定向广告投放研究》，《软科学》2015年第3期。

二 数字技术丰富内容营销创意与传播渠道

数字技术为内容营销带来了革命性的变革，为企业提供了优质创意和广阔的传播渠道。在传统的内容营销中，企业主要依靠平面广告、电视广告和印刷媒体等传统渠道来传递信息。然而，随着数字技术的不断发展，内容营销的形式和传播渠道得到了极大的拓展。

数字技术为企业提供了丰富的创意工具。通过使用数字绘图、动画制作、虚拟现实（VR）、增强现实（AR）等技术，企业可以创造出极具创意和吸引力的内容。这些技术不仅能够帮助企业制作出更加生动、有趣的广告和宣传片，还能够为消费者带来全新的互动体验。例如，VR技术可以让消费者身临其境地体验产品的使用场景，从而更好地了解产品的特点和优势。

数字技术扩展了内容营销的传播渠道。企业可以利用各种数字媒体平台，如社交媒体、博客、视频平台、搜索引擎等，将内容传播给更广泛的受众。这些数字媒体平台具有低成本、高效率的优点，可以让企业更加灵活地选择传播渠道，并根据不同的受众群体选择适合的传播方式。例如，社交媒体营销可以让企业与消费者进行直接的互动，提升消费者的参与感和忠诚度。

数字技术还为企业提供了强大的数据分析能力。通过分析消费者的浏览数据，企业可以深入了解受众的兴趣和需求，从而优化内容创作和传播策略。这种以数据为基础的决策方式可以提高营销的精准度和效果，降低营销成本。例如，企业可以通过分析搜索引擎数据了解消费者的搜索行为和兴趣，从而制定更加精准的关键词广告策略。

数字技术促进了跨平台整合营销的发展。随着数字媒体的多样化发展，消费者在信息获取和品牌互动方面也呈现出多元化的需求。因此，企业需要将不同平台的资源进行整合，实现全渠道的营销覆盖。通过跨平台的广告投放、内容共享和活动策划，企业可以提高品牌知名度和影响力，与消费者建立更加紧密的联系。例如，企业可以在社交媒体平台上发布内容，同时通过搜索引擎优化提高品牌的搜索排名，进一步扩大品牌的影响力。

三　数字技术为企业提供了实现个性化与定制化服务的能力

数字经济的快速发展推动了人工智能和机器学习技术的进步。这些技术为企业提供了强大的分析工具，帮助企业从海量数据中提取有价值的信息，通过数据分析，企业可以了解消费者的个性化需求，为其提供定制化的产品或服务体验。通过机器学习和人工智能技术，企业可以预测消费者的需求和行为，从而提前做好相应的服务准备。这种定制化的服务能够提高消费者满意度和忠诚度，增强品牌竞争力。同时，个性化与定制化服务也可以为企业带来更高的利润空间。

数字经济的全球性特点为企业提供了更广阔的市场空间。随着全球化进程的不断加速，不同国家和地区的消费者需求呈现出多元化和个性化的特点。企业要想在全球市场中获得竞争优势，就必须满足不同国家和地区消费者的个性化需求。数字经济为企业提供了实现这一目标的有效途径。在数字经济中，信息流动不受地域限制，企业可以通过互联网和电子商务平台，快速了解全球消费者的需求和反馈，并根据不同需求进行产品设计和定制化服务。这样不仅可以满足消费者的个性化需求，提高企业的销售业绩和市场竞争力，还可以进一步开拓全球市场，实现更加广泛的业务覆盖。

数字经济的灵活性使得企业能够快速响应市场和消费者需求的变化。在传统经济模式下，企业通常需要经过较长的生产周期和烦琐的库存管理才能适应市场变化。然而，在数字经济环境下，企业可以利用大数据和人工智能技术对市场数据进行实时分析，预测消费者需求的变化，并快速调整采购、生产和物流计划。这种快速响应的供应链管理方式使得企业能够更好地满足消费者对于个性化与定制化产品和服务的需求。这种灵活性使得企业能够更好地满足消费者对于个性化与定制化产品和服务的需求。

四 数字技术为企业与消费者之间的实时互动提供了便利

随着数字经济的快速发展，企业与消费者之间的实时互动变得越来越普遍和重要。这种互动不仅改变了传统的商业模式，还为企业带来了巨大的商业机会和竞争优势。

数字经济为企业与消费者之间的实时互动提供了技术支持。互联网、移动应用、社交媒体等数字平台为企业与消费者之间的交流提供了便利。通过这些平台，企业可以提前发布产品、促销活动等信息，并与消费者进行即时互动，获取消费者的反馈和需求。这种即时的信息交流不仅加强了企业与消费者之间的联系，还为企业提供了更加精准地满足消费者需求的可能性。

数字技术为企业提供了多样化的实时互动形式。通过在线客服系统，企业可以实时与消费者进行文字、语音或视频交流。消费者可以随时提出问题或疑虑，企业则可以及时给予解答并提供解决方案。通过在线调查系统，企业可以向消费者发放调查问卷，收集消费者的反馈和意见，快速获取大量消费者的反馈数据，为产品改进和服务优化提供有力支持。消费者可以在购买产品后，对产品进行实时评论和打分。这些评论和评分可以及时展示给其他消费者和企业，为企业提供产品改进的反馈和为其他消费者提供购买决策的参考。这些实时互动形式各有特点，企业可以根据自身情况和业务需求选择合适的互动形式。通过多样化的实时互动形式，企业能够更好地了解消费者需求和反馈，及时解决问题和改进产品和服务，提高消费者的参与度和忠诚度。同时，这种互动也有助于企业建立品牌形象和市场影响力、提升竞争力。在数字经济时代，实时互动已成为企业与消费者之间的重要桥梁，是企业发展中不可或缺的一部分。

数字技术为企业与消费者之间的实时互动提供了安全和隐私保护的环境。在数字经济的背景下，数据安全和隐私保护变得越来越重要。首先，数字技术提供了强大的数据加密和安全传输手段。通过运用先进的加密算法和安全协议，企业能够确保在实时互动中传输的数据不被非法获取或篡改。这包括在在线客服、在线调查和实时评论等过程中，对消费者敏感信息的加密处理，以及在数据传输过程中采用SSL/TLS等安全协议，保障数据的安全传输。其次，数字技术为企业提供了灵活的访问控制和身份认证机制。通过多因素身份验证、令牌化等技术手段，企业能够实现对消费者身份的准确识别和验证，防止未经授权的访问和使用。这有助于确保实时互动的参与人是经过身份验证的合法用户，降低数据泄露和滥用的风险。此外，数字技术推动了数据脱敏和匿名化技术的发展。为了保护消费者隐私，企业可以采用数据脱敏技术对敏感信息进行处理，使其失去实际意义，同时利用匿名化技术对消费者个人信息进行隐藏或变形。这有助于避免消费者个人信息被不当利用或泄露，保护消费者的隐私权益。最后，数字技术还促进了隐私政策和数据安全管理制度的完善。企业需要建立明确的隐私政策和数据安全管理制度，规范实时互动中消费者数据的收集、使用、存储和处置行为。同时，企业应定期对隐私政策和制度进行审查和更新，确保其与法律法规和消费者需求保持一致。

第三节　数字技术在营销中的应用

随着数字技术的不断发展，其在营销领域的应用也日益广泛。数字技术为企业提供了更多的营销手段和工具，使得营销活动更加精准、有效和具有吸引力。下面我们深入探讨数字技术在营销中的具体应用，从客户关系管理、数据挖掘和分析、搜索引擎优化、虚拟现实与增强现实技术、移动应用广告等方面展开分析。

一　客户关系管理

客户关系管理（CRM）是数字技术在营销中的重要应用之一。数字技术在 CRM 中的应用涵盖了数据整合与共享、自动化流程、客户细分与个性化服务、智能分析与预测、多渠道互动、生命周期管理、BI 报表、安全性与隐私保护等方面。[①]

数据整合与共享：CRM 系统通过数字技术，将来自不同渠道的客户数据整合到一个平台上，实现数据的集中管理和共享。这有助于企业全面了解客户需求，分析市场趋势，为后续的个性化服务和精准营销提供数据支持。

自动化流程：CRM 系统通过数字技术实现业务流程的自动化，如销售线索管理、客户信息更新等。自动化流程不仅提高了工作效率，还降低了人工错误率，确保了业务流程的顺畅进行。

客户细分与个性化服务：CRM 系统通过数字技术对客户数据进行分析，将客户划分为不同的细分群体，并为每个群体提供定制化的服务和营销策略。企业可以根据客户的喜好、需求和行为，为

[①] 李扬帆、格佛海：《客户关系管理系统与企业运营绩效的关系——基于美国和中国上市公司的对比分析》，《技术经济》2015 年第 8 期。

其提供个性化的产品推荐和服务体验，提高客户满意度和忠诚度。

智能分析与预测：CRM 系统利用数字技术进行智能分析和预测。通过对客户数据和市场趋势进行深入分析，企业可以预测客户未来的需求和行为，提前制订相应的营销策略和服务计划，提高市场响应速度和准确性。

多渠道客户互动与沟通：CRM 系统通过数字技术实现多渠道的客户互动与沟通，包括电话、邮件、短信、社交媒体等。企业可以通过这些渠道与客户保持紧密联系，及时了解客户需求和反馈，提高客户满意度和忠诚度。

客户关系生命周期管理：CRM 系统通过数字技术实现客户关系生命周期的管理，从潜在客户的开发、客户关系的发展到客户关系的维护和提升，都得到了全面的跟踪和管理。这有助于企业更好地了解客户需求和发展趋势，为企业的长期发展提供有力支持。

BI（商业智能）报表与分析：CRM 系统通过数字技术提供了丰富的 BI 报表和分析功能，帮助企业深入了解客户行为、销售业绩、市场趋势等。企业可以根据这些分析结果制定更加科学和精准的决策，提高经营效率和盈利能力。

安全性与隐私保护：CRM 系统通过数字技术确保客户数据的安全性和隐私保护。采用加密技术、访问控制等安全措施，确保客户数据不被泄露和滥用。同时，企业也需遵循相关法律法规，合规合法地收集和使用客户数据。

这些应用不仅提高了企业的运营效率和客户满意度，还为企业带来了更多的商业机会和竞争优势。随着数字技术的不断创新和发展，CRM 系统的功能和性能也将得到进一步的提升和完善。

二 数据挖掘与分析

数字技术在营销领域的数据挖掘与分析中起到了重要的作用。

通过数字技术，企业可以更好地了解市场需求和消费者行为，发现潜在的商业机会和优化营销策略，从而提升营销效果和增强竞争力。同时，数字技术还可以帮助企业提高运营效率和决策质量，降低营销成本和市场风险。随着数字技术的不断发展和创新，其在营销领域中的应用将更加广泛和深入，为企业带来更多的商业机会和竞争优势。数字技术在数据挖掘与分析中的具体应用过程如下。

确定目标：明确数据挖掘与分析的目标，是为了了解市场需求、消费者行为、竞争态势，也是为了优化营销策略等。确定目标有助于后续的数据收集和挖掘更有针对性。

数据采集：根据目标，利用数字技术从各种渠道收集数据。这些渠道可能包括社交媒体、网站、移动应用等。数字技术能够实现大规模数据的快速、准确收集，为后续的数据挖掘提供基础。

数据清洗和预处理：在数据采集后，数字技术可以对数据进行清洗和预处理，以保证数据的准确性和完整性。通过数据预处理，可以去除重复、无效或错误的数据，并对缺失数据进行填充，以便后续的数据挖掘和分析。

数据挖掘：数据挖掘是数字技术在营销领域中的重要应用之一。通过数据挖掘，企业可以发现隐藏在大量数据中的模式和规律，从而为营销决策提供有力的支持。例如，企业可以利用关联规则挖掘来发现产品之间的关联关系，或者利用聚类分析对客户进行细分。

数据分析：数据分析是数字技术在营销领域中的另一个重要应用。通过数据分析，企业可以深入了解市场需求、消费者行为、竞争态势等，从而制定更加科学、精准的营销策略。例如，企业可以利用回归分析来预测销售额或客户流失率，或者利用可视化技术来展示数据和洞察结果。

数据可视化：数据可视化是将数据转化为图形化的形式，以便于决策制定者更加直观地理解和分析数据。数字技术可以帮助企业将数据转化为图形化的形式，提高数据的可读性和可理解性，为企业决策提供更加直观的支持。

结果应用与优化：将数据挖掘与分析的结果应用于实际的营销活动中，并根据反馈进行持续的优化和调整。数字技术可以帮助企业实时监测和分析营销活动的效果，及时发现问题并进行改进，从而提高营销效率和效果。

三 搜索引擎优化

搜索引擎优化（SEO）是数字营销中的重要组成部分，旨在提高网站在搜索引擎结果页的排名，从而提高网站的流量和曝光率。数字技术的发展为 SEO 带来了更多的应用场景和优化手段。[①] 下面将详细介绍数字技术在搜索引擎优化中的具体应用。

关键词研究与优化：关键词研究是 SEO 的基础，通过数字技术可以对用户搜索的关键词进行深入的分析和研究。企业可以通过分析用户搜索的关键词，了解用户的搜索意图和需求，从而制定更加精准的关键词策略。数字技术可以帮助企业筛选出有价值的关键词，并合理地布局在网站内容中，以提高网站的排名。同时，数字技术还可以对关键词的竞争程度进行分析，为企业选择合适的关键词提供依据。

网站结构优化：网站结构是影响搜索引擎排名的重要因素之一。数字技术可以帮助企业优化网站的结构，使其更加符合搜索引擎的爬虫规则。通过合理的网站架构设计，可以提高搜索引擎爬虫对网站的抓取效率，从而增加网站的曝光率。数字技术还可以帮助企业设置合理的页面标题、描述和元数据等元素，以便搜索引擎更

---

① 陆国浩：《网络营销中搜索引擎优化的研究》，《沙洲职业工学院学报》2011 年第 1 期。

好地理解网站内容。

内容创建与优化：高质量的内容是吸引搜索引擎和用户的关键。数字技术可以帮助企业创建有价值的、与关键词相关的内容。通过分析用户的搜索意图和需求，可以创作出更加符合用户需求的文章、博客或产品描述等内容。同时，数字技术还可以对内容的可读性、独特性和相关性进行分析和优化，提高内容的质量和吸引力。

链接策略：链接是影响搜索引擎排名的重要因素之一。数字技术可以帮助企业建立合理的链接策略，包括内部链接和外部链接。通过建立内部链接可以提高网站的权重和排名，同时还可以增强用户体验。外部链接可以提高网站的权威性和信任度，从而提高搜索引擎排名。数字技术还可以帮助企业筛选出有价值的外部链接，并合理地与自己的网站建立链接关系。

跟踪与分析：这是数字技术在SEO中的重要应用之一。数字技术可以帮助企业跟踪和分析搜索引擎的表现，了解哪些关键词、页面或内容表现良好，哪些需要改进。通过数据分析，可以发现潜在的问题和机会，从而制定更加科学和精准的SEO策略。同时，数字技术还可以帮助企业监测竞争对手的SEO策略和表现，以便及时调整自己的策略。

数字技术在搜索引擎优化中的应用广泛而深入。通过数字技术的应用，企业可以提高网站在搜索引擎中的排名，吸引更多的潜在用户，从而增加网站的流量和提高转化率。同时，数字技术还可以帮助企业更好地理解市场需求和用户行为，为营销策略的制定提供更加科学和精准的数据支持。随着数字技术的不断发展和创新，其在搜索引擎优化中的应用将更加广泛和深入，也将为企业带来更多的商业机会和竞争优势。

四　虚拟现实与增强现实技术

随着数字技术的不断发展，虚拟现实（VR）和增强现实（AR）已经成为当今最热门的前沿技术之一。数字技术在这两种技术中的应用也日益广泛，为人们带来了前所未有的沉浸式体验和交互方式。

（一）虚拟现实（VR）

虚拟现实技术通过模拟真实的环境，使用户能够身临其境地感受虚拟世界。数字技术在 VR 技术中的应用主要体现在以下几个方面。

3D 建模与渲染：数字技术可以帮助创建逼真的 3D 模型，通过渲染技术将模型转化为具有视觉冲击力的图像。这种技术在游戏、电影制作、建筑设计等领域有着广泛的应用。

交互设计：VR 技术的核心在于用户与虚拟世界的交互。数字技术可以帮助设计各种交互方式，如手势识别、语音识别等，使用户能够更加自然地与虚拟世界进行互动。

实时数据同步：数字技术可以实现 VR 设备与外部设备的实时数据同步，例如位置跟踪、视角调整等，从而提高 VR 体验的真实感。

（二）增强现实（AR）

增强现实技术将数字信息与真实世界相结合，提供更加丰富和个性化的用户体验。数字技术在 AR 技术中的应用主要表现在以下几个方面。

物体识别与跟踪：AR 技术可以通过识别特定的图像、物体或人脸等信息，将其与虚拟内容进行结合。数字技术可以帮助实现高效的物体识别和跟踪，从而提高 AR 技术应用的准确性和稳定性。

实时图像渲染：AR 技术将虚拟内容融入真实场景中，需要实时渲染图像以保持一致性。数字技术可以提供高效的图像渲染算法，确保 AR 应用的流畅运行。

交互设计：在 AR 应用中，用户与虚拟内容的交互方式多种多样。数字技术可以帮助设计各种交互方式，如手势识别、语音识别等，使用户能够更加自然地与虚拟内容进行互动。

数据融合与分析：AR 技术可以将不同来源的数据融合到真实场景中，并对数据进行实时分析。数字技术可以帮助处理和分析大量的数据，为 AR 应用提供有价值的信息和洞察。

数字技术在虚拟现实和增强现实技术中发挥了至关重要的作用。通过数字技术的应用，VR 技术和 AR 技术得以实现逼真的图像渲染、高效的交互设计和实时数据同步等功能。这些技术为人们带来了沉浸式的体验和全新的交互方式，在游戏娱乐、教育、医疗、工业等领域有着广泛的应用前景。随着数字技术的不断发展和创新，VR 和 AR 技术的应用将更加广泛和深入，进一步推动科技与人类生活的融合。

五　移动应用广告

随着智能手机的普及和移动互联网的快速发展，移动应用广告已经成为数字营销领域的重要组成部分。数字技术为移动应用广告带来了更多的可能性，数字技术可以帮助企业在移动应用中投放精准的广告，同时还可以对广告效果进行实时监测和优化。[1] 此外，通过移动应用数据分析，企业可以了解用户在移动应用上的行为和兴趣，从而制定更加精准的广告策略。

精准定位：数字技术通过分析用户的地理位置、兴趣偏好、使

---

[1] 齐二娜、舒咏平：《基于个性化推荐系统的展示广告研究》，《中国出版》2014 年第 20 期。

用行为等数据，实现精准的定位和个性化推荐。移动应用广告可以根据用户的特征和需求，将广告内容准确地传递给目标用户，提高广告的曝光率和点击率。这种精准定位的方式能够有效地降低广告成本，提高营销效果。

实时竞价：数字技术可以实现实时竞价功能，即广告主可以根据用户的属性和行为，在极短的时间内对广告进行出价和投放决策。这种实时竞价的方式能够有效地提高广告的投放效率和效果，使广告主能够更好地控制预算和投放时间。

动态创意优化：数字技术可以根据用户的属性和行为，动态地调整广告的创意和内容，以更好地吸引用户的注意力。例如，根据用户的兴趣爱好和行为习惯，广告可以展示更加符合用户需求的图片、视频等内容，提高用户的点击率和转化率。这种动态创意优化的方式能够使广告更加富有个性化，提高用户体验和营销效果。

数据分析与优化：数字技术可以对移动应用广告的数据进行实时监测和分析，帮助广告主了解广告投放的效果和用户反馈，从而及时调整投放策略和优化创意内容。通过数据分析，广告主可以发现潜在的问题和机会，制定更加科学和精准的投放策略，提高广告的转化率和 ROI（投资回报率）。

社交属性强化：数字技术可以将移动应用广告与社交媒体平台进行整合，通过社交分享、点赞、评论等方式增强广告的社交属性。用户可以通过点击广告上的社交按钮，轻松地将广告内容分享到自己的社交媒体账号上，从而提高广告的传播范围和用户参与度。这种社交属性的强化能够增加用户的黏性和参与度，提高品牌知名度和营销效果。

跨平台整合：数字技术可以实现跨平台整合，将移动应用广告与其他数字渠道进行有机结合。例如，广告可以在移动应用、网站、社交媒体等多个渠道进行投放，实现多渠道协同营销。这种跨平台整合的方式能够提升营销效果和品牌知名度，实现更广泛的客户群覆盖和影响。

数字技术在移动应用广告方面的应用非常广泛，从精准定位到数据分析与优化，再到跨平台整合等方面都有着重要的作用。通过数字技术的应用，移动应用广告能够更加精准、个性化地传递给目标用户，提高用户体验和营销效果。随着数字技术的不断发展和创新，移动应用广告的应用场景和形式也将不断拓展和优化。

第四章

传统电商企业的发展压力与机遇：营销模式的转型与创新

随着互联网技术的不断发展和普及，电商行业在全球范围内呈现爆炸式增长。传统电商企业作为电子商务行业的重要参与者，对于整个市场的运行和发展具有不可忽视的影响。它们不仅改变了消费者的购物习惯，而且推动了商业模式的创新。然而，随着市场竞争的加剧和消费者需求的不断变化，传统电商企业面临着越来越多的挑战。[①]

第一节 传统电商企业面临的发展压力

一 竞争的压力

国内对手竞争是一个不可忽视的问题。中国电商市场在过去的几年中发展迅速，其中阿里巴巴和京东等大型电商企业在市场上占据着主导地位。这些企业不仅在规模上占据优势，而且拥有丰富的供应链资源，这使得他们在价格战中能够保持较低的价格优势，对传统电商企业构成了巨大的压力。例如，阿里巴巴拥有

---

① 张铎：《数字经济时代私域流量的价值及营销模式》，《中国流通经济》2023年第12期。

庞大的商户资源和物流网络，这意味着它能够从生产商处直接采购商品，从而降低成本并提高市场竞争力。此外，京东的"京准通"广告投放系统和大数据分析技术，使其在广告市场上具有巨大的影响力。这些优势让大型电商企业在市场竞争中占据了主导地位。

国际对手竞争同样不容忽视。随着全球化的进程，国际电商市场的竞争也日益激烈。其中亚马逊、eBay 等国际电商巨头，在市场上的影响力巨大。这些国际电商巨头在产品、服务等方面拥有丰富的资源，这使得它们在国际市场上占据着主导地位。这些国际电商巨头的出现，给传统电商企业带来了巨大的挑战和压力，使得传统电商企业需要不断提高自身的竞争力，才能在市场中立足。然而，要提高竞争力，就需要在产品、服务、技术、营销等多个方面进行投入，对于传统电商企业来说，这是一个充满挑战的过程，需要不断努力和改进。

资本市场竞争也是传统电商企业面临的重要竞争之一。在过去的几年中，随着资本市场的不断扩大，越来越多的投资者开始关注电商行业。他们通过投资不同的电商企业，试图寻找具有高增长潜力的投资机会。这种资本市场竞争的加剧，也给传统电商企业带来了巨大的压力。因为传统电商企业需要不断地融资才能维持其运营和发展，而融资的过程也是非常烦琐和困难的，需要满足的条件很多，如需要提供公司的财务报告、经营计划书等。此外，投资者还需要对电商企业进行实地考察，了解企业的经营状况和市场前景，这种考察不仅耗时耗力，还可能因为各种原因而无法及时完成。

二　成本的压力

在电子商务市场上，价格竞争已经成为一个非常关键的要素。由于市场上拥有众多的电商企业，价格竞争已经变得尤为激烈。对于电商企业而言，价格竞争已经成为企业生存和发展的关键。为了在激烈的价格竞争中脱颖而出，许多企业纷纷采取低价策略，以此吸引更多的消费者。这种低价策略并没有带来预期的利润增长，反而使得利润空间被进一步压缩。[①] 在电子商务市场上，低价策略确实是一种有效的策略，因为它可以通过降低成本来吸引更多的消费者。然而，这种策略也存在一定的风险，因为低价可能会导致企业利润的减少，甚至导致亏损。例如，企业可能会因为低价而导致成本增加，例如运输成本、税收等。此外，企业还可能会因为低价而导致销售量下降，从而使得利润空间被进一步压缩。因此，企业在采用低价策略时，需要权衡利弊，充分考虑市场的竞争环境和自身的承受能力。[②]

随着电商市场的逐渐饱和，获取新用户的成本呈现逐渐上升的趋势。这是一个不争的事实，也让众多企业感到困惑和沮丧。在竞争激烈的市场中，企业想要脱颖而出，就必须通过各种渠道进行宣传和推广，如广告、促销、活动等，然而，即使花费了大量的资金和资源，却仍然无法取得预期的效果。在广告投放方面，许多企业面临着广告效果不佳的问题，广告投入了大量资金，但仍然无法吸引到精准的用户，这主要是由于广告定位不准确、目标用户不匹配、广告内容不够吸引人等原因造成的。在促销方面，许多企业面临着促销效果不佳的问题，花费了大量资金用于促销活动，但仍然无法提高销售额，这主要是由于促销策略不正确、促销时机不恰当、促销活动不够吸引人等原因造成的。在活动方面，许多企业面临着活动效果不佳的问题，花费了大量

---

① 蒋和胜、陈乾坤：《竞争约束如何塑造平台相关市场？——基于反垄断案例的质性研究》，《财经问题研究》2024年第5期。

② 李琴、徐兵：《用户偏好连续分布下两竞争双边平台的企业社会责任与定价决策研究》，《管理评论》2024年第3期。

资金用于各种活动，但仍然无法提高用户参与度，这主要是由于活动策划不精细、活动流程不够顺畅、活动内容不够吸引人等原因造成的。

三　用户购物体验的压力

在当今数字化的时代，电商平台的购物体验成为消费者越来越重视的一个方面。消费者对于电商平台的购物体验要求更高，更希望能够轻松、方便地完成购买，并在整个过程中获得愉快的体验。在电商平台的购物体验中，网站的首页设计、商品的展示方式、商品的种类、客服的服务质量以及送货的及时性和准确性，都影响着消费者的购物体验。

产品质量方面，随着互联网购物的普及，越来越多的消费者选择在电商平台上购买商品。然而，网络购物往往存在看不见、摸不到的弊端，消费者在购买商品时，对于商品的质量要求越来越高。在繁多的商品种类中，消费者需要品牌保证和权威认证来确保购买到的商品质量可靠。[①]

在物流配送方面，消费者对于物流配送的速度和服务质量要求越来越高。他们不仅希望商品能够及时送达，而且希望能够在最短时间内收到购买的商品。这已经成为消费者选择商品和服务的重要因素之一。

在客户服务方面，用户不仅要求平台能够提供及时、高效的服务，更要求能够得到专业、准确的解答和解决方案。对于消费者来说，客户服务是他们在购物过程中获得的一种重要体验。[②] 在市场

---

① 李宗活、李善良、刘丽雯：《面向潜在竞争者异质品引入的零售商平台定价策略与模式选择研究》，《中国管理科学》2025 年第 1 期。

② 董岩、时光、时雨甜：《线上营销对网络消费者购买行为的影响研究》，《经济问题探索》2020 年第 10 期。

竞争日益激烈的今天，平台需要不断提高客户服务的水平，以满足消费者的需求。

在个性化服务方面，在当今的电商时代，消费者不仅希望电商平台能够提供丰富的商品种类和优质的服务，更希望能够根据自己的喜好和需求定制个性化的购物体验。产品方面，消费者希望能够根据自己的需求和喜好定制衣服、鞋子、家具等。服务方面，消费者在购买个性化产品后，需要得到相应的售后服务保障，例如退换货、维修等。电商平台和商家需要提供个性化的售后服务，及时解决消费者的疑问，提高购物体验。

四　数据驱动决策的压力

随着互联网技术的不断发展和大数据时代的来临，数据已经成为电商企业的重要资产和决策依据。然而，中国传统电商企业在数据驱动决策方面面临着压力，具体体现在以下几个方面。

数据处理和分析能力不足。传统电商企业可能缺乏足够的数据处理和分析能力，无法有效地从大量数据中提取有价值的信息。这可能导致企业无法准确把握消费者需求和市场趋势，影响决策的准确性和有效性。[1]

数据质量和可靠性问题。数据质量和可靠性是数据驱动决策的重要前提。然而，传统电商企业可能面临数据质量参差不齐、数据不准确、数据不完整等问题，导致数据分析结果不可靠，影响决策的正确性。

适应性和灵活性问题。电商市场变化迅速，需要快速做出决策，但数据分析往往需要一定的时间和资源，这给数据驱动决策带

---

[1] 何文韬、邵诚：《工业大数据分析技术的发展及其面临的挑战》，《信息与控制》2018年第4期。

来了一定的挑战。数据驱动的决策需要具备一定的适应性和灵活性，以应对市场变化和消费者需求的变化。然而，传统电商企业可能缺乏相应的适应性和灵活性，难以快速调整决策，导致错失市场机会。

数据安全和隐私保护问题。数据驱动的决策需要处理大量敏感的消费者数据，如个人信息、购买记录等。[①] 传统电商企业需要采取有效的数据安全和隐私保护措施，确保数据安全和隐私保护符合相关法律法规的要求。这对企业的数据处理和分析能力提出了更高的要求。

人才和技术支持不足。数据驱动的决策需要具备相关的人才和技术支持，如数据分析师、数据科学家等。传统电商企业可能缺乏相应的人才和技术支持，无法有效地开展数据驱动的决策。

五　合规与监管压力

随着电子商务的迅猛发展，传统电商企业逐渐成为经济社会的重要组成部分。然而，在快速发展的同时，电商企业也面临着越来越多的合规与监管压力。

法律合规。税务合规是电商企业的一项重要合规要求。根据《中华人民共和国电子商务法》，电商企业应当依法纳税，遵守税收法规，确保按时缴纳税款。[②] 同时，企业还需要关注不同地区的税收政策差异，防止因税收问题而引发法律风险。知识产权保护是电商企业的另一个重要合规领域。电商平台上的商品涉及商标、专利、著作权等多个方面的知识产权。电商企业需要采取有效措施防

[①] 费威、王阔：《直播电商背景下品牌商、平台与主播的食品安全动态策略》，《软科学》2024年第7期。

[②] 王敏、彭敏娇：《数字经济发展对税收征纳主体行为的影响及政策建议》，《经济纵横》2020年第8期。

范和打击侵权行为，确保自身不涉及侵权问题，并保障消费者的合法权益。销售侵犯知识产权的商品可能导致企业面临法律纠纷和罚款。此外，电商企业需要保护消费者的合法权益，如确保商品质量、提供良好的售后服务等。若出现侵害消费者权益的行为，企业可能面临法律诉讼和赔偿。劳动法合规也是电商企业必须重视的一项合规要求。电商企业需要遵守劳动法律法规，保障员工的合法权益，如工资待遇、工作时间、社会保险等方面。同时，还需要关注劳动法的变化和调整，及时调整自身的用工政策和人力资源管理制度。电商企业的营销和广告活动需符合相关法规要求，避免虚假宣传、误导消费者等行为，防止受到法律制裁。电商企业须遵守反不正当竞争法等相关法规，确保在市场竞争中采取的策略和行为合法合规。电商企业涉及支付和金融业务时，须遵守相关法规，保障消费者资金安全，合规处理支付交易。电商企业的业务可能涉及不同的国家和地区，需了解和遵守各地区的法规要求，以避免违规行为带来的法律风险。随着跨境电商的兴起和发展，传统电商企业也面临着越来越多的国际经贸法规的制约。为了在国际贸易中获得竞争优势和市场份额，电商企业需要了解和遵守相关国家的贸易政策和法律法规，加强与当地政府的沟通和合作。

隐私与安全。在数字化时代，数据已经成为企业的核心资产，同时也涉及用户的隐私权益，随着各界对个人信息保护的重视，电商企业须遵守相关法律法规，确保用户数据的隐私和安全，违规行为可能导致被罚款和信誉损失。此外，交易安全与反欺诈是电商企业的核心业务之一。为了保障消费者的交易安全，电商企业需要采取有效的技术手段和安全措施，防止交易欺诈和恶意攻击。同时，电商企业还需要建立完善的交易纠纷处理机制，及时处理消费者的投诉和纠纷。

合规文化与内部监管。除了应对外部合规压力，电商企业还需建立良好的合规文化和内部监管机制，以确保企业运营的持续合规性。对员工进行合规培训和教育是电商企业防范违规行为的重要措施，以提高员工对合规要求的认知和理解。

六　技术创新的压力

随着科技的日新月异，电商行业的技术创新也在不断加速。在这样的环境下，传统电商企业面临着巨大的技术创新的压力，需要不断采取应对措施，以适应市场的变化。

新技术的出现不断改变着消费者的购物习惯和需求。以前，消费者可能只能在实体店购物，现在他们可以通过互联网在任何地方、任何时间进行购物。而且，新技术提供了更多的购物选择和体验，比如虚拟现实（VR）、增强现实（AR）等技术可以让消费者在购物前有更直观的感受。传统电商企业在技术方面的投入和研发相对较少，导致其技术水平落后于市场需求。这意味着传统电商企业需要不断创新以满足消费者的需求变化。

新技术的出现也带来了新的竞争对手。一些新兴的电商企业凭借先进的技术和创新模式快速崛起，给传统电商企业带来了巨大的竞争压力。这些新兴企业通常更加灵活，敢于尝试新的商业模式和技术，能够快速适应市场的变化。传统电商企业不断创新，提高自身的技术水平和市场竞争力，以应对这些新兴企业的挑战。

技术创新的压力还来自数据安全和隐私保护的挑战。随着电商行业的快速发展，大量的用户数据被收集和处理。如何确保数据的安全和用户的隐私不被侵犯，是传统电商企业需要面临的重要问题。同时，随着人工智能、大数据等技术的发展，如何利用这些技术提升用户体验和提高业务效率，也是传统电商企业需要不断探索和创新的重要方向。

第二节　传统电商企业的发展机遇

一　市场规模的持续扩大

随着互联网的普及和消费者网络购物习惯的形成，中国电商市场呈现出持续快速增长的态势。统计数据显示，中国电商交易规模在过去几年中不断扩大，已经成为全球最大的电商市场之一。[①] 这为传统电商企业提供了巨大的发展空间和机遇。随着市场规模的扩大，传统电商企业可以进一步拓展销售渠道、提高市场占有率和扩大用户规模。同时，市场规模的扩大也意味着消费者需求的多样化和细分化，传统电商企业可以针对不同需求推出个性化的产品和服务，满足消费者的需求并提升品牌影响力。因此，传统电商企业需要抓住市场规模持续扩大的机遇，制定合理的发展战略，不断优化产品和服务，提升用户体验和忠诚度，以实现可持续发展。

二　消费者需求的多样化

随着消费者需求的日益多样化，传统电商企业面临着巨大的挑战，但同时也拥有着巨大的机遇。消费者的需求和偏好呈现出多样化、个性化、专业化的趋势，他们更加注重产品的品质、功能、设计和个性化定制。这种变化要求传统电商企业进行深入的市场研究和消费者需求分析，以便更好地理解消费者的需求和期望，并提供与之相匹配的产品和服务。

通过深入挖掘消费者需求，传统电商企业可以发现并满足消费者未被满足的需求，从而在市场中获得竞争优势。例如，一些

[①] 参见李正波、邱琼主编《电子商务与新零售研究》，中国人民大学出版社2017年版。

电商企业通过引入定制化的服务，让消费者能够根据自己的需求和喜好定制产品，从而满足消费者的个性化需求。此外，一些企业还通过引入专业化的产品和服务，满足消费者对品质和专业知识的需求。

满足消费者多样化的需求不仅可以吸引更多目标消费者，提高市场占有率，还可以提高消费者的忠诚度和传播口碑。当消费者发现自己的需求被充分满足时，他们会对企业产生更高的信任感和忠诚度，更愿意向亲朋好友推荐该企业的产品和服务。① 这有助于传统电商企业在市场中建立良好的品牌形象和声誉，进一步增加市场份额和实现业务增长。

三 新技术的应用与创新

随着人工智能、大数据、云计算等新技术的兴起，传统电商企业迎来了前所未有的发展机遇。这些技术的进步为企业提供了更加强大的数据处理和分析能力，帮助企业更好地了解消费者需求和市场趋势。通过运用这些技术，企业可以实现更加智能化的运营和服务，提高运营效率和市场竞争力。②

人工智能技术为传统电商企业提供了智能化客服、智能推荐、智能物流等方面的支持。利用人工智能技术，企业可以快速处理消费者的咨询，提供更加个性化和专业的解答。同时，通过分析消费者的历史购买记录和浏览行为，企业可以智能推荐相关产品和服务，提高消费者的购买率和满意度。在物流方面，人工智能技术可以帮助企业优化配送路线、提高配送效率，提升物流服务质量。

---

① 周永务、李斐：《新零售运营管理面临的问题与挑战》，《系统管理学报》2022年第6期。
② 宋虹桥、张夏恒：《数字化赋能新质生产力的内在逻辑与实现路径》，《湖湘论坛》2024年第3期。

大数据技术为传统电商企业提供了更加全面和深入的市场分析工具。通过收集和分析大量的消费者数据和市场信息，企业可以更加准确地了解市场需求和竞争态势。这有助于企业制定更加科学和有效的市场策略，提高市场占有率和竞争优势。同时，大数据技术还可以帮助企业预测市场趋势和消费者行为，为企业的创新和发展提供有力支持。

云计算技术为传统电商企业提供了更加灵活和高效的IT基础设施。通过将数据和应用程序托管在云端，企业可以降低IT成本、提高数据处理能力并实现快速扩展。这有助于企业更好地应对市场变化和业务增长，提高运营效率和市场竞争力。同时，云计算技术还可以帮助企业实现数据安全和隐私保护，确保消费者的信息安全。

四 海外市场的拓展

随着全球化进程的加速，海外市场为传统电商企业提供了巨大的增长潜力和机遇。通过拓展海外市场，传统电商企业可以扩大销售渠道、提高市场份额并获得更多的商机。

海外市场具有庞大的消费群体和广阔的市场空间。全球互联网的普及和发展使得越来越多的海外消费者开始接受并习惯在线购物。他们通过电子商务平台购买来自世界各地的商品，这为传统电商企业提供了巨大的商机。利用电子商务平台和全球物流网络，传统电商企业可以将产品销售到全球各地，满足不同国家和地区消费者的需求。同时，海外市场的消费者也存在不同的消费习惯和偏好，这为企业提供了更多的差异化和个性化发展的机会。通过深入研究不同市场的消费者需求和习惯，企业可以开发出更符合当地消费者喜好的产品和服务，进一步提升市场份额和品牌影响力。

拓展海外市场对于传统电商企业来说，不仅有助于扩大销售渠道和提高市场份额，更重要的是可以提高品牌知名度和影响力。[①]在海外市场进行品牌推广和营销活动，可以让更多消费者了解和认识企业的品牌，从而增加品牌曝光度和认知度。通过提供高品质的产品和服务，以及打造独特的品牌形象，企业可以与消费者建立深厚的信任关系，进一步提升品牌价值和市场份额。同时，在海外市场取得成功也可以为企业带来更多的商业机会和合作伙伴，进一步推动企业的发展壮大。

五 物流基础设施完善

物流基础设施的完善是中国电商行业持续发展的重要支撑。随着物流基础设施的不断完善，中国传统电商企业得以实现更加高效、快捷的配送服务，有效提升用户体验，并降低运营成本。

完善的物流基础设施为电商企业提供了强大的物流支撑。在中国，物流网络覆盖面不断扩大，从城市到乡村，都能享受到电商带来的便利。这得益于中国在物流园区、公路、铁路、航空和港口等基础设施方面的持续投入和建设。这种广泛的覆盖范围使得电商企业的商品能够快速、准确地送达消费者手中，大大提高了配送效率。

物流基础设施的完善提升了用户体验。快速、准确的配送服务能够给消费者带来更好的购物体验，从而提高用户满意度和忠诚度。[②]在物流方面，通过使用先进的信息技术，如物联网、大数据和人工智能等，传统电商企业可以实时追踪商品配送状态，让消费

[①] 周钟、熊焰、仲勇：《特色品牌海外渠道与消费群体研究：基于顾客体验和口碑传播的双重视角》，《中国管理科学》2018年第11期。

[②] 李然、孙涛、曹冬艳：《平台经济视角下新物流新业态运营模式研究》，《当代经济管理》2023年第6期。

者随时了解配送进度。这种透明的配送服务不仅增强了消费者的信任感，还进一步提升了企业的服务质量。

物流基础设施的完善还有助于降低电商企业的运营成本。一方面，高效的物流网络可以减少运输时间和运输成本；另一方面，通过先进的仓储管理技术和设备，企业可以实现库存优化，降低库存成本。这些成本的降低可以使企业有更多的资源投入产品研发、市场营销等方面，进一步提升企业的竞争力。

六　线上线下融合

随着互联网的普及和消费者购物行为的改变，线上线下融合已经成为传统电商企业发展的重要机遇。线上线下的融合，使得传统电商企业能够更好地满足消费者的多元化需求，提供更加便捷和个性化的服务体验。[1]

线上线下的融合为传统电商企业提供了更广泛的销售渠道。通过将线下门店与线上平台相结合，企业可以突破地域限制，拓展更广阔的市场空间。消费者可以在线下门店体验产品，然后通过线上平台进行购买，或者在社交媒体上了解产品信息并直接在线上进行购买。这种多渠道的销售模式能够吸引更多不同类型的消费者，提高企业的市场占有率和销售业绩。

线上线下的融合有助于提高传统电商企业的运营效率。通过将线上和线下的销售数据、库存信息等进行整合，企业可以实现更加精准的商品采购、库存管理和物流配送。[2] 这不仅能够减少库存积压和浪费，还能够提高商品流转速度，降低运营成本。同时，通过

---

[1] 王茜、容哲、谢康:《跨平台渠道使用习惯形成及顾客价值的影响研究：基于渠道使用全过程的实证分析》,《预测》2021年第1期。

[2] 张建奇:《数字经济背景下"新零售"驱动产品全渠道供应链整合优化》,《商业经济》2024年第7期。

数据分析，企业可以更好地了解消费者需求和购物行为，制定更加有针对性的营销策略，提高营销效果和转化率。

线上线下的融合还能增强传统电商企业的品牌影响力。通过线下门店的展示，企业可以向消费者传递品牌理念、产品特色和服务优势。[①] 同时，线上平台的互动性和社交性可以让消费者更好地参与到品牌活动中，增强口碑传播和消费者对品牌的忠诚度。这种线上线下相结合的品牌推广方式能够提升企业在目标消费者中的知名度和好感度，进一步扩大市场份额。

七 政策支持与监管环境改善

随着时代的变迁和科技的快速发展，电商行业已成为中国经济的重要组成部分。面对这一趋势，政府对电商行业的支持力度不断加大，旨在推动其健康、有序的发展。近年来，政府相继出台了一系列相关政策法规，不断完善对电商行业的监管，为传统电商平台的发展提供了更加良好的外部环境。

政府在制定财政政策时，充分考虑到了电商行业的重要性，并给予了该行业大力支持。为了降低电商企业的运营成本，政府采取了一系列措施，其中最主要的手段是税收优惠和财政补贴。税收优惠是指政府对电商企业实行税收减免或税收返还等优惠政策，从而减轻了企业的税收负担，提高了企业的盈利能力。而财政补贴则是政府直接给予电商企业一定的资金支持，帮助企业更好地应对市场竞争和运营压力。除了税收优惠和财政补贴，政府还设立了电商发展专项资金，用于支持电商企业的技术创新和市场拓展。这项资金不仅可以帮助企业提高自身的技术水平和产品质量，还可以助力企

---

① 杨栩、孟明明、李宏扬：《智能家居联动场景下消费者线下体验对线上购买行为的链式影响机制研究》，《商业研究》2022 年第 4 期。

业的市场拓展和品牌建设。政府还通过提供贷款担保、融资支持等方式，进一步缓解了电商企业的融资难题，为企业的发展提供了更加有力的保障。政府的这些支持措施不仅降低了电商企业的运营成本，提高了企业的盈利能力，还进一步激发了电商行业的创新活力。随着电商行业的不断发展壮大，它已经成为中国推动经济增长、创造就业机会的重要力量。

政府在法律法规上不断完善，为电商行业的发展提供了更加完善的法律保障。例如，出台了《中华人民共和国电子商务法》，明确了电商平台的法律地位和责任，规范了电商行业的经营行为。[①]此外，政府也在加强对电商行业的监管。在电商行业快速发展的过程中，存在着一些不规范的行为和问题，如假冒伪劣、侵犯知识产权等。为了维护公平竞争的市场环境，保障消费者权益，政府加大了对电商行业的监管力度。通过建立完善的监管机制，加强对电商平台的监督检查，严肃处理违法违规行为，推动电商行业规范发展，为传统电商平台提供了更加公平的竞争环境。另外，政府还加强了对电商行业的规范化管理。通过制定行业标准、建立信用体系等方式，推动了电商行业的规范发展。例如，政府建立了电商企业信用评价体系，通过公开信用信息，提高电商企业的信用意识和诚信水平。

政府的政策支持与监管环境的改善，为传统电商平台提供了更加公平的竞争环境。在这样的环境下，传统电商平台可以更好地发挥自身优势，提高服务质量，增强竞争力。同时，这也促进了整个电商行业的健康发展，为中国经济的持续增长注入了新的活力。

---

① 胡元聪、徐媛:《企业向政府共享数据的法律激励问题及创新路径》，《陕西师范大学学报》（哲学社会科学版）2024年第1期。

第三节 传统电商企业的发展优势

一 品牌认知优势

传统电商企业在市场上已经建立了广泛的品牌知名度和信誉度。这些企业的品牌经过多年的市场沉淀和消费者认知，已经成为消费者心中的品质保证。品牌不仅仅是一个标识，更是一种信任和承诺。传统电商企业通过不断提升产品质量和服务水平，赢得了消费者的一致好评。这种好评和口碑在消费者心中形成了强大的认知优势，使得消费者在购物时更加倾向于选择这些企业。

品牌认知优势不仅体现在品牌知名度和信誉度上，还表现在消费者对品牌的忠诚度和黏性上。[1] 传统电商企业通过提供优质的产品和服务，不断增强消费者的信任和忠诚度。这种忠诚度一旦形成，就会成为企业的重要竞争优势。消费者在购物时会更加倾向于选择自己熟悉和信赖的品牌，从而为企业带来更多的市场份额。

此外，传统电商企业的品牌认知优势还可以为其带来更多的营销机会。品牌知名度和信誉度能够帮助企业在市场上树立良好的形象，吸引更多的消费者关注和认可。企业可以利用这种优势进行品牌推广和营销活动，提高品牌知名度和影响力，进一步扩大市场份额。传统电商企业通常拥有较为完善的供应链体系，能够更好地控制产品质量和交货期，并且与供应商之间建立了长期稳定的合作关系。这种供应链优势可以帮助传统电商企业在市场上获得更好的采

---

[1] 汪涛、熊莎莎、周玲：《全球化背景下中国品牌文化原型资源的开发——基于原型理论的研究框架》，《华东师范大学学报》（哲学社会科学版）2020年第6期。

购价格和供应稳定性。

二 供应链管理能力

传统电商企业通常拥有较强的供应链管理能力，这种能力是其在市场竞争中的重要优势之一。供应链管理涉及从原材料采购、生产、物流到销售的整个过程，传统电商企业通过多年的经营和发展，已经建立了一套高效、稳定的供应链管理体系。

首先，传统电商企业通过供应链管理能够更好地控制产品质量。[①] 在电商行业中，产品质量是消费者最为关注的问题之一。传统电商企业通过与供应商建立长期合作关系，对原材料的质量进行严格把关，确保生产过程中的每一个环节都能够达到高品质标准。同时，传统电商企业还通过持续的技术创新和研发，不断提升产品的质量和性能，以满足消费者日益增长的消费需求。

其次，传统电商企业的供应链管理能力能够帮助其更好地控制交货时间。在电商行业中，准时送货是吸引消费者的重要因素之一。传统电商企业通过高效的物流配送体系和仓储管理，确保产品能够及时送达消费者手中。同时，企业还能够根据消费者需求和市场变化及时调整生产和物流计划，以确保送货时间的稳定性和准时性。

此外，传统电商企业的供应链管理能力还有助于降低运营成本。通过优化采购、生产和物流环节，降低库存和运输成本，提高整体运营效率。[②] 同时，传统电商企业还能够与供应商建立长期合作关系，获得更好的采购价格和折扣，进一步降低成本。这些成本

---

① 尹瑶、叶敬忠：《新零售背景下的农产品流通秩序与治理变革——基于对"盒马鲜生"平台的考察》，《开放时代》2024年第5期。
② 王真真：《市场一体化对我国商贸流通业数字创新的影响》，《商业经济研究》2024年第17期。

的降低能够转化为更优惠的价格和更多的利润，提高企业的市场竞争力。

三　线下门店资源

许多传统电商企业拥有大量的线下门店资源，这是其市场竞争中的一大优势。线下门店不仅为消费者提供了直接接触产品的机会，增加了消费者的购买信心和忠诚度，还为企业提供了了解消费者需求和购物习惯的重要途径。

首先，线下门店为消费者提供了一个实际体验产品的场所。在电商行业中，消费者往往只能通过图片和文字描述来了解产品，这种了解方式具有一定的局限性。而线下门店为消费者提供了一个亲身感受产品的机会，消费者可以在店内直接试用、试穿或品尝产品，从而更好地了解产品的质量和性能。[①] 这种直接的体验方式增强了消费者的购买信心，提高了消费者的忠诚度。

其次，线下门店是传统电商企业了解消费者需求和购物习惯的重要途径。通过与消费者的直接接触，企业可以收集到消费者的反馈和意见，了解到消费者的实际需求和购物偏好。[②] 这些反馈和意见对于企业优化产品和服务、改进线上销售策略具有重要的参考价值。同时，线下门店还可以为企业提供市场趋势和竞争对手的信息，帮助企业做出更加科学和准确的决策。

此外，线下门店还可以为线上销售提供物流配送和售后服务支持。对于线上销售而言，物流配送和售后服务是影响消费者体验的重要因素之一。传统电商企业通过布局线下门店，可以更加便捷地

[①] 许桂涛、康凯：《体验经济背景下新零售供应链渠道选择策略研究——以 BOPS 全渠道参与者的博弈视角》，《当代经济管理》2024 年第 5 期。

[②] 徐金鹏、冯锐、尤晓岚等：《考虑消费者渠道偏好的多渠道零售模式选择策略》，《系统科学与数学》2023 年第 12 期。

为消费者提供配送和售后服务，提高消费者的满意度和忠诚度。同时，线下门店还可以作为企业的仓储中心和售后服务中心，降低企业的运营成本。

四 客户关系管理优势

传统电商企业在客户关系管理方面通常拥有较为完善的体系，涉及对客户的需求、偏好、行为等方面的了解和管理，对于提高用户满意度和忠诚度、优化产品和服务等具有重要意义。

首先，传统电商企业通过完善的客户关系管理体系，能够更好地了解客户需求和偏好。在电商行业中，客户的需求和偏好是多样化和不断变化的。传统电商企业通过长期的运营积累，建立了较为完整的客户数据库，可以详细记录客户的购买历史、浏览记录、反馈意见等信息。通过数据分析，企业可以深入挖掘客户的真实需求和偏好，从而更加精准地提供个性化的服务和解决方案。这种精准定位和个性化服务能够提高客户的满意度和忠诚度，为企业的长期发展奠定坚实基础。

其次，传统电商企业的客户关系管理优势还体现在与客户的有效沟通和互动方面。企业通过多种渠道与客户保持联系，及时了解客户的反馈和意见，不断优化产品和服务。这种有效的沟通机制能够帮助企业快速发现问题、改进不足，提高整体的服务质量和用户体验。同时，企业还可以通过客户关系管理进行客户细分和定向营销，增强营销效果和提高客户转化率。

最后，完善的客户关系管理体系还能够帮助传统电商企业与客户建立长期稳定的关系。在电商行业中，客户的忠诚度和持续的购买行为对于企业的盈利能力至关重要。传统电商企业通过提供优质的产品和服务、打造独特的客户体验，与客户建立互信、长久的合作关系。① 这种稳定的客户关系不仅能够降低客户的流失率，还能够为企业带来更多的口碑传播和推荐，进一步提升市场份额和品牌影响力。

五 资金优势

传统电商企业通常拥有较为充足的资金储备和融资渠道，能够更好地应对市场风险和不确定性，并且进行更加大胆和创新的市场拓展。

传统电商企业的资金优势还非常明显地体现在融资渠道的多样化上。与传统企业相比，电商企业的融资渠道更加广泛和多样化，不仅包括股权融资、债权融资等，还可以通过众筹、P2P 等新型融资方式获得资金，这使得企业可以根据自身的业务需求和市场状况灵活选择融资方式，更加高效地筹集所需资金。

传统电商企业通常与多家金融机构，如银行、风险投资机构等保持紧密的合作关系，这种合作关系使得企业能够及时获得低成本的资金支持，同时也有助于企业在需要的时候获得更多的融资选择。通过与金融机构的长期合作，企业可以建立起良好的融资信誉，进一步降低融资成本并提高融资效率。

传统电商企业的资金优势还体现在对市场变化的快速响应上。由于电商行业的市场变化非常快，企业需要有足够的资金支持来快速调整战略和应对市场变化。传统电商企业通常拥有较为充足的资金储备，能够更快地响应市场变化，抓住市场机遇，提高企业的竞争力和盈利能力。

---

① 方鸣、高秀凤：《社交媒体对中小跨境电商企业绩效的影响研究——基于动态能力的中介作用》，《财经科学》2022 年第 5 期。

第四节 传统电商企业的发展劣势

一 对线下门店的依赖

传统电商企业往往过于依赖线下门店，这不仅增加了运营成本，也限制了其市场扩张。高昂的租金和运营成本是传统电商企业发展的一大劣势。随着城市化进程的加速和房地产市场的繁荣，线下门店的租金不断上涨，给传统电商企业的经营带来了巨大的压力。尤其是在繁华商业区和购物中心，租金更是高得离谱，这让许多传统电商企业望而却步。除了租金之外，运营成本也是传统电商企业面临的一大难题。为了吸引消费者，传统电商企业需要不断地进行广告宣传、促销活动等市场营销，而这些都需要投入大量的资金。同时，为了提升消费者购物体验，传统电商企业还需要在店面装修、商品陈列等方面进行投入，这也增加了企业的成本负担。相应的，高昂的租金和运营成本也使得传统电商企业的产品价格居高不下，缺乏市场竞争力。在价格竞争激烈的电商市场中，高价格很容易失去消费者的青睐，进而导致企业销售额下滑。如果企业通过降价来吸引消费者，那么高昂的成本将进一步压缩企业的利润空间，甚至可能导致亏损。

随着互联网的普及和数字经济的崛起，年轻消费者越来越倾向于在线上购物，对于线下门店的兴趣逐渐减弱。而传统电商企业由于历史和经营模式的限制，往往过于依赖线下门店，难以适应这一变化。这使得传统电商企业在吸引和保留消费者方面面临更大的挑战。首先，年轻消费者更加注重个性化和定制化的产品和服务。传统电商企业通常以标准化、大规模生产为主，难以满足年轻消费者对于个性化和定制化的需求。① 相比之下，新兴的电商企业更加注重对用户需求的挖掘和满足，能够提供更多符合年轻消费者需求的商品和服务。其次，年轻消费者更倾向于通过社交媒体、网红直播等新型渠道了解和购买商品。传统电商企业往往缺乏在这些领域的布局和资源投入，无法与年轻消费者进行有效互动和沟通。这使得传统电商企业在信息传递、品牌推广等方面存在明显的短板。最后，年轻消费者的购物行为和习惯也发生了深刻的变化。他们更加注重用户体验和便利性，倾向于使用移动设备进行购物，并期望获得准时高效的配送服务。传统电商企业在这些方面可能存在不足，无法满足年轻消费者的需求。

线下门店通常需要在特定地理位置开设实体店面，这意味着传统电商企业的经营活动受到地域限制。在今天这个电商迅速发展的时代，市场机会常常涌现并迅速转移，广阔地域覆盖和快速响应需求是关键竞争优势。传统电商企业对线下门店依赖，难以迅速进入新的市场区域，这可能导致错失宝贵的市场机会。相比之下，新兴的纯线上电商企业不受地域限制，可以迅速覆盖全国甚至全球市场。它们能够迅速响应市场需求，提供定制化的服务和产品，满足不同地区的消费者群体。这种灵活性使得纯线上电商企业在市场竞争中占据优势，能够更快地抓住市场机会并扩大规模。线下门店的扩张还需要大量的资金投入，包括租金、装修、人员培训等方面的费用。传统电商企业在扩张过程中需要面对高昂的初期成本和持续的经营费用，这给企业的财务状况带来巨大压力。同时，线下门店的经营风险也相对较高，如市场需求变化、竞争加剧等都可能对企业的经营产生负面影响。相比之下，纯线上电商企业通过互联网平

---

① 潘彤、刘斌、顾聪：《跨境电商平台与企业出口产品质量升级——基于阿里巴巴国际站大数据平台的分析》，《世界经济与政治论坛》2024 年第 3 期。

台进行扩张，降低了资金压力和风险。它们可以利用互联网的优势，以较低的成本迅速扩大规模，覆盖更广阔的市场。此外，纯线上电商企业还可以利用大数据、人工智能等技术手段更好地了解消费者需求，提升用户体验和个性化服务，进一步巩固市场地位。

二 缺乏创新和多样性

传统电商企业往往过于依赖传统的经营模式和管理方式，缺乏对市场变化和消费者需求变化的敏感性和适应性。传统电商企业通常采用的模式是"产品—销售—服务"，这种方式在过去是行之有效的。然而，随着科技的发展和消费者需求的不断变化，这种方式已经显得力不从心。在新的市场环境下，消费者更加注重个性化、定制化的产品和服务，而传统电商企业往往无法满足这种需求。此外，新兴技术和新型渠道的涌现，也为电商行业带来了新的机遇和挑战。例如，大数据、人工智能等技术和社交媒体等的应用，可以帮助电商企业更好地了解消费者需求，优化产品和服务，提高用户体验。[1] 然而，传统电商企业由于缺乏对这些新兴技术和渠道的敏感性和适应性，往往无法充分提升自己的竞争力。另外，传统电商企业的组织结构也限制了其创新能力和市场响应速度。传统的组织结构通常是等级森严、部门分割的，这种结构在稳定的环境中是有效的。但在快速变化的市场环境中，这种方式会导致信息传递缓慢、决策效率低下、创新能力不足等问题。

传统电商企业在产品和服务方面缺乏创新和多样性。许多传统电商企业只是简单地将线下产品和服务转移到线上，而没有根据线上消费者的特点和需求进行定制化和差异化。这使得传统电商企业

---

[1] 翟雨芹：《大数据时代零售业个性化营销对消费者忠诚度的影响研究》，《商业经济研究》2023年第22期。

在市场竞争中难以脱颖而出。因为线上消费者的需求和行为与线下消费者有所不同,他们更加注重个性化、便捷性和体验感。而传统电商企业没有根据这些特点进行创新,导致产品和服务与消费者需求不匹配,自然难以获得消费者的认可和信任。

此外,传统电商企业的产品和服务模式往往缺乏独特性和差异化,导致市场竞争激烈,消费者选择困难,企业的利润空间也受到压缩。另外,传统电商企业的产品和服务种类相对单一,缺乏多样性。大多数传统电商企业通常关注大批量生产和销售,以追求规模效益和降低成本。这种策略可能曾经有效,但现代消费者更加注重个性化和独特性,他们希望在电商平台上发现与众不同的商品和服务,这种单一的产品和服务模式已经难以满足市场需求。

传统电商企业的产品和服务缺乏品质保障。由于缺乏有效的品质监管机制,一些传统电商企业存在产品质量差、服务不到位等问题,不仅影响了消费者的购物体验,而且损害了电商行业的形象和信誉。首先,传统电商企业的产品存在质量参差不齐的问题。由于缺乏严格的质量控制和检测标准,一些电商平台上销售的商品存在质量问题,如假冒伪劣、以次充好等。这些问题商品不仅损害了消费者的利益,也影响了整个电商行业的声誉。其次,传统电商企业的服务水平也需要提高。一些电商企业的售后服务不到位,对于消费者的投诉和问题处理不及时、不妥善,导致消费者的满意度下降。最后,一些电商企业的客户服务水平也不高,对于消费者的咨询和问题解答不专业或不耐心,给消费者带来了不好的购物体验。

传统电商企业的营销策略缺乏创新和多样性。在当今数字化时代,消费者的购物行为和习惯已经发生了深刻变化,传统电商企业的营销策略却未能跟上这一变化。首先,传统电商企业过于依赖传统的广告宣传方式,如电视、报纸、杂志等传统媒体的广告投放。

这些广告宣传方式虽然有一定的效果，但成本较高，且难以精准定位目标受众。相比之下，新兴的社交媒体和数字营销方式具有更好的互动性和更高精准度，能够更好地满足消费者的需求。[①] 其次，传统电商企业的促销方式也缺乏多样性和创新性。许多电商企业采用相似的促销策略，如打折、满减、赠品等，这些促销方式虽然能吸引一部分消费者，但如果过度使用或不合理使用，会导致消费者产生疲劳感，甚至降低品牌忠诚度。这种落后的营销策略难以与年轻消费者产生共鸣，也无法有效地提升品牌知名度和销售额。

三 缺乏有效的物流体系

物流配送作为电商业务的重要环节之一，对消费者的购物体验和企业的运营成本有着显著影响。然而，许多传统电商企业往往缺乏有效的物流体系，导致效率低下、配送时间长、配送成本高等问题。

传统电商企业的物流配送效率低下，已经成为制约其发展的瓶颈。在这个高度竞争的市场环境中，消费者对购物体验和配送速度的要求越来越高。然而，由于传统电商企业缺乏高效的物流管理系统和先进的物流技术，其配送速度往往无法满足消费者的需求。首先，传统电商企业在物流管理上存在明显的短板。许多企业仍然采用传统的物流管理模式，缺乏对整个配送流程的信息化、智能化管理。这导致了配送过程的不透明、不精确，增加了运输损耗、延误和错误配送等问题。缺乏高效的物流管理系统还使得企业难以实时跟踪订单状态，无法及时反馈给消费者，进一步影响了消费者的购物体验。其次，传统电商企业对于物流技术

---

① 陈义涛、赵军伟、袁胜军：《电商直播中心理契约到消费意愿的演化机制——卷入度的调节作用》，《中国流通经济》2021年第11期。

的运用也相对滞后。虽然一些大型电商平台已经开始应用先进的物流技术和设备,如自动化仓储、智能配送机器人等,但大多数传统电商企业仍然停留在较为落后的物流技术水平。这不仅影响了配送速度和效率,还限制了企业进一步降低运营成本和提高市场竞争力。

低效的物流配送对传统电商企业的销售效率和运营效益都带来了显著的负面影响。首先,由于配送速度慢,很多消费者会选择其他更快捷的购物方式,这无疑会降低企业的销售量。在竞争激烈的市场环境中,销售效率的降低可能会使企业错失商机,甚至面临市场份额被竞争对手抢占的风险。其次,低效的物流配送也增加了企业的运营成本。为了满足消费者的快速配送需求,企业可能需要投入更多的资金和人力来优化物流配送体系。这包括购买先进的物流设备、扩建仓储设施、增加人手等措施。然而,这些额外的投入往往会增加企业的运营压力,降低利润率。最后,低效的物流配送还可能导致企业与消费者之间关系的恶化。由于配送延误、商品损坏等问题频繁发生,消费者对企业的不满和投诉会增加。这不仅会影响企业的品牌形象和市场声誉,还可能导致客户流失和忠诚度下降。

传统电商企业的配送成本高。传统电商企业的配送成本高是一个复杂的问题,其中规模效应的缺乏是关键因素之一。由于传统电商企业的订单量相对较少,它们难以享受到规模化运营带来的成本优势。相比之下,大型电商平台由于订单量巨大,能够以更低的成本完成配送,实现规模经济。首先,订单量较少使得传统电商企业难以形成稳定的物流网络和合作伙伴关系。[①] 在物流行业中,规模

---

① 高新会、胡祥培、阮俊虎:《考虑模糊时间和成熟度的跨区域鲜果电商配送模型研究》,《运筹与管理》2022 年第 3 期。

和网络覆盖范围是降低成本的关键因素。大型电商平台通常与物流公司建立长期合作关系，利用集中化、规模化的配送模式来降低成本。而传统电商企业由于订单量有限，难以获得与大型电商平台同等条件的物流服务，因此增加了配送过程中的不确定性和成本。其次，传统电商企业的订单较为分散，这进一步增加了配送成本。为了满足消费者的配送需求，企业需要从多个地点提取商品，并进行分类、打包和配送。这种分散的订单模式需要更多的仓储和物流人力、物力和财力。相比之下，大型电商平台可以利用其订单集中优势，采用更为高效的物流策略，降低单个订单的配送成本。

高昂的配送成本不仅增加了企业的运营压力，还可能迫使企业提高商品价格。在竞争激烈的市场环境下，价格是消费者选择商品的重要因素之一。如果企业因为高配送成本而提高商品价格，可能会导致消费者转向其他更具价格竞争力的商品或平台，从而影响企业的销售量和市场占有率。长此以往，企业可能会陷入恶性循环，难以实现可持续发展：高配送成本可能导致企业提高商品价格，进而影响消费者的购买意愿和忠诚度；这种负面反馈会导致企业销售额下降，进一步加剧规模效应的缺乏，从而使得配送成本更高。

四　用户体验不佳

传统电商企业的网站或应用程序可能存在设计过时、操作不够人性化、产品信息不完整等问题，使得消费者在浏览和购买产品时感到不便。此外，一些传统电商企业还存在售后服务质量差、投诉处理不及时等问题，这进一步影响了消费者的购物体验和忠诚度。

传统电商企业的网站或应用程序在设计方面往往显得陈旧，缺乏新颖性和现代感。随着消费者对于购物体验的要求不断提高，他们更倾向于选择简洁明了、时尚感强的页面设计。然而，传统电商企业的页面布局可能仍然采用过去的风貌，缺乏与时俱进的创新元素,如色彩搭配、排版布局不够吸引人,缺乏视觉冲击力和吸引力。这种过时的设计可能导致消费者在浏览企业网站时失去兴趣,不愿意深入了解和购买产品。

传统电商企业的网站或应用程序在功能方面可能存在不完善的问题。随着电商行业的不断发展,消费者对于购物体验的功能性要求也越来越高。他们期望能够快速找到所需商品、便捷地下单支付、实时查看订单状态等。然而,一些传统电商企业的网站或应用程序在功能上可能存在缺陷,无法满足消费者的需求。例如,搜索功能不准确、商品分类不合理、支付流程烦琐等。这些功能上的不足可能导致消费者在使用过程中感到不便和沮丧,进而影响其购买意愿。

传统电商企业的网站或应用程序在加载速度上也可能存在问题。对于消费者来说,快速加载的网站或应用程序是获得良好购物体验的重要因素之一。然而,一些传统电商企业的网站或应用程序在访问时加载速度缓慢,甚至出现卡顿、崩溃的情况。这不仅影响了消费者的购物体验,还可能让他们失去耐心,进而对企业和商品失去信任。

传统电商企业的操作便捷性也存在问题。一些企业的网站或应用程序在操作流程上不够人性化,缺乏对用户友好的设计。消费者在使用过程中可能会遇到导航不清晰、页面跳转不流畅、功能不实用等问题。消费者在使用网站或应用程序时,期望能够快速找到所需商品或服务。然而,一些传统电商企业的网站或应用程序的导航设计不够清晰,分类和层级关系混乱,导致消费者难以找到所需内容。

传统电商企业在产品信息展示方面可能存在不足。为了做出准确的购买决策,消费者在购物时往往需要了解产品的详细信息,包括产品规格、性能、材质、使用方法等。然而,一些传统电商企业未能提供完整的产品信息，导致消费者无法全面了解产品特点和使用注意事项。随着市场的变化和技术的更新，产品信息也会随之变化。但是一些传统电商企业未能及时更新产品信息，导致消费者获取的是过时的信息。这不仅影响了消费者的购买决策，还可能让他们降低对企业的信任度。此外，一些企业对于产品细节、使用说明等方面的描述不够详细，使得消费者在购买时难以做出准确的判断。准确的产品信息是消费者做出购买决策的基础。[①] 然而，一些传统电商企业为了吸引消费者眼球或夸大其词或故意提供不准确的产品信息，这种行为不仅误导了消费者，还可能损害企业的声誉和长期发展。

传统电商企业还可能存在售后服务质量差、投诉处理不及时等问题。随着消费者对购物体验的期望不断提高，他们不仅关注产品的质量和价格，更注重企业的售后服务和投诉处理能力。然而，一些传统电商企业在这方面表现不佳，导致消费者的不满和信任度下降。首先，传统电商企业的售后服务质量可能存在不足。售后服务是提升消费者满意度和忠诚度的重要环节，消费者期望能够获得及时、专业的售后服务。然而，一些传统电商企业可能缺乏完善的售后服务体系，导致服务不及时、服务态度不友好、维修周期过长等问题。这种售后服务质量的不足可能导致消费者的不满和失望，进而影响他们的购买决策和忠诚度。其次，传统电商企业在投诉处理方面可能存在不及时、不专业的问题。投诉处理是维护企业形象和信誉的关键，消费者期望自己的投诉能够得到及时、公正、专业的处理。然而，一些传统电商企业可能存在对消费者投诉处理不当的情况，例如对投诉响应不及时、处理方式不专业、推诿责任等，这

---

① 王磊、王学基：《互动创造消费：旅游电商直播情境下冲动购买的影响机制》，《西南民族大学学报》（人文社会科学版）2023 年第 12 期。

种投诉处理不当可能导致消费者的不满和失望，损害企业的品牌形象和市场声誉。

第五节　传统电商企业营销模式转型的迫切性与必要性

一　适应市场变化

市场对于企业而言，无疑是其生存与发展的基石。没有市场，企业就如同无源之水，无本之木，难以维系其生命。而市场的变化，更是企业发展的风向标，是企业决策的重要依据。只有深入了解市场，紧跟市场变化的步伐，企业才能立于不败之地。随着科技的飞速发展，互联网技术日新月异，电商市场也正在经历前所未有的变革。这种变革不仅体现在市场规模的扩大，更体现在消费者行为、需求和偏好的变化上。如今，消费者对于购物体验、产品质量和服务的要求越来越高，这使得电商企业必须不断调整和优化其营销策略，以满足消费者的多元化需求。他们需要更加深入地了解消费者的行为和偏好，更加精准地定位目标客户，提供更加个性化、专业化的产品和服务。只有不断适应市场的变化，创新营销策略和手段，才能在日新月异的电商市场中获得持续的成功。

二　提高竞争力

随着电商市场的竞争日益激烈，电商企业面临的压力和挑战也日益加大。在这种环境下，企业必须不断提高自身的竞争力，才能在市场中立于不败之地。营销模式的转型可以帮助企业更好地了解消费者需求。通过数据分析和市场调研，企业可以更加精准地了解消费者的需求和行为特征，进而开发出更符合市场需求的产品和服务。这种以消费者为中心的营销策略可以帮助企业更好地满足消费者需求，提高消费者的满意度和忠诚度。营销模式的转型可以提升企业的产品质量和服务水平。通过深入了解消费者需求，企业可以针对性地改进产品设计和功能，提高产品质量和用户体验。同时，企业还可以优化服务流程和提升服务水平，提供更加贴心、高效的服务，增强消费者的购买意愿和满意度。营销模式的转型可以提高企业的销售额和利润率。通过精准的营销策略和个性化的推荐方式，企业可以增加产品的销售量和销售额。同时，通过降低营销成本和提高营销效率，企业可以获得更多的利润空间，提高利润率。营销模式的转型可以提升企业的竞争力。通过更好地满足消费者需求、提升产品质量和服务水平、提高销售额和利润率，企业可以获得更多的市场份额和竞争优势。这种优势不仅体现在市场份额的扩大上，更体现在品牌知名度和美誉度的提升上。

三 技术创新

随着科技的持续进步，电商行业的技术创新也在不断加速。从大数据分析、人工智能到云计算、物联网，新技术的应用正在为电商行业带来革命性的变革。对于传统电商企业来说，紧跟技术发展的步伐并将新技术应用到营销模式中，不仅是提高营销精准度和效率的关键，更是保持竞争力的必要条件。首先，随着互联网技术的发展，消费者的购物行为和习惯也在不断变化。传统电商企业要想满足消费者的需求，就必须密切关注技术发展的趋势，并将最新的技术应用到营销模式中。通过引入大数据分析、人工智能等技术，企业可以对消费者消费行为数据进行深入挖掘，更好地理解消费者的需求和行为，从而实现精准营销。其次，新技术可以帮助传统电商企业提高营销的效率。例如，通过引入云计算技术，企业可以实现营销活动的数字化和自动化。这不仅可以大大提高营销的效率，还可以降低人工成本和错误率。同时，利用社交媒体、短视频等新兴平台进行营销，也可以让企业更快速地触达目标消费者，提升营销效果。最后，技术创新还可以为传统电商企业带来新的营销机会。随着物联网、智能家居等技术的普及，越来越多的消费者开始关注智能化、便捷化的生活体验。传统电商企业可以通过与这些技术的结合，推出创新的产品和服务，满足消费者的新需求。同时，利用虚拟现实、增强现实等技术，企业可以提供沉浸式的购物体验，提高消费者的购买意愿和忠诚度。

四　降低成本

传统电商企业的营销成本往往较高，需要大量的资金和人力的投入。随着市场竞争的加剧，营销成本的压力也越来越大。为了降低成本、提高盈利能力，传统电商企业需要积极转型营销模式。通过转型营销模式，企业可以优化营销流程和资源配置，实现更高效的营销活动。例如，利用大数据分析，企业可以更精准地定位目标消费者，减少不必要的广告投放和促销活动，减少浪费。同时，通过数字化营销手段，企业可以降低对传统广告渠道的依赖，减少人力和物力的投入。此外，转型营销模式还可以提高企业的盈利能力和发展空间。通过提高营销的精准度和效率，企业可以增加销售额和市场份额，从而提高利润水平。同时，通过技术创新和模式创新，企业可以拓展新的业务领域和市场机会，为企业的长期发展奠定基础。

五　品牌建设

传统电商企业的品牌影响力可能相对较弱，难以在激烈的市场竞争中吸引消费者的关注和信任。品牌影响力对于电商企业的发展至关重要，直接关系市场份额和消费者的忠诚度。因此，传统电商企业需要通过转型营销模式来提升品牌形象和价值，增强品牌影响力。

转型营销模式可以帮助传统电商企业更好地塑造品牌形象。通过制定清晰、线上线下一致的品牌战略，并利用精准的营销手段来传达品牌的核心价值和差异化特点，企业可以建立起独特的品牌形象。这有助于让消费者对企业品牌产生好感度和认同感，从而吸引更多的关注和信任。转型营销模式还可以提升品牌的知名度和美誉度。通过广泛的品牌宣传和推广，企业可以利用社交媒体、广告、内容营销等渠道来增加品牌的曝光度。同时，提供优质的产品和服务，增强消费者的满意度和忠诚度，从而提高品牌的口碑传播。转型营销模式有助于传统电商企业塑造品牌差异化竞争优势。在激烈的市场竞争中，品牌差异化是吸引消费者的重要因素。通过创新营销策略和手段，企业可以凸显自身的独特之处，与其他竞争对手区分开来。这有助于吸引目标消费者的关注，增加品牌的市场份额和提升竞争力。

六　可持续发展

传统电商企业在追求经济效益的同时，也需要注重可持续发展，实现经济效益和社会效益的统一。在当今社会，消费者越来越关注企业的环保和社会责任表现，这对电商企业的可持续发展提出了更高的要求。因此，通过转型营销模式，传统电商企业可以更加注重环保和社会责任，实现绿色营销和公益营销，提升企业的社会形象和声誉。

转型营销模式可以帮助传统电商企业实现绿色营销。绿色营销强调企业在营销活动中注重环保和可持续发展，通过提供环保的产品和服务来满足消费者的绿色需求。通过采用环保包装、减少过度营销、推广节能产品等方式，企业可以实现绿色营销，降低对环境的负面影响，提升企业的环保形象。转型营销模式也可以促进传统电商企业的公益营销。公益营销是指企业通过参与公益活动来提升品牌形象和声誉，同时为社会做出贡献。通过支持教育、环保、扶贫等公益事业，企业可以展示其社会责任和关爱社会的形象，吸引更多消费者的关注和信任。转型营销模式有助于传统电商企业实现经济效益和社会效益的统一。企业在追求经济效益的同时，也需承担社会责任，关注社会的可持续发展。通过转型营销模式，企业可以在营销活动中注重社会效益，为社会做出贡献。这不仅有助于提高企业的社会形象和声誉，还可以为企业带来更多的商业机会和合作伙伴。

第五章

京津冀传统电商企业现状分析

第一节　京津冀地区电商行业概述

随着互联网技术的飞速发展和全球化的推进,电子商务已经渗透到各个行业和领域,成为现代商业活动不可或缺的一部分。在中国,京津冀地区作为北方经济中心,其电商行业的发展尤为引人注目。数十年来,京津冀地区的电商行业经历了从无到有、从小到大的迅速崛起,京津冀地区以其独特的地理、经济和文化优势,为电商行业的发展提供了得天独厚的条件,逐步成为中国乃至全球电子商务的重要一环。

一　京津冀地区电商行业的地位与作用

京津冀地区电商行业的地位非常重要,是该地区经济增长的重要引擎之一。京津冀地区作为中国的核心区域,拥有庞大的消费群体和发达的交通网络,为电商行业的发展提供了得天独厚的条件。

首先,京津冀地区的电商行业在国内处于领先地位。该地区汇聚了众多知名的电商平台和电商企业,如京东、阿里巴巴、唯品会等,这些企业在电商行业中拥有强大的品牌影响力和市场份额。同时,京津冀地区的电商行业在物流、支付、运营等方面也具备了较强的实力,为电商行业的发展提供了有力支撑。

其次,京津冀地区的电商行业在推动区域经济发展中发挥着重要作用。电商行业的发展带动了相关产业的发展,如物流、金融、科技等,形成了完整的产业链条。[①] 同时,电商行业的发展也促进了区域内企业的转型升级,推动了传统产业的数字化转型和升级。此外,电商行业的发展还创造了大量的就业机会,为区域经济的发展注入了新的活力。

最后,京津冀地区的电商行业在国际化进程中也扮演着重要角色。随着全球化的加速和跨境电商的兴起,京津冀地区的电商企业开始走向国际市场,参与国际竞争。这不仅有助于提升企业的国际竞争力,还有助于推动京津冀地区经济的国际化进程。

综上所述,京津冀地区的电商行业在推动区域经济发展、优化产业结构、促进创新、提升消费品质、绿色发展和增强国际竞争力等方面发挥着重要的作用。[②] 随着电商行业的进一步发展,其对于京津冀地区的贡献还将继续提升。

(一)优化区域产业结构

京津冀地区作为中国的核心区域之一,其产业结构一直备受关注。随着经济的发展和技术的进步,该地区的产业结构正在经历深度转型升级。在这个过程中,电商行业的发展起到了关键的作用。

电商行业,特别是跨境电商的崛起,为京津冀地区的企业带来了前所未有的商业机会。首先,跨境电商平台为企业提供了一个低成本、高效率的进入国际市场的途径,使得京津冀地区的企业能够

---

① 李苑君、吴旗韬、张玉玲等:《中国三大城市群电子商务快递物流网络空间结构及其形成机制研究》,《地理科学》2021年第8期。
② 董志良、张永礼:《电子商务在京津冀协同发展中的重要作用及其发展对策》,《河北学刊》2015年第2期。

更加便捷地接触到全球消费者，进一步扩大了市场范围。①通过跨境电商平台，传统企业可以突破地域限制，将产品销售到全球各地。这不仅拓宽了企业的销售渠道，提高了产品的知名度和竞争力，还为企业带来了更多的商业机会和合作伙伴。同时，跨境电商平台还提供了丰富的数据资源和营销工具，帮助企业更好地了解消费者需求和市场趋势，为企业的经营决策提供了有力支持。其次，跨境电商平台也为企业间的交流与合作提供了便利，京津冀地区的传统企业可以通过与跨境电商平台合作，共同开拓国际市场，实现互利共赢，促进了产业集聚和产业链的完善。最后，跨境电商的兴起还为京津冀地区带来了更多的国际贸易机会。通过跨境电商平台，企业可以更方便地进入国际市场，拓展海外业务。这不仅有助于提高企业的国际竞争力，还能推动区域经济的国际化进程，提升京津冀地区企业的整体竞争力。

电商行业的发展对京津冀地区产业结构的优化升级起到了积极的推动作用。作为信息经济的代表，电商行业具有高度创新的特点，不断推动着技术的进步和市场的发展。

随着电商平台的不断完善和电商技术的不断创新，越来越多的企业开始意识到电商的重要性，将传统业务与电商相结合，推动产业的数字化转型。这种转型不仅有助于提高企业的生产效率和经营效益，还能为企业带来更多的商业机会和形成更多竞争优势。首先，电商行业的发展促进了企业的数字化转型。通过引入先进的电商技术和平台，企业可以实现生产、管理、销售等各个环节的数字化，提高生产效率和管理水平。这不仅能降低企业的运营成本，还能提高企业的市场响应速度和竞争力。其次，电商行业的发展也带

---

① 谢尚果、彭振：《"一带一路"倡议下我国边境地区发展跨境电商的困境与路径》，《中国行政管理》2017年第10期。

动了相关产业的发展。电商行业的发展需要依托于众多上下游产业，如物流、金融、科技等。随着电商行业的快速发展，这些相关产业也得到了极大的推动，形成了完整的产业链条。这不仅有助于提升区域内的产业配套能力，还能促进更多相关产业的创新和发展。最后，电商行业的发展还促进了区域内的产业升级和转型。传统产业在电商的冲击下，需要不断调整和升级自身的业务模式和产品结构，以适应市场的变化和消费者的需求。在这个过程中，电商行业的发展为传统产业的升级和转型提供了重要的支持和引导，推动了区域内产业结构的优化和升级。

（二）促进区域经济协同发展

京津冀地区内部的发展水平存在一定差异，这在一定程度上制约了区域经济的整体发展。而电商行业的发展为缩小这些差异、促进区域经济协同发展提供了有效途径。[①]

电商平台具有集聚和辐射效应，能够将分散的企业和资源集中到一个虚拟的市场中，降低交易成本，提高市场效率。首先，电商平台通过集聚效应，将分散的企业和资源集中到一个虚拟的市场中。这种集聚不仅降低了交易成本，提高了市场效率，还促进了企业间的交流与合作。在京津冀地区，电商平台将区域内的企业、消费者、物流等资源紧密连接在一起，形成了一个庞大的商业生态系统，为企业提供了一个良好的发展环境，使得企业能够更好地把握市场机会，提高自身的竞争力和市场占有率。其次，电商平台通过辐射效应，能够将区域内的商品和服务推向更广阔的市场。京津冀地区的企业通过电商平台，可以突破地域限制，将产品销往全国各地，甚至海外市场。这不仅有助于提高企业的销售额和利润，还能

---

① 李峰、王丹迪：《积极促进京津冀数字经济高质量发展》，《宏观经济管理》2023 年第 9 期。

带动区域内的生产、物流、金融等相关产业的发展,形成完整的产业链条。① 最后,电商平台的集聚和辐射效应对提升京津冀地区的整体竞争力起到了重要的推动作用。在电商平台的支持下,区域内的小微企业和个体工商户也能够积极参与市场竞争,成为经济发展的重要力量。电商平台为这些企业提供了低成本、高效率的营销渠道,使得它们能够以更灵活的方式参与到市场中。这种参与不仅激发了市场的活力,还促进了企业间的竞争与合作,而且能提高整个区域的创新能力,推动区域经济的持续发展。

(三) 推动区域创新发展

电商行业作为信息经济的代表,具有高度创新的特点,其发展与新技术紧密相连。在京津冀地区,电商行业的发展不仅促进了互联网、大数据、人工智能等新技术的普及和应用,还为区域内的创新发展提供了强大动力。

电商行业的发展对互联网技术的普及起到了积极的推动作用。电商平台为企业和消费者创造了一个虚拟的市场空间,使得他们能够实现线上交易、交流和信息共享。这种交易模式对互联网技术的依赖度很高,因为互联网技术是实现线上交易和信息共享的基础。在京津冀地区,电商行业的发展促进了互联网基础设施的建设和完善。为了满足电商行业快速发展的需求,区域内的基础设施建设得到了加强,包括网络带宽、数据中心、云计算平台等。这些基础设施的建设和完善提高了区域内的网络覆盖率和网络质量,为企业和消费者提供了更加稳定高效的互联网服务。此外,电商行业的发展还推动了互联网技术的创新和应用。电商平台在运营过程中积累了大量的用户数据和交易数据,这些数据对于分析和预测市场趋势非

---

① 郑思齐、罗茜、张晓楠等:《电子商务对城市外向功能的促进效应研究——以京津冀区域为例》,《经济体制改革》2017年第1期。

常重要。通过对这些数据的分析和挖掘，企业可以更加精准地了解消费者需求和市场趋势，从而制订更加有效的营销策略和产品开发计划。这种数据驱动的决策方式推动了互联网技术的创新和应用，为京津冀地区的经济发展提供了有力支持。

电商行业的发展促进了大数据技术的应用。电商平台积累了大量的用户数据和交易数据，这些数据对于企业和消费者来说具有重要的价值。通过大数据技术，企业可以对这些数据进行深入分析和挖掘，了解消费者的需求和市场趋势，从而制订更加精准的营销策略和产品开发计划。在京津冀地区，电商行业的发展推动了大数据技术的研发和应用，为区域内的企业提供了更加科学和高效的数据支持。

电商行业的发展还促进了人工智能技术的应用。人工智能技术在电商领域的应用主要体现在智能客服、智能推荐、智能物流等方面。通过人工智能技术，企业可以提供更加智能化和个性化的服务，提升用户体验和满意度。在京津冀地区，电商行业的发展促进了人工智能技术的研发和应用。随着电商市场的竞争加剧，企业需要提供更加智能化和个性化的服务来提升用户体验和满意度。人工智能技术的应用为企业提供了更多的可能性，例如智能客服可以自动回答用户的问题和解决用户的疑虑，智能推荐可以根据用户的兴趣和行为为其推荐相关的产品和服务，智能物流则可以优化配送路线和提高配送效率。人工智能技术的发展需要大量的研发和创新投入，京津冀地区的企业通过加大对人工智能技术的研发和应用投入力度，可以推动相关产业的发展和创新。同时，人工智能技术的应用还可以与其他产业进行融合，促进产业间的协同发展。

（四）提升消费品质和扩大内需

电商行业的发展对消费者的购物选择和消费品质产生了深远的影响。电商平台为消费者提供了前所未有的丰富的商品种类和品牌选择，消费者可以轻松地比较不同产品之间的价格、质量、评价等信息，从而更加方便地找到自己需要的、心仪的商品。这种信息透明化不仅满足了消费者的多元化需求，还进一步提升了消费品质。此外，电商平台还通过提供个性化的推荐服务，提高了消费者的购物效率和满意度。电商平台通过分析消费者的购买历史和浏览记录，为其推荐相关的产品和服务。这种个性化推荐服务不仅节省了消费者的购物时间，还进一步激发了消费者的购买欲望。同时，电商平台的营销策略也刺激了消费需求，扩大了内需。电商平台通过各种促销活动、折扣、赠品等手段，吸引了更多的消费者进行购买。这些营销活动不仅提高了消费者的购买意愿，还激发了市场的竞争活力，促进了企业之间的良性竞争。这种竞争机制的存在促使企业不断提升产品质量和服务水平，以满足消费者的需求，从而推动了整个行业的进步。

电商行业的发展还为京津冀区域经济的发展注入了新的活力。随着电商市场的不断扩大和消费者需求的多样化，京津冀地区的制造业、物流业、金融业等相关产业也得到了快速发展。首先，电商平台成为连接消费者和生产者的桥梁，推动了商品流通和信息交流的效率提升。[1] 电商平台的出现使得消费者可以更加方便地购买到各类商品，同时也为生产者提供了更加广阔的销售渠道。这种信息流通的效率提升，不仅加速了商品流通，还加强了生产者和消费者之间的互动和沟通，使得市场更加透明和高效。其次，电商行业的发展还带动了京津冀地区的制造业发展。随着电商市场的不断扩大，消费者对于商品品质和种类的需求也不断提升。为了满足消费者的需求，京津冀地区的制造业企业需要不断进行技术创新和产品

---

[1] 王旭东：《把握行业发展机遇共谋京津冀物流协同发展——在第九届中国北京流通现代化论坛上的讲话》，《中国流通经济》2015 年第 12 期。

升级。同时，电商平台也为制造业企业提供了更加广阔的销售渠道和市场空间，推动了制造业的发展壮大。① 最后，电商行业的发展还促进了京津冀地区的物流业和金融业的发展。随着电商市场的不断扩大，物流业和金融业作为电商行业的重要支撑也得到了快速发展。电商平台对于物流服务的需求不断增长，推动了物流业的技术创新和服务升级。同时，电商平台也为金融业提供了更多的应用场景和服务对象，促进了金融业的创新和发展。

电商行业的发展还为京津冀地区创造了更多的就业机会和创业机会。随着电商市场的不断扩大，电商行业对于人才的需求也不断增加。这为京津冀地区的年轻人提供了更多的就业机会。无论是电商平台的技术开发、运营管理、市场营销等方面，还是电商物流、仓储、客服等配套服务领域，都需要大量的人才支撑。因此，许多年轻人选择进入电商行业，通过学习和实践不断提升自己的专业技能，以满足企业和市场需求。此外，电商行业的发展也为京津冀地区的创业者提供了广阔的舞台。许多有创新思维和创业精神的人看到了电商市场的商机，纷纷投身于电商创业。他们通过在电商平台开设店铺、开发新产品、提供特色服务等手段，不断创新和进取，逐渐在市场中崭露头角。这些创业者的成功不仅为他们自己创造了财富和事业，也为京津冀地区的其他创业者提供了宝贵的经验和借鉴。京津冀地区通过培养电商人才和推动电商创新创业，为年轻人提供了更多的就业机会和创业机会，也为区域经济的发展注入了新的活力。

（五）推动绿色发展

电商行业的发展减少了传统零售业对资源的依赖和对环境的负

---

① 叶振宇：《京津冀产业转移协作的前瞻》，《天津师范大学学报》（社会科学版）2017年第5期。

面影响，线上销售、智能物流等模式显著减少了能源消耗和交通拥堵，有助于推动绿色低碳的发展。

首先，电商行业的发展显著减少了能源消耗。传统的零售业依赖于实体店面和仓储设施，这些设施的建设和运营都需要消耗大量的能源。从店面照明、空调系统到货架库存管理，实体零售店的能源需求是显著的。而电商行业通过线上销售，完全避免了这些实体店面的能源消耗。电商行业还通过智能化的物流配送系统，优化了运输路线，减少了空驶率和等待时间，进一步降低了物流环节的能源消耗。[①] 其次，电商行业的发展促进了可再生能源的利用。随着电商企业的增多，其对可再生能源的需求也不断增加。为了满足这种需求，政府和企业开始加大对可再生能源的研发和应用力度。这不仅推动了可再生能源产业的发展，还为京津冀地区提供了清洁、可持续的能源供应，进一步减少了化石能源的消耗和碳排放。最后，电商行业的发展还促进了绿色包装的使用。电商企业在配送商品时需要使用包装材料，而传统的包装材料往往不可降解，对环境造成严重的污染。随着电商行业的快速发展，越来越多的企业开始使用可降解、环保的包装材料。[②]

电商行业的发展有助于减少交通拥堵。随着城市化进程的加速和人们生活水平的提高，交通拥堵已经成为制约城市发展的一个重要问题。交通拥堵不仅影响了人们的出行效率，还增加了车辆的尾气排放，加重了空气污染。而电商行业的发展为解决这一问题提供了新的思路。电商行业的发展使得消费者可以足不出户地购买商品，这种线上购物的模式减少了大量的出行需求。消费者无须亲自

---

① 徐毅、姜长运：《城市的电商化转型能否推动低碳发展——基于国家电子商务示范城市的经验证据》，《调研世界》2023 年第 10 期。
② 余金艳、张英男、刘卫东等：《电商快递包装箱的碳足迹空间分解和隐含碳转移研究》，《地理研究》2022 年第 1 期。

前往实体店面或商场，通过电商平台即可完成商品的选购和支付。这种购物方式的普及，显著减少了私家车出行和公共交通的拥挤程度，从而减轻了交通拥堵的问题。

电商行业的发展促进了绿色低碳的生产方式。传统的零售业需要大量实体店面和仓储设施，这些建筑和设施在建设过程中会产生大量的建筑垃圾和碳排放。而电商行业通过线上销售的方式，避免了实体店面的建设和仓储设施的运营，从而减少了建筑垃圾和碳排放。这种绿色生产方式有助于推动京津冀地区实现低碳经济的发展目标。此外，电商行业的物流配送也更加智能化和高效化。通过大数据、人工智能等技术手段，电商企业能够实现物流配送的精准化和高效化，减少不必要的运输和仓储环节。这种智能化的物流模式不仅提高了物流效率，还进一步降低了碳排放，推动了绿色低碳的发展。

二　京津冀地区电商行业的发展特点

（一）政策支持力度大

电商行业在京津冀地区的发展得到了政府的大力支持，这种支持不仅体现在资金、税收等实质性的扶持政策上，还延伸至人才引进和培养的各个方面。

首先，资金扶持是电商行业发展的关键因素之一。京津冀地区政府通过设立电商发展专项资金，为电商企业提供贷款、担保等金融服务，缓解了电商企业在初创期和发展期的资金压力。政府还鼓励金融机构加大对电商行业的支持力度，推出针对电商企业的个性化金融产品和服务。其次，税收优惠也是促进电商行业发展的重要政策措施。政府为电商企业提供一定期限的税收减免或税收返还，降低了企业的税负，增强了电商企业的市场竞争力。同时，政府还简化了税务登记和申报流程，为电商企业提供了更加便捷的税务服务。

在人才引进和培养方面，京津冀地区政府出台了一系列政策措施。例如，通过制订人才引进计划，吸引国内外优秀的电商人才到京津冀地区创业和发展；与高校和培训机构合作，开设电商专业课程，培养本土化的电商人才。此外，政府还为电商人才提供培训和进修机会，提升他们的专业素养和技能水平。

除了上述政策措施外，京津冀地区政府还通过优化营商环境、加强基础设施建设等措施支持电商行业的发展。政府简化了行政审批流程，缩短了企业注册时间，为电商企业提供了更加便利的营商环境。此外，政府还加强了物流、通信等基础设施建设，提高了电商企业的运营效率。

（二）产业集聚效应明显

电商行业在京津冀地区的发展过程中，形成了多个电商产业园区，这些园区成为电商企业和相关服务企业的聚集地。这些产业园区不仅提供了物理上的集中，更重要的是，它们促进了产业内部的协作和产业链的完善。

这些电商产业园区吸引了大量电商企业和相关服务企业入驻，包括电商平台运营商、物流配送企业、营销推广公司、支付服务提供商等。这些企业在园区内相互合作，形成了完整的电商产业链，涵盖商品供应、物流配送、营销推广等多个环节。在商品供应环节，电商企业与供应商紧密合作，确保商品的质量和供应的稳定性。这种合作关系基于互信和长期合作的理念，供应商提供优质的商品，而电商企业则提供稳定的销售渠道。通过这种合作模式，双方实现了共赢，共同应对市场的挑战。物流配送是电商行业的重要组成部分。在京津冀地区，电商产业园区吸引了大量物流配送企业入驻。这些企业为电商企业提供高效的配送服务，确保消费者能够及时收到商品。为了提高配送效率，物流企业采用了先进的物流技术和智能化的配送系统。这些技术有助于优化配送路线、减少运输成本和提高配送的准确性。营销推广是电商企业提升品牌知名度和市场份额的关键环节。在电商产业园区内，营销推广公司为电商企业提供全方位的营销服务，包括品牌策划、广告投放、社交媒体推广等，这些公司利用大数据和人工智能技术，精准定位目标受众，提高广告投放的效率。通过与营销推广公司的合作，电商企业能够更好地把握市场动态，提高品牌知名度和竞争力。

除此之外，电商产业园区还促进了信息共享和资源整合。园区内的企业通过交流合作，共享市场信息、技术资源和行业经验，有助于企业更好地了解行业趋势和竞争对手情况，从而做出更加明智的决策。同时，园区还为企业提供了共享的设施和服务，如办公空间、仓储设施、技术平台等，降低了企业的运营成本。

（三）跨境电商蓬勃发展

京津冀地区积极开拓跨境电商市场，建立了一批跨境电商综合试验区，为跨境电商的发展提供了便利条件，[①] 同时，越来越多的企业开始涉足跨境电商领域，通过跨境电商平台拓展海外市场。

京津冀地区一直积极开拓跨境电商市场，致力于与全球市场接轨。为了支持跨境电商的发展，该地区建立了一批跨境电商综合试验区。这些综合试验区为跨境电商企业提供了全方位的服务，包括物流、仓储、清关等，大大简化了跨境电商的运营流程，降低了运营成本。同时，综合试验区还为企业提供了与国内外供应商、采购商交流的平台，促进了资源整合和业务合作。

随着政策的推动和市场需求的增长，越来越多的企业开始涉足跨境电商领域。这些企业不仅包括传统的外贸企业，也包括许多新

---

① 刘会政、张洋洋、易辰玉：《跨境电商对京津冀商贸流通业的影响效应研究》，《商业经济研究》2023 年第 3 期。

兴的电商企业。它们通过跨境电商平台，将产品直接销售给海外消费者，拓展了销售渠道，提高了市场份额。跨境电商平台为企业提供了一个直接接触海外消费者的机会，使它们能够更好地理解市场需求和消费者偏好，从而调整产品策略和营销策略。

(四) 线上线下融合发展

京津冀地区的电商行业在发展过程中，深刻认识到线上线下融合的重要性，并积极采取措施推动这一趋势的发展。这种融合不仅有助于提高消费者的购物体验，还能够为电商企业提供更多的商业机会和资源。

为了更好地满足消费者的需求，京津冀地区的电商企业纷纷布局线下门店和体验店。这些线下门店不仅提供了实物展示和试用的机会，让消费者更直观地了解产品，还为消费者提供了与品牌互动和交流的平台。通过线下门店，企业可以与消费者建立更紧密的联系，了解消费者的需求和反馈，从而更好地优化产品和服务。

线下门店为电商企业提供了更多的商业机会和资源。通过与当地供应商、合作伙伴面对面交流，电商企业可以更好地了解市场动态和行业趋势，有助于企业获取一手资料，更加准确地判断市场变化和消费者需求，从而调整自身的经营策略。线下门店的开设还能为企业带来与当地社区合作的机会。电商企业可以与当地社区、商圈合作，共同开展各类活动和项目，如品牌推广活动、产品展示会、社区团购等。通过与当地社区的合作，企业能够扩大品牌影响力和知名度，提高用户黏性和忠诚度。同时，与当地社区的合作也有助于企业了解当地文化和消费习惯，更好地满足消费者需求。

(五) 人才储备丰富

京津冀地区作为中国的政治、经济、文化中心之一，拥有着丰富的人才储备，尤其在电商行业。这一地区的高校和培训机构为电商行业培养了大量高素质人才，为电商行业的发展提供了源源不断的动力。

首先，京津冀地区拥有众多知名高校，这些高校大都开设了与电商相关的专业课程，为学生提供了系统的理论知识和实践机会。通过与电商企业的合作，高校能够为学生提供实习和就业机会，帮助他们更好地融入行业。高校还积极开展电商领域的研究工作，为电商行业的发展提供理论支持和实践指导。

其次，除了高校外，京津冀地区的培训机构还为电商行业输送了大量专业人才。这些培训机构针对电商行业的实际需求，开设了各种短期培训课程，帮助学生快速掌握电商运营方面的技能。通过在培训机构学习，学生能够迅速提升自己的专业能力，提高就业竞争力。

最后，京津冀地区的电商企业也注重内部人才培养和人才引进。这些企业通过建立完善的培训体系，为员工提供各种专业技能培训和学习机会，帮助他们不断提升自己的能力。同时，企业还通过多种方式吸引和留住优秀人才，如提供有竞争力的薪酬福利、良好的工作环境和职业发展机会等。

（六）绿色电商成发展趋势

随着社会公众环保意识的普遍提高，以及消费者对健康、环保问题的日益关注，绿色、环保、可持续发展已成为全球的共同呼声。京津冀地区的电商企业积极响应，推广绿色产品和绿色理念，成为电商行业的新风向标。

京津冀地区的电商企业深刻认识到，绿色、环保、可持续发展不仅是社会的责任，更是企业长远发展的必由之路。为了满足消费者对健康、环保产品的需求，这些企业开始大力推广绿色产品，如有机食品、绿色家居用品、环保家电等。这些产品在生产过程中遵循环保标准，使用可再生资源或可降解材料，减少对环境的负面影响。

除了推广绿色产品，京津冀地区的电商企业还注重绿色包装的推广和使用。企业通过采用可降解的包装材料、减少包装废弃物的产生、优化包装设计等方式，降低包装对环境的影响。同时，还积极开展回收利用工作，鼓励消费者回收包装废弃物，提高资源利用效率。

此外，京津冀地区的电商企业还注重绿色物流的发展。通过采用环保的运输方式和减少不必要的物流环节，降低运输过程中的能源消耗和排放。同时，企业还积极开展绿色供应链管理，与供应商建立环保合作，共同推动绿色、环保、可持续发展。

为了更好地推广绿色产品和绿色理念，京津冀地区的电商企业还积极开展线上线下宣传活动，通过社交媒体、广告投放、线上线下活动等方式，向消费者传递绿色、环保、可持续发展的价值观，提高消费者的环保意识。

第二节　京津冀传统电商企业基本现状分析

随着互联网技术的快速发展和普及，电子商务已经深入影响到人们的日常生活，成为现代商业的重要组成部分。京津冀地区电子商务市场呈现出蓬勃发展的态势。然而，在激烈的市场竞争和不断变化的市场环境中，传统电商企业需要不断创新和升级，以适应消费者需求的升级和市场的变化。

一　企业数量与规模

京津冀地区作为中国的核心区域之一，拥有庞大的消费市场和高度发达的互联网基础设施，为传统电商企业的发展提供了得天独厚的条件。这一地区汇聚了众多优秀的电商企业，涵盖各个行业领域。据不完全统计，京津冀地区拥有数千家传统电商企业，这些企业不仅包括知名的大型电商平台，还有众多的中小型电商企业。这些企业凭借丰富的产品种类、高效的物流配送和优质的服务，形成了庞大的电商生态圈。

在京津冀地区，大型电商平台如京东、天猫等凭借品牌优势和资源整合能力占据了较大的市场份额。这些大型电商平台拥有完善的供应链体系、先进的信息技术和强大的物流配送能力，能够为消费者提供一站式购物体验。同时，大型电商平台还通过不断的技术创新和业务拓展，提升自身的竞争力，巩固市场地位。中小型电商企业在京津冀地区也具有一定的市场份额。这些企业通常更加注重特色化经营和创新服务，通过提供个性化、定制化的产品和服务满足消费者需求。中小型电商企业通常具有较强的灵活性和应变能力，能够快速适应市场变化和消费者需求的变化。在竞争激烈的市场环境中，中小型电商企业不断创新和提升自身的核心竞争力，寻求生存和发展的机会。

在京津冀地区，传统电商企业的数量呈现逐年增长的趋势。这主要是由于电子商务市场的不断扩大和互联网技术的快速发展，吸引了越来越多的企业涉足电商领域。这些企业涵盖了多个领域，如服装、数码、家居、图书等。在规模方面，既有大型的电商平台，如京东、天猫等，也有许多中小型电商企业。这些中小型电商企业在细分领域和特定市场具有较强的竞争力，成为大型电商平台的重要补充。

二 电商企业主要商业模式

电商企业业务模式是指通过互联网或移动应用程序向消费者销售商品或提供服务的商业模式。京津冀地区的传统电商企业主要采用 B2C、B2B、C2C、C2B、O2O 等业务模式，通过互联网平台向消费者提供商品或服务。这些企业通常拥有自己的电商平台,利用互联网技术实现与消费者的直接沟通与交易。

B2C 模式,即 business to consumer 的缩写,是一种企业直接面向消费者销售产品或服务的商业模式。[①] 在京津冀地区,随着互联网技术的普及和电商市场的日益成熟,越来越多的传统企业开始尝试将线下商品或服务转移到线上销售,从而打开了新的市场渠道。这些传统企业通过建立自己的电商平台,利用互联网的便利性和广泛覆盖性,实现了与消费者的直接沟通与交易。这些电商平台不仅为消费者提供了丰富的商品或服务选择,满足了消费者的个性化需求,还为消费者提供了更为便捷的购物体验。对于企业来说,通过建立 B2C 电商平台,不仅能够拓宽销售渠道,增加销售额,还能有效降低线下运营成本,提高经营效率。同时,通过收集和分析消费者数据,企业可以更好地了解市场需求和消费者行为,为产品研发、营销策略制定等提供有力支持。

在京津冀地区,B2C 电商市场的发展也得到了政府的大力支持。政府出台了一系列政策措施,鼓励传统企业转型电商。例如,政府提供了财政补贴和税收优惠政策,以降低企业的电商转型成本。此外,政府还加强了电商产业集聚区的建设,促进了电商产业链的完善和集聚效应的发挥。同时,政府还推动电商产业与其他产业的融合发展,促进产业转型升级和创新发展。除了政府的支持外,京津冀地区的电商行业协会和中介机构也在推动 B2C 电商市场的发展方面发挥了重要作用。这些机构通过组织行业交流活动、提供专业服务等途径,促进了企业间的合作与共同发展。此外,这些机构还积极参与制定行业标准和规范,提升整个电商行业的运营水

---

① Rose, Susan, N. Hair, and M. Clark, "Online Customer Experience: A Review of the Business-to-Consumer Online Purchase Context", *International Journal of Management Reviews*, Vol. 13, No. 1, 2011.

平和服务质量。

B2B 模式（business to business）是企业与企业之间的电子商务模式。通过这种模式，企业之间可以利用互联网或电子商务平台进行商品、服务和信息的交易。[①] B2B 模式主要用于企业之间的采购、分销、批发等业务活动，是全球电子商务的重要组成部分。在 B2B 模式中，企业通常会通过专门的电子商务平台或自建平台进行在线交易。这些平台提供了商品或服务的展示、询价、下单、支付等功能，方便企业之间的交易操作。同时，B2B 模式还支持在线交流、商务洽谈、合同签订等业务活动，使得企业之间的业务往来更加便捷和高效。

B2B 模式通过互联网技术为企业提供了一个便捷、高效的交易交流平台，降低了交易交流成本和时间成本。同时，B2B 模式还帮助企业实现了供应链的数字化管理，提高了供应链的透明度和协同效应，进一步优化了企业的运营效率。此外，B2B 模式还为企业提供了更广阔的市场和商业机会，使其可以接触到更多的潜在客户和合作伙伴。最后，B2B 模式自动化处理订单、物流、支付等业务流程，大大提高了业务处理的效率和准确性，为企业的快速发展提供了有力支持。

在京津冀地区，随着互联网技术的不断发展和电商市场的日益成熟，越来越多的企业开始采用 B2B 模式进行业务拓展。这些企业通过建立自己的电商平台或使用第三方电商平台，实现了与供应商、分销商等企业的在线交易和业务合作。这种方式不仅能够降低交易成本和时间成本，提高交易效率，还能够扩大商业机会，接触到更多的潜在客户和合作伙伴。同时，B2B 模式还能够优化供应链

---

① Timmers, P., "Electronic Commerce: Strategies and Models for Business-to-Business Trading", Acoustics Speech & Signal Processing Newsletter IEEE, Vol. 17, No. 3, 2003.

管理，提高供应链的协同效应和透明度，进一步提升企业的竞争力和盈利能力。

C2C 模式，即 consumer to consumer，是一种消费者之间的交易模式。它允许消费者在电商平台上销售自己的物品或服务，这种模式类似于传统的跳蚤市场或集市。① 在 C2C 电商市场中，消费者可以成为卖家，将自己的闲置物品或特色服务在平台上展示并出售给其他消费者。C2C 模式为消费者提供了一个全新的购物体验，使他们能够更加灵活和广泛地选择商品或服务。在 C2C 电商平台上，消费者可以找到各种各样的物品或服务，从日常用品、二手商品到独特的个人服务等都有可能。这种模式的出现，使得消费者不再仅仅是从企业或商家那里购买商品或服务，还可以从其他消费者那里寻找更加个性化和独特的商品或服务。

在京津冀地区，C2C 电商市场也十分活跃。随着互联网技术的普及和电商市场的成熟，越来越多的消费者开始尝试在 C2C 平台上进行交易。这为消费者提供了一个更加便捷、灵活的购物渠道，同时也为一些有特殊需求的消费者提供了更多的选择。C2C 电商市场的发展也为京津冀地区的经济增长和产业结构优化升级注入了新的活力。这种模式的兴起，带动了一批新兴产业的发展，如物流配送、网络支付等，为京津冀地区的经济发展提供了新的动力。

C2B（consumer to business）模式是一种新的电子商务模式，其中消费者是主要的参与人和决策者。这种模式与传统的 B2C（business to consumer）模式正好相反，B2C 模式是企业直接向消费者销售产品或服务，而在 C2B 模式下，消费者可以通过互联网或其他渠道表达自己的需求，企业根据这些需求进行产品设计和生产。

---

① Jones, Kiku, and L. N. K. Leonard, "Consumer-to-Consumer Electronic Commerce: A Distinct Research Stream", *Journal of Electronic Commerce in Organizations*, Vol. 5, No. 4, 2007.

这种模式的优势在于，消费者可以获得更加个性化、符合自己需求的产品或服务，而企业则可以根据市场需求进行生产，避免了库存积压和浪费。[①] C2B 模式的出现，与互联网技术的发展和消费者行为的改变密切相关。随着社交媒体、移动互联网、大数据等技术的发展，消费者获取信息、比较选择、提出需求的能力越来越强，同时也更加注重个性化和体验感。因此，C2B 模式满足了消费者对于个性化、定制化产品或服务的需求，成为电子商务领域的一种新趋势。

C2B 模式为京津冀地区的电商企业带来了新的增长点和竞争优势。随着消费者对个性化、定制化产品或服务需求的不断增加，传统的 B2C 模式已经难以满足市场的多样性需求。而 C2B 模式以消费者为中心，通过提前预测和满足消费者的需求，实现了从大规模生产向个性化定制的转变。在服装领域，C2B 模式允许消费者根据自己的喜好和需求选择颜色、款式、材质等，企业则根据消费者的选择进行定制化的生产和制作。这使得消费者能够获得更加符合自身品位和需求的服装，同时也为企业带来了更加精准的目标市场和更高的销售回报。在家居领域，C2B 模式同样展现出巨大的潜力。消费者可以根据自己的家居风格和需求，选择定制化的家具设计和功能配置。在家电领域，一些企业开始推出定制化的家电产品，如定制的冰箱、洗衣机等，满足消费者对于空间利用和个性化风格的需求。除了实物产品，C2B 模式也逐渐应用于服务领域。例如，消费者可以通过在线平台预约家政服务、美容美发、旅游等，根据自己的需求和时间进行选择和定制。这种模式不仅为消费者提供了更加便捷和个性化的服务体验，还为企业提供了更加广阔的市场空间

---

① Granados, Nelson, A. Gupta, and R. J. Kauffman, "Research Commentary—Information Transparency in Business-to-Consumer Markets: Concepts, Framework, and Research Agenda", *Information Systems Research*, Vol. 21, No. 2, 2010.

和商业机会。

O2O（online to offline）模式，即"线上到线下"的商业模式，是指将线下的商务机会与互联网结合，让互联网成为线下交易的平台。在这种模式下，消费者可以在线上获取商品或服务的信息，然后通过线下的方式进行购买和体验。例如，消费者可以在网上看到餐厅的菜单和评价，然后到餐厅用餐。同样，线上也可以提供预约、定制等服务，方便消费者的生活。O2O模式充分利用了互联网的优势，能够为消费者提供更方便快捷的服务，使消费者和商家之间实现更好的互动和沟通。这种模式的出现，不仅改变了消费者的购物习惯，还给商家提供了更多的销售渠道和推广方式。

在京津冀地区，O2O模式已经渗透到了各个行业，其中餐饮、旅游、电影等休闲娱乐行业占据了主要市场份额。这些行业的共同特点是消费者对于便捷性和个性化服务的需求较高，因此O2O模式在这些行业中得到了广泛应用。同时，随着技术的不断发展，智能家居、共享经济等新兴行业也在逐渐兴起，为O2O模式的发展提供了新的机会。此外，O2O模式也可以与物流配送相结合，例如京津冀共同配送服务中心项目。该项目通过"互联网+物流"及O2O模式，承接物流园区的共同配送业务。它依托天津市共同配送服务平台，进行合理优化组单，通过一站式服务实现配送车辆的优化配置，从根本上降低物流成本、提高配送时效。

在技术应用方面，京津冀地区的O2O平台不断创新，将人工智能、大数据、云计算等先进技术应用到业务中，不仅提高了平台的运营效率，还为消费者提供了更加智能化的服务。例如，通过大数据分析，平台可以更好地了解消费者的需求和行为习惯，从而提供更加个性化的推荐和服务。此外，O2O市场的竞争非常激烈，各大平台都在通过技术创新、品牌建设、市场营销等方式不断提升自身的竞争力。同时，一些具有地方特色的平台也逐渐崭露头角，通过提供更加本地化的服务来吸引消费者。这种竞争态势促进了整个行业的快速发展，也为消费者带来了更多的选择和更好的服务。在政策方面，政府对于O2O行业的管理逐渐加强。例如，对于一些涉及食品安全的餐饮O2O平台，政府加强了对其资质和运营的监管。此外，政府还出台了一系列政策鼓励O2O行业的发展和创新，为行业的健康发展提供了有力保障。

三　电商企业主要运营模式

电商企业的运营涉及多个方面，如商品采购、物流配送、线上销售、售后服务、营销推广、供应链管理等各个环节都需要企业进行全面考虑和精细化管理。只有通过不断优化运营模式，提高运营效率和盈利能力，京津冀地区的电商企业才能在激烈的市场竞争中脱颖而出，实现可持续发展。

（一）商品采购

商品采购是电商企业的核心环节之一，也是电商企业运营的基础。京津冀地区的电商企业通常会通过多种渠道进行商品采购，包括直接与品牌厂商合作、通过代理商采购、参加行业展会以及线上拍卖等方式。直接与品牌厂商合作能够确保采购到高品质的商品，同时也有利于降低采购成本。在选择品牌厂商时，企业需要对厂商的资质、产品质量、供货能力等方面进行严格的评估和审核，以确保采购的商品符合市场需求和公司定位。通过代理商采购可以扩大商品的选择范围，同时也有利于降低物流成本和采购风险。[①] 但是，选择代理商时需要注意代理商的信誉、服务质量和价格等方面，避

---

① 李春雨、张翠华、马勇：《不同销售模式下质量投资和自有品牌侵入的交互影响》，《系统管理学报》2024年第4期。

免出现代理商欺诈、价格虚高等问题。参加行业展会可以为企业提供与供应商面对面交流的机会，同时也有利于发现新产品和新趋势。在展会上，企业可以了解供应商的产品质量、供货能力和价格等方面的信息，从而为后续的采购决策提供参考。线上拍卖可以为企业提供更灵活的采购方式，同时也有利于降低采购成本。但是，线上拍卖需要注意拍卖平台的信誉和安全性，避免出现欺诈和假货等问题。

（二）物流配送

物流配送在电商企业运营中扮演着至关重要的角色，它是电商企业实现销售、满足客户需求的重要环节，直接影响客户满意度和企业的运营效率。高效的物流配送服务能够给客户带来良好的购物体验，提高客户满意度，从而增加客户忠诚度，为企业的长期发展奠定基础。在京津冀地区，由于地域广阔、交通状况复杂、客户群体多样化等特点，电商企业面临的物流配送挑战更为突出。为了应对这些挑战，传统电商企业通常会选择自建物流或者与第三方物流公司合作。自建物流可以确保企业对物流过程的控制，提高配送效率和客户满意度。企业通过自建物流，可以更好地了解客户需求，对物流过程进行精细化管理，提高物流配送的准确性和时效性。同时，自建物流还可以降低对第三方物流公司的依赖，避免受制于第三方物流公司的服务限制和价格波动。然而，自建物流需要大量的资金和人力资源投入，对企业的运营能力提出了较高的要求。企业需要在物流基础设施建设、仓储管理、配送队伍培训等方面进行持续投入，以确保物流体系的正常运转。此外，自建物流还需要面对市场竞争和风险挑战，如行业竞争加剧、物流成本上升等。

与第三方物流公司合作也是传统电商企业常用的选择。通过与专业的第三方物流公司合作，企业可以降低运营成本，提高物流配送效率。第三方物流公司通常拥有丰富的物流管理经验和资源，能够提供更专业的服务，并且能够根据企业的需求进行定制化服务。与第三方物流公司合作还可以帮助企业集中精力发展核心业务，提高自身竞争力。为确保合作顺畅，企业需要考虑物流公司的信誉、服务质量和价格等多个因素，同时还需要建立有效的沟通机制和信息共享平台，以确保物流过程的顺利进行。此外，与第三方物流公司合作可能会受制于其服务范围和价格波动，影响企业的物流配送效率和成本控制。

（三）售后服务

售后服务是电商企业运营中不可或缺的一环，其质量直接影响客户的信任度和忠诚度。[1] 在京津冀地区，随着电商市场的竞争加剧，售后服务的重要性越发突出。为了赢得客户的信赖和忠诚度，电商企业需要提供全面、专业的售后服务，以提升客户满意度和口碑传播。目前，常见的电商企业售后运营模式主要有商家自运营、第三方服务商和厂商官方售后服务等几种。

商家自运营售后模式是指电商企业自行承担售后服务的运营模式。在这种模式下，商家需要组建专业的售后服务团队，负责处理客户的咨询、投诉、退换货等售后服务需求。商家自运营售后模式的核心优势在于能够直接与客户进行沟通，快速准确地了解客户需求和问题，并即时解决客户的疑虑。由于这种模式是商家直接提供服务，可以更深入地理解客户需求，提供更加定制化的解决方案，从而提高解决问题的效率。此外，商家自运营模式还有助于收集客户的反馈信息。通过与客户的直接接触，商家可以获得第一手的反馈信息，这些信息对于企业了解产品的实际使用情况、发现潜在的

---

[1] 徐小平、吴婕、何平：《碳交易机制下考虑参考价格效应的平台化运作决策及协调机制研究》，《管理学报》2023 年第 10 期。

问题和改进点具有极其重要的价值。这样可以帮助企业持续优化产品和服务，提升客户的满意度。最重要的是，优质的售后服务可以增强客户对品牌的信任感和忠诚度。当客户感受到商家对产品质量的承诺和对客户服务的重视时，他们更有可能对品牌产生深厚的信任感，并成为忠实客户。这对于电商企业的长期发展具有重要的推动作用。然而建立专业的售后服务团队，是一项需要投入大量人力、物力和财力的任务。对于小型电商企业来说，这可能会构成较大的负担。此外，除了建立团队，还需要制定完善的售后服务流程和规范，以确保服务质量和效率。这是一个需要时间和精力来完成的任务，而且需要在服务实践中不断进行优化和改进。最后，为了满足客户日益增长的服务需求，售后服务也需要不断进行改进和优化。这需要商家持续关注市场动态和客户需求，及时调整服务内容和策略，以保持竞争优势。

第三方服务商模式是指电商企业将售后服务委托给专业的第三方服务商进行运营。这种模式下，第三方服务商会提供全方位的售后服务，如咨询、退换货、维修等。采用第三方服务商模式有诸多优势：首先，这种模式可以大大减轻电商企业的运营压力，使他们能更专注于核心业务的发展。通过将售后服务委托给专业的第三方服务商，企业能够释放资源，更好地发挥自身的核心竞争力。其次，第三方服务商通常具备丰富的专业知识和经验，能够提供更高效、专业的售后服务。这不仅可以提高客户满意度，还能进一步提升企业的品牌形象。最后，与第三方服务商合作可以实现资源共享，降低企业的运营成本。通过合理利用服务商的资源，企业能够优化自身的运营效率，从而实现更大的商业价值。尽管第三方服务商模式具有诸多优点，但也有一些潜在的缺点需要电商企业注意。首先，与第三方服务商建立良好的合作关系至关重要，以确保服务质量和效率。这需要双方进行充分的沟通和协调，以避免潜在的误解和冲突。其次，企业需要对第三方服务商的服务质量进行持续的监督和评估。这需要建立有效的监控机制和评价标准，以确保服务商提供的服务达到预期水平，并能够及时解决任何问题，从而保障客户的权益。最后，与第三方服务商合作也可能带来安全风险，如信息泄露等。因此，电商企业必须加强信息安全管理，确保客户数据的安全性和隐私保护。通过采取适当的措施，企业可以降低这些风险，并确保与第三方服务商的合作顺利进行。

厂商官方售后服务是产品厂商直接提供售后服务的一种模式。在这种模式下，厂商会建立专业的售后服务团队，以确保为客户提供高效、专业的服务。厂商官方售后服务通常涵盖产品咨询、维修、退换货等售后服务需求，旨在解决客户在使用产品过程中遇到的问题，提高客户满意度。厂商拥有专业的售后服务团队，具备丰富的产品知识和维修经验，能够快速准确地解决客户的问题。同时，由于厂商直接提供售后服务，客户可以更加信赖产品的质量和售后服务水平。厂商通常会在接到客户请求后尽快响应并提供服务，确保客户的正常使用。此外，厂商官方售后服务通常提供原厂品质保证，这意味着客户可以享受到原厂提供的零部件和维修服务，确保产品性能和寿命。然而，这种模式也存在一些不足之处。首先，为了提供优质的售后服务，厂商需要投入大量的人力、物力和财力来建立专业的售后服务团队和完善的售后服务体系。这必然导致成本增加。其次，对于一些规模较小的厂商而言，建立专业的售后服务团队可能存在一定的困难，因此他们可能需要借助第三方服务商来提供售后服务。

(四) 营销推广

营销推广是电商企业扩大市场份额和提高品牌知名度的关键手段。企业需要根据自身特点和市场环境选择合适的营销方式，提高品牌知名度和用户转化率。同时，企业还需要不断尝试新的营销手段和工具，以适应不断变化的市场需求和消费者行为。营销方式的运营模式多种多样，主要包括市场细分法、一对一营销、全球地方化营销、关系营销、品牌营销、深度营销、网络营销、兴奋点营销、数据库营销、文化营销、连锁经营和直销等。

市场细分法是一种通过对市场进行细分，从而更准确地识别和定位目标客户群体的营销模式。通过市场细分，企业能够更好地了解客户需求，制定更加精准的营销策略。一对一营销是一种以客户为中心，通过深入了解客户需求和偏好，提供个性化的服务和解决方案的营销模式。这种模式注重建立客户价值，并整合企业各环节资源以实现更高效的营销。全球地方化营销是根据不同地区的市场特点和客户需求制定相应的营销策略的运营模式。在全球地方化营销中，企业需要关注不同地区的文化差异和消费习惯，以适应不同市场的需求。关系营销注重与客户建立长期、稳定的关系，通过提供优质的产品和服务，提高客户满意度和忠诚度。关系营销的核心在于建立和维护与客户的良好关系，以实现更长期的合作。品牌营销是通过建立品牌形象和品牌价值，提高品牌知名度和美誉度，从而吸引和保留客户的营销模式。品牌营销需要注重品牌定位和品牌传播，以塑造独特的品牌形象。深度营销是一种新型的、互动的、更加人性化的营销新模式、新观念，以企业和顾客之间的深度沟通、认同为目标。深度营销需要深入了解客户需求，并为客户提供更加个性化和定制化的服务。网络营销是利用互联网平台进行营销活动的运营模式，包括社交媒体营销、搜索引擎优化（SEO）、电子邮件营销等。网络营销具有传播速度快、覆盖面广、互动性强等优势，能够更好地满足客户需求。兴奋点营销关注客户的情感需求，通过创造独特的品牌体验和记忆点，激发客户的购买欲望和忠诚度。兴奋点营销需要挖掘和创造独特的品牌价值，以吸引客户并增加客户黏性。数据库营销是利用数据库技术对客户信息进行收集、整理和分析的营销模式。通过数据库营销，企业能够更好地了解客户需求和偏好，制定更加精准的营销策略，提高营销效果和客户满意度。文化营销是关注客户群体的文化内涵和价值观的营销模式。通过挖掘和利用品牌的文化内涵，企业能够吸引和保留客户，并与客户建立更深层次的联系。连锁经营营销是通过连锁经营的方式实现规模扩张和品牌价值传递的运营模式。连锁经营营销可以提高品牌知名度和市场占有率，同时实现规模经济效应。直销是通过直接与目标客户建立联系进行销售活动的运营模式。直销具有较低的渠道成本和较高的销售效率，需要建立强大的销售团队和市场拓展能力。

（五）客户关系管理

在电商企业的运营模式中，客户关系管理是至关重要的环节。通过有效的客户关系管理，企业不仅能够维护老客户，还能够高效地拓展新客户，提高市场竞争力。电商企业在客户关系管理方面采用多种运营模式，以提高客户满意度、忠诚度和企业的竞争力。数据驱动的客户服务模式利用数据分析和人工智能技术，实现对客户需求的精准洞察。通过对客户数据进行分析，企业能够了解客户的购买习惯、偏好和需求，从而提供个性化的服务和解决方案。这种模式有助于提高客户满意度和忠诚度，增强企业竞争力。社交媒体整合模式将电商企业的客户关系管理与社交媒体平台相结合，通过社交媒体与用户互动。这种模式利用社交媒体的实时性、互动性和广泛传播的特点，提高客户满意度和品牌知名度。企业可以在社交媒体上发布内容、回答问题、处理投诉，与客户建立良好的关系。个性化营销策略基于对客户的深入了解，提供定制化的产品和服务推荐。通过分析客户数据，企业能够识别不同客户的独特需求和兴趣，并为其提供个性化的营销信息和服务。这种策略有助于提高客户满意度和转化率，增加客户黏性。会员制度和奖励计划是通过设立会员等级、提供特权服务和积分兑换等方式，增加客户黏性和复购率。这种模式利用客户的忠诚度和荣誉感，鼓励客户增加购买频次和金额，同时为企业带来更多的口碑传播和推荐。客户细分和差异化服务是根据客户的特征和需求，将客户群体划分为不同的细分市场，并为每个细分市场提供定制化的产品和服务。这种模式有助于企业更好地满足不同客户的需求，提高市场占有率。客户自助服务是通过建立自助服务平台，为客户提供便捷的查询、咨询和自助服务功能。这种模式利用互联网和移动设备的便利性，为客户提供24小时的服务支持，降低企业客服成本，提高客户满意度。客户服务质量监控与改进是通过建立监控机制和评价标准，对客户服务质量进行持续的评估和改进。这种模式利用客户反馈、满意度调查和数据分析工具，发现并解决服务中的问题，提高服务质量和客户满意度。客户反馈循环是通过收集客户的反馈意见和建议，将其作为改进产品和服务的依据。这种模式重视客户的意见和建议，将其作为改进产品和服务的重要参考。通过建立良好的反馈循环，企业能够更好地满足客户需求，提高客户满意度和忠诚度。

（六）供应链管理

供应链管理是企业运营的重要组成部分，涉及从原材料采购到最终产品交付给客户的整个过程。通过优化供应链管理，企业能够降低成本、提高运营效率和市场竞争力。同时，企业还需要不断优化和完善供应链管理体系，提高供应链的透明度和可追溯性。

需求预测是供应链管理的关键环节，通过对市场需求的预测，企业可以提前安排生产和库存计划，从而更好地满足客户需求。需求预测需要基于历史销售数据、市场趋势和客户需求等信息，运用数据分析工具进行预测。供应商管理是确保供应链稳定和高效的重要因素。企业需要选择合适的供应商，并与之建立长期合作关系，并定期评估供应商的表现。供应商管理包括供应商选择、谈判、合同管理、质量控制等方面。库存管理是为了在满足客户需求的同时，最小化库存成本。库存管理需要平衡需求和供应，通过合理的库存计划和控制，避免库存积压和浪费。库存管理包括库存计划、定期盘点、库存调整等。物流和运输管理涉及产品从供应商到最终客户的整个运输过程。物流和运输管理的目标是确保产品按时、按质送达客户手中，同时最小化运输成本。物流和运输管理包括运输方式选择、物流网络设计、运输跟踪等。信息系统管理是为了确保供应链中的信息流畅通无阻。通过建立和完善信息系统，企业可以实时获取供应链信息，从而提高决策效率和协作水平。信息系统管理包括信息系统设计、数据交换、信息共享等。风险管理旨在识别和应对供应链中的潜在风险，从而降低供应链中断的风险。风险管理包括风险识别、评估和控制等方面，需要建立风险应对计划和应急预案。采购和分销管理涉及原材料采购、产品生产和分销给客户的整个过程，目标是确保产品质量和交货期，同时最小化成本。采购和分销管理包括采购计划、供应商谈判、分销网络设计等。持续改进是为了不断提高供应链的效率和灵活性。企业需要定期评估供应链绩效，识别改进机会，并采取相应措施优化供应链管理过程。持续改进包括流程优化、技术升级、组织变革等。

四　市场份额与竞争状况分析

在当今电商行业的激烈竞争中，产品是否具有差异化成为企业能否脱颖而出的关键。京津冀地区作为中国北方的重要经济区域，其电商行业的发展也呈现出各自的特点和优势。特别是在产品差异化方面，三地的电商企业都有着自己独特的策略和定位，从而在市场中占据了一席之地。

北京的电商企业在产品差异化方面主要聚焦于文创和科技类产品的开发。作为中国的文化中心，北京有着丰富的文化资源和创意人才。因此，许多电商企业充分利用这一优势，将传统与现代相结合，推出了一系列具有文化内涵和创意特色的产品。例如，一些电商平台推出了与传统京味文化相关的特色手工艺品、民俗文化商品等，吸引了大量消费者。同时，随着科技的不断进步，北京的电商企业也紧跟潮流，推出了众多高科技含量的产品，如智能家居、智能穿戴设备等，满足了消费者对于智能化生活的需求。天津的电商企业在产品差异化方面则主打本地特色商品的在线销售。天津作为中国北方的重要港口城市，拥有着丰富的本地特色商品资源。电商平台通过整合这些资源，将传统的线下销售模式转变为线上销售模式，为消费者提供了更加便捷的购物体验。消费者在享受电子商务带来便利的同时，也能品味到正宗的天津特色商品。这种特色化的产品定位，不仅提升了消费者的购物体验，还使得天津的电商企业在市场中更具竞争力。河北的电商企业在产品差异化方面则主要围绕农产品的销售展开。河北作为中国的农业大省，拥有得天独厚的农业资源和地理区位优势。电商平台充分利用这些资源，将优质的农产品通过线上渠道销售给消费者。一方面，消费者获得了新鲜、优质的农产品；另一方面，农民获得了更广阔的销售渠道，促进了农业经济的发展。此外，一些电商平台还通过与农户合作，推出了一系列定制化的农产品，满足了消费者对于健康、绿色、有机等不同类型农产品的需求。

京津冀地区的电商企业在产品差异化方面都有着各自独特的策略和定位。这种差异化的产品策略不仅有助于企业在市场竞争中充分发挥自身优势，提升竞争力；同时也有利于满足消费者的多样化需求，提升消费者的购物体验。在未来，随着电商行业的不断发展，这种产品差异化的趋势还将继续深化，为企业和消费者带来更多的机遇和选择。

第三节 传统电商企业面临的优势与挑战

京津冀地区电商市场发展迅速,吸引了众多企业参与竞争,其中传统电商企业凭借其长期的市场经营和积累的经验,展现出一定的优势。但同时,它们也面临着诸多挑战,如新兴电商模式的冲击、运营成本的上涨以及消费者需求的转变。因此,对传统电商企业而言,明确自身的优势与挑战,并采取有效的应对策略至关重要。

一 京津冀传统电商企业优势

(一)品牌认知度高

品牌不仅仅是一个名字或标志,它更多地代表了一种承诺和保证。对于消费者来说,选择一个熟悉的品牌意味着可以减少选择成本,提高购买的决策效率。在电商市场上,品牌的影响力尤为重要,因为消费者无法像在实体店那样直接触摸和体验商品。此时,品牌成为消费者信任的重要来源,也是他们决策的关键因素。京津冀地区的传统电商企业在当地已经扎根多年,形成了一系列广为人知和深受喜爱的品牌。

这些传统电商企业非常注重品牌建设,它们深知品牌对于消费者选择的重要性。因此,从产品的研发、生产到售后服务,都力求做到最好,确保为消费者提供高品质的产品和优质的购物体验。这种对品质的坚持和追求,使得它们的品牌在消费者心中留下了深刻的印象。

同时,京津冀地区作为华北地区的重要经济中心,拥有庞大的人口基数和强劲的消费能力。这些传统电商企业凭借对本地市场的深入了解,能够精准地把握消费者的需求和喜好,提供符合当地市场特点的产品和服务。这种地域优势使得它们的品牌在本地市场具有极高的知名度和美誉度。

此外，这些传统电商企业还非常注重与消费者的情感联结。它们通过举办各种线上线下活动、参与社区建设等方式，与消费者建立了深厚的情感。消费者在购买产品的同时，也能感受到企业的关怀和温暖，从而更加信任和喜爱这些品牌。

(二) 供应链基础扎实

在京津冀地区的电商市场中，传统电商企业凭借其坚实的供应链基础，展现出独特的竞争优势。这些企业通常与供应商建立了长期稳定的合作关系，形成了互信互利的紧密联系。这种合作关系不仅确保了货源的稳定性和品质的可靠性，还降低了供应链中的风险，提高了整个运作体系的稳定性。

与供应商的长期合作使得传统电商企业对市场趋势和消费者需求有更加敏锐的洞察。它们能够及时调整采购策略，确保库存的合理配置，避免因市场需求波动导致的损失。这种对市场的敏感度和快速反应能力，为企业在竞争激烈的市场中赢得了先机。除了与供应商的紧密合作，传统电商企业在物流配送方面也积累了丰富的经验。它们具备完善的物流网络和配送体系，能够提供高效的配送服务，不仅能够满足消费者的即时需求，还大大提高了企业的运营效率和物流管理能力。此外，传统电商企业通常拥有成熟的仓储管理技术和经验。它们能够合理规划仓储布局，确保商品的安全存储和有效管理。通过先进的仓储管理系统和技术手段，企业能够实时监控库存状况，确保货物的进出、盘点等操作准确无误。

供应链基础的扎实为京津冀的传统电商企业带来了多重优势。首先，稳定的货源供应确保了企业在市场竞争中的供货能力，能够及时满足消费者的需求。其次，高效的物流配送服务提高了企业的竞争力，为消费者提供了更好的购物体验。最后，成熟的仓储管理技术降低了运营成本，提高了企业的盈利能力。

面对市场的不断变化和竞争的加剧，传统电商企业需要不断创新和优化供应链管理，以保持竞争优势。通过与供应商的深度合作、物流配送的持续改进以及仓储管理的技术升级，传统电商企业能够进一步提升供应链的效率和质量，为消费者提供更优质的产品和服务。

（三）地域性优势

在京津冀地区，传统电商企业凭借对当地市场的深入了解和熟悉，具备了明显的地域优势。这些企业长期扎根于这片市场，对当地的文化、消费习惯和需求特点有着深刻的认识和洞察。这种地域优势使它们能够更加精准地满足消费者的需求，提升客户满意度。

首先，传统电商企业对京津冀地区的消费者需求和喜好有深入的了解。在长期的经营活动中，它们与消费者建立了紧密的联系，通过市场反馈和顾客沟通，不断了解和掌握了消费者的需求变化。这种对市场的敏感度和洞察力使得企业能够迅速调整策略，满足消费者的即时需求。其次，传统电商企业熟悉当地的文化和消费习惯。京津冀地区的文化特色和消费观念有其独特性，企业针对这些特点进行有针对性的产品开发和营销策略制定。它们深知消费者的喜好、价值观和消费心理，从而提供更加符合市场需求的产品和服务。这种对市场的精准把握能力，是其他区域外企业难以比拟的竞争优势。最后，传统电商企业在物流配送方面也积累了丰富的经验。它们对京津冀地区的交通状况、配送路线以及物流节点有着深入的了解，能够制订出高效、准确的配送方案。这不仅提高了物流配送的效率，还降低了运输成本，为消费者提供了更加实惠的价格和更好的购物体验。

地域优势使得京津冀的传统电商企业在市场竞争中占据了有利地位。然而，随着市场的不断变化和消费者需求的升级，企业需要不断创新和完善，以保持这种优势。通过持续的市场调研、技术升级和产品创新，传统电商企业能够巩固并扩大地域优势，在竞争激烈的市场中保持领先地位。

（四）运营经验丰富

在当今快速变化的市场环境中，企业运营的效率和效果往往决定了企业的生存与发展状态。许多企业在市场拓展、用户运营等方面积累了丰富的经验，这些经验不仅有助于提升企业运营效率，更能帮助企业更好地应对市场变化。京津冀地区的传统电商企业长期深耕于电商领域，积累了丰富的经验，对于市场趋势和消费者需求有着深刻的理解。这些企业经过多年的电商运营，了解电商平台的运营规则、营销策略以及消费者购物习惯等方面的知识，能够根据市场变化及时调整自身的运营策略。

首先，在市场拓展方面，京津冀地区的电商企业经过多年的发展，已经熟悉了市场的各种规律和变化。它们知道如何在不同阶段制定有效的市场策略，也知道如何利用各种资源来扩大市场份额。这种经验积累让它们在面对市场竞争时更加从容不迫，能够迅速抓住市场机遇，扩大自身的影响力。其次，在用户维护方面，京津冀地区的电商企业深知用户的重要性，因此它们更加注重用户的体验和需求。它们借助多年的运营经验，不断优化用户体验，提高用户满意度。例如，它们会通过数据分析来了解用户的购物习惯和需求，从而提供更加精准的个性化服务。此外，它们还通过各种方式与用户建立互动关系，增强用户的忠诚度和黏性，为企业的长期发展奠定了坚实的基础。最后，在数据分析方面，京津冀地区的电商企业已经具备了强大的数据处理和分析能力。它们通过多年的数据积累和分析，能够准确把握市场和用户的动态变化，为企业制定科学合理的发展策略提供有力的支持。这种数据分析能力不仅能够帮助企业更好地理解市场和用户，还能够提高企业的决策效率和准确性。

在未来，随着电商行业的竞争日益激烈，这种经验积累的优势将更加重要。因此，京津冀地区的电商企业应该继续保持创新和进取的精神，不断学习和总结新的经验，不断提高自身的核心竞争力。只有这样，它们才能在激烈的市场竞争中立于不败之地，实现持续稳定的发展。

二　京津冀传统电商企业面临的挑战

（一）新兴电商企业的冲击，市场份额被挤压

随着互联网技术的迅猛发展，电商行业正经历着前所未有的变革。新兴电商企业如拼多多、抖音等凭借创新的商业模式和营销策略快速崛起，对传统电商企业造成了巨大的冲击。传统电商企业面临着市场份额被挤压、用户流失的困境，竞争日趋激烈。

首先，新兴电商企业通过创新的商业模式成功吸引了大量用户。拼多多等平台采用社交电商模式，通过好友分享、组团购买等方式，降低了购物成本，提高了购物乐趣，迅速吸引了大量用户。而抖音等平台则利用短视频形式展示商品，提供沉浸式购物体验，吸引了年轻用户的关注。其次，新兴电商企业灵活运用各种营销策略，提高了品牌知名度和用户黏性。它们善于利用大数据分析用户喜好，进行精准推送和个性化推荐。同时，通过举办各种优惠活动、限时特价等形式，吸引了用户的眼球，提高了购买的转化率。

相比之下，传统电商企业在商业模式和营销策略上显得过于保守和陈旧。它们往往过于依赖传统的广告投放和品牌推广，忽视了用户个性化需求和购物体验的改善。此外，传统电商企业在技术投入和创新能力上也相对落后，难以应对市场的快速变化和用户需求的多样性。因此，传统电商企业需要不断创新和改进，提高自身的竞争力和市场份额，积极应对市场的变化和挑战。

(二) 缺乏先进的技术支持

随着互联网技术的快速发展，数据分析和人工智能等技术已经成为电商行业的重要驱动力。这些技术能够精准地分析用户需求和市场变化，提升用户体验，优化运营效果等，为电商企业提供了巨大的竞争优势。然而，相比大型电商平台和新兴电商企业，京津冀地区的传统电商企业在技术研发和创新方面的投入明显不足，缺乏先进的技术支持。

传统电商企业往往过于依赖传统的商业模式和运营策略，缺乏对新技术和新模式的关注和探索。它们可能没有足够的技术资源和资金支持，无法引进和开发先进的技术系统和工具。同时，它们也可能缺乏专业的技术团队和人才，难以进行技术研发和创新。由于缺乏先进的技术支持，传统电商企业难以应对市场的快速变化和用户需求的多样性。它们可能无法准确地分析用户行为和市场趋势，无法提供个性化的商品和服务，也无法有效地提升用户体验和优化运营效果。这导致它们在用户体验、数据分析等方面的竞争力下降，难以与新兴电商企业竞争。

(三) 区域内的物流体系有待完善

京津冀地区的物流体系虽然已经得到了很大的发展，但仍然存在一些瓶颈和不足之处。区域内的物流网络还不够完善，物流配送效率有待提高。这给传统电商企业的物流配送带来了一定的挑战，影响了用户的购物体验和企业的运营效率。

首先，京津冀地区的物流网络建设仍显不足。尽管该地区拥有相对完善的交通基础设施，但物流网络的布局仍存在不合理之处，缺乏高效、便捷的物流通道。这导致了一系列问题，例如物流运输过程中的绕行、堵车等现象，从而增加了运输时间和成本，严重影响了配送效率。在快速发展的电子商务环境下，这样的物流网络显然无法满足市场需求。其次，京津冀地区的物流配送环节也存在一定的问题。区域内物流企业数量众多,但普遍规模较小,缺乏统一、规范的行业标准,导致配送服务质量参差不齐。部分企业为了降低成本,可能采用低质量的配送服务,从而影响了整个行业的形象和信誉。此外,部分地区的配送站点布局不够合理,这不仅增加了配送员的劳动强度,还可能导致送货延误、货物损坏等问题。同时,配送员的素质和服务意识也有待提高,一些配送员缺乏专业培训和良好态度,容易引发用户的不满和投诉。最后,京津冀地区的物流信息化水平还有待提高。虽然近年来该区域内的物流企业逐步加强了信息化建设,但在数据共享、信息互通等方面仍存在一定的障碍。各企业之间的信息交流不够顺畅,导致信息孤岛现象的存在。这不仅影响了物流信息的传递和共享,还制约了整个物流行业的创新和发展。在信息化日益重要的今天,提高物流信息化水平已成为京津冀地区物流业发展的迫切需求。

京津冀地区的物流业发展面临着诸多挑战和问题。为了推动该地区的物流业健康、快速发展,需要加强物流网络建设、优化配送环节、提高信息化水平等,这需要政府、企业和相关机构共同努力,加强合作与沟通,制定切实可行的政策措施,促进京津冀地区物流业的持续发展。

第六章

代表性电商企业营销模式经验借鉴

电商行业作为当今世界最具活力的行业之一,竞争日益激烈。京津冀地区作为中国电商市场的核心区域之一,汇聚了众多大型电商平台和商家。[①] 在这样的市场环境下,传统电商企业要想脱颖而出,必须进行营销模式的转型。本章将通过对代表性电商企业的研究,分析其营销模式转型的经验,为其他传统电商企业提供经验借鉴。

第一节 京东

京东是中国的一家自营式网络零售企业,成立于1998年6月18日,由刘强东在北京中关村创立。它是中国著名的B2C在线零售商,也是"财富"全球500强企业的成员。京东旗下设有京东商城、京东智能、O2O及海外事业部等。在线销售家电、数码通信、电脑、家居百货、服装服饰、母婴、图书、食品、在线旅游等12大类数万个品牌百万种优质商品。截至2023年10月的数据,京东

[①] 史文雷、徐蕾、彭学君等:《京津冀协同发展机遇下河北省跨境电子商务发展对策分析》,《中国市场》2017年第9期。

的市值高达 419.4 亿美元，凭借全供应链继续扩大在中国电子商务市场的优势。①

一 品牌介绍

京东是一家具有正品好货口碑和物流极致体验的强零售属性的互联网电商巨头。京东依靠正品和物流建立起的高壁垒和品牌效应，在互联网行业风云变幻中屹立不倒。②

京东的发展历程可以追溯到 1998 年 6 月 18 日，刘强东在北京中关村租下了 4 平方米的摊位，以卖光盘、光磁产品和刻录机等批发零售业务起步，京东由此创立。③

电商初创阶段，京东主卖光磁产品，并在 2001 年年底拥有了 60% 的中国刻录机市场。2001 年，京东开始从批发转向零售。2003 年，受"非典"影响，京东开始尝试网络销售，并于 2004 年开辟电子商务领域创业试验田，京东多媒体网正式开通，启用新域名，至此京东转型线上进入电商领域。④

搭建商城阶段。2005 年，京东尝试做 IT 数码全品类，京东多媒体网日订单处理量稳定突破 500 个。2006 年京东宣布进军上海，成立上海全资子公司，京东开创业内先河，全国第一家以产品为主体对象的专业博客系统——京东产品博客系统正式开放，同年底京东销售额达到 8000 万元。2007 年 5 月，京东广州全资子公司成立，全力开拓华南市场。6 月，京东商城日订单处理量突破 3000 个。2007 年 6 月，成功改版后的京东多媒体网正式更名为京东商城，以

---

① 张默：《价格战是零售企业永远的命题——京东商城 CEO 刘强东专访》，《消费电子》2011 年第 5 期。
② 参见李志刚《创京东》，中信出版社 2015 年版；吴晓波《激荡十年，水大鱼大》，中信出版社 2017 年版。
③ 参见刘强东《我的创业史》，东方出版社 2011 年版。
④ 参见中国电子商务研究中心《中国电子商务发展史研究报告》，2010 年。

全新的面貌屹立于国内 B2C 市场。京东正式启动全新域名，并成功改版。7 月，京东建成北京、上海、广州三大物流体系，总物流面积超过 5 万平方米；8 月，京东赢得国际著名风险投资基金——今日资本的青睐，首批融资千万美金；10 月，京东在北京、上海、广州三地启用移动 POS 上门刷卡服务，开创了中国电子商务的先河。2008 年初京东商城涉足平板电视的销售行列；6 月将空调、冰箱、电视等大家电产品线逐一扩充完毕。标志着京东公司在建司十周年之际完成了 3C 产品的全线搭建，成为名副其实的 3C 网购平台。① 2009 年 1 月，京东获得来自今日资本、雄牛资本以及亚洲著名投资银行家梁伯韬先生的私人公司共计 2100 万美元的联合注资；2 月，京东尝试出售特色上门服务，此举成为探索 B2C 增值服务领域的重要突破，也是商品多元化的又一体现；3 月，京东商城单月销售额突破 2 亿元；6 月京东商城单月销售额突破 3 亿元，与 2007 年全年销售额持平，同时，日订单处理能力突破 20000 单。

开放 POP 平台阶段。在专注自营零售业务的同时，2010 年，京东推出电商平台业务，从 3C 网络零售商向综合型网络零售商转型。2010 年 3 月，京东商城收购韩国 SK 集团旗下电子商务网站千寻网（qianxun），2011 年 5 月重启千寻网，上线运营；6 月，京东商城开通全国上门取件服务，彻底解决网购的售后之忧；8 月，京东商城在北京市正式推出家电以旧换新业务，京东商城成为首批入围家电以旧换新销售和回收双中标的电子商务企业；12 月 23 日，京东商城团购频道正式上线，京东商城注册用户均可直接参与团购。2011 年 2 月，京东商城 iPhone、Android 客户端相继上线，启动移动互联网战略；2 月，京东商城上线包裹跟踪（GIS）系统，方便用户实时了解追踪自己的网购物品配送进度；3 月，京东商城

---

① 参见艾瑞咨询《中国 B2C 电子商务市场研究报告》，2009 年。

获得 ACER 宏碁电脑产品售后服务授权，同期发布"心服务体系"，开创了电子商务行业全新的整体服务标准；4 月 1 日，刘强东宣布完成 C2 轮融资，投资方为 DST Global（俄罗斯的投资集团）、老虎基金等六家基金和一些社会知名人士，融资金额总计 15 亿美元，其中 11 亿美元已经到账；7 月，京东商城与九州通联合宣布，京东商城注资九州通医药集团股份有限公司旗下的北京好药师大药房连锁有限公司，正式进军 B2C 在线医药市场，为消费者提供医药保健品网购服务；11 月，京东商城集团旗下奢侈品购物网站 360Top 正式推出，高调进入奢侈品领域。2012 年 2 月，京东商城酒店预订业务上线，当月又正式启动电子书刊业务，销售平台与智能手机 I/PC 阅读客户端软件同步上线；5 月，京东商城开放服务 JOS 上线（jos.360buy），标志着京东商城系统的全面开放；[①] 5 月 29 日，京东商城集团旗下日韩品牌综合类网上购物商城——迷你挑正式上线；10 月，京东商城开通英文网站开拓西方市场；同月，京东商城完成第六轮融资，融资金额为 3 亿美元。2013 年 3 月 30 日，京东，去商城化，全面改名为京东，随后更换 LOGO，启用 http://JD.COM 域名，并将 360buy 的域名切换至 JD。此外，"京东商城"这一官方名称被缩减为"京东"；4 月 23 日，京东宣布注册用户正式突破 1 亿；7 月 30 日，京东 CEO 刘强东表示，京东已经成立了金融集团，除了针对自营平台的供应商，未来还会扩大到 POP 开放平台；12 月 26 日工业和信息化部公布批准通过 2013 年移动通信牌照审核企业名单，京东集团正式获得虚拟运营商牌照，成为国内获得批文的企业。

合作扩张阶段。2014 年 1 月 9 日，京东携手数十家潮流品牌召开以"尚·京东"为主题的 2014 春夏时尚新品发布会，玖姿、朗

---

① 易观智库：《中国网络零售市场生态图谱》，2013 年。

姿、MO&Co.、歌莉娅、周大福、Nautica、Jeep、Hazzys、RE-PLAY.GXG、爱慕等数十家品牌数百款春夏时尚新品通过时装走秀在全网首次亮相。同时，京东宣布与玖熙（nine west）、新秀丽（samsonite）、费雷、ENZO、EVISU、JEFEN、Clarks、UGG、阿迪达斯、迪斯尼、六福珠宝共11家国际高端品牌达成深度战略合作，十一大品牌年初将全部入驻京东开放平台。2014年1月30日，京东向美国证券交易委员会（SEC）呈报了拟上市的F-1登记表格，美银美林和瑞银证券为主要承销商。3月10日，腾讯港交所公告，同意约2.15亿美元收购京东3.5亿多股普通股股份，占上市前在外流通京东普通股的15%。同时京东腾讯还签署了电商总体战略合作协议，腾讯将旗下拍拍C2C、QQ网购等附属关联公司注册资本、资产、业务转移予京东。2014年4月2日，京东集团正式进行分拆，京东集团下设京东商城集团、金融集团、子公司拍拍网和海外事业部，京东创始人刘强东担任京东集团CEO。2014年5月22日上午9时，京东集团在美国纳斯达克挂牌上市（股票代码：JD）。美国也迎来了中国最大的赴美IPO。京东董事局主席刘强东敲响上市钟，发行价19美元，按此计算，京东市值为260亿美元，成为仅次于腾讯、百度的中国第三大互联网上市公司。京东商城登陆纳斯达克首日，开盘价21.75美元，较19美元的发行价上涨14.5%，报收于20.90美元，较发行价上涨10%。2014年11月，京东集团宣布大家电"京东帮服务店"在河北省赵县正式开业。自此，京东大家电可在四至六线城市进行物流提速。2015年1月9日晚间，京东（Nasdaq：JD）、易车网（NYSE：BITA）和腾讯（SEHK：00700）联合宣布，三方已达成最终协议，京东和腾讯以现金和独家资源的形式对易车网投资约13亿美元。2015年7月20日，京东宣布，将成为泰勒斯威夫特（Taylor Swift）商品在中国的第一家授权零售商。2015年8月，京东针对原采销体系组织架构进行了事业部制调整,调整后分为四大事业部,分别是3C、家电、消费品和服饰家居,分别由京东集团副总裁王笑松、闫小兵、冯轶、辛利军担任事业部总裁,直接向京东首席执行官沈皓瑜汇报。此外,京东还宣布与永辉超市建立战略伙伴关系,在采购、O2O金融、信息技术等方面拟构建互为优先、互惠共赢的战略合作模式,实现共同发展、合作共赢。2015年10月10日,京东集团发布公告称,因C2C(个人对消费者)模式当前监管难度较大,无法杜绝假冒伪劣商品,决定到12月31日停止提供其C2C模式(拍拍网)的电子商务平台服务,并在3个月的过渡期后将其彻底关闭。2015年10月17日,腾讯集团与京东集团在京联合宣布推出全新战略合作项目——京腾计划,双方以各自资源和产品共同打造名为"品商"的创新模式生意平台。2016年6月,京东与沃尔玛达成深度战略合作,1号店并入京东。① 2017年1月4日,中国银联宣布京东金融旗下支付公司正式成为银联收单成员机构;4月25日,京东集团宣布正式组建京东物流子集团。2018年7月24日,京东增资安联财险中国的方案获得了银保监会的批准;9月4日,京东集团与如意控股集团签署战略合作协议。

供应链全面输出阶段。为了实现一体化供应链战略,2020—2021年京东分别将京东健康、京东物流和京东数科子集团进行独立融资上市。2020年京东数科科创板上市受阻,后整合京东数科和集团云与AI业务,成立京东科技子集团。以客户体验和成本效率优先的京东在整合供应链上铸就了较高的护城河,为客户提供零售、物流、技术、金融等全渠道服务方案。2019年8月22日,京东进入2019中国民营企业500强前十名和中国民营企业服务业100强前十名。2020年4月,京东确认将赴港上市。2023年6月18日,京

---

① 德勤:《全球零售力量报告》,2019年。

东迎来了创业 20 周年。①

二 营销现状——基于 STP 市场分析

京东是一个以 B2C 为主要形式销售的电子商务平台，主要的竞争对手包括淘宝、苏宁、拼多多等。京东商城在营销方面有着自己的特点，以下基于 STP 市场分析进行概述。

（一）市场细分：精细化市场策略

在电商市场中，京东商城一直以来采取的是精细化的市场策略，对市场进行细分。其将消费群体划分为个人用户和企业用户，从而更好地满足不同客户的需求。对于个人用户，京东商城提供了各种生活用品、电子产品、图书等丰富的商品选择。

对于个人用户，京东商城提供了丰富的商品选择，包括家电、数码、家居、服装等各类商品，以及便捷的购物体验，如快速配送、售后服务等。同时，京东商城还针对个人用户的消费习惯和需求，推出了各种促销活动和个性化推荐，提升了用户的购物体验和满意度。而对于企业用户，京东商城则提供了企业采购服务。企业采购不同于个人消费，它需要满足企业的批量采购需求，并要求更严格的品质保证和售后服务。京东商城通过提供一站式的企业采购解决方案，满足了企业的这些需求。例如，京东商城为企业用户提供了定制化的采购平台，方便企业进行批量采购和预算管理；同时，京东商城还提供了专业的售后服务和品质保证，确保企业的采购需求得到满足。②

市场细分是京东商城成功的关键之一。通过对市场进行精细划分，能够更好地满足不同客户的需求，提升客户满意度。同时，这

---

① 普华永道：《中国科技企业 IPO 趋势报告》，2021 年。
② 京东财报：《企业客户服务白皮书》，2022 年。

也为京东商城带来了更多的商业机会，使其在竞争激烈的电商市场中脱颖而出。

(二) 目标市场选择：注重品质与服务的消费群

京东商城的目标市场主要是对品质和服务有一定要求的消费者，以及需要购买大量商品或服务的企业用户。[①] 这个目标市场的消费者通常比较注重性价比，并愿意选择有良好口碑和信誉的电商平台。同时，京东商城也针对不同的市场细分进行差异化营销，以提高营销效果。

定位中高端市场，使得京东商城得以在这个竞争激烈的市场中脱颖而出。中高端市场的消费者通常具有更高的消费能力和品质需求。他们更注重产品的品质和服务的体验，愿意为高质量的产品和服务支付更高的价格。而京东商城正是通过提供高质量的产品和服务，成功吸引了这一目标市场的消费者。为了满足中高端市场的消费者需求，京东商城在产品选择上非常注重品质。其与许多知名品牌合作，确保所售商品均为正品，并经过严格的质量检测。同时，京东商城还提供了完善的售后服务，包括退换货、维修等，为消费者消除后顾之忧。

除了提供高质量的产品和服务外，京东商城还针对不同的市场细分进行差异化营销。京东深入了解消费者的需求和喜好，根据不同的消费群体制定有针对性的营销策略。例如，针对年轻消费者，京东商城推出了时尚、潮流的商品；针对家庭消费者，则提供了更多家庭用品和亲子用品。[②] 通过这样的差异化营销，京东商城不仅提升了营销效果，还进一步巩固了在中高端市场的地位。它们的努力也得到了市场的认可，越来越多的消费者选择在京东商城购物，

---

① 易观智库：《中国中高端电商用户画像研究》，2022年。
② 贝恩咨询：《中国零售业全渠道战略案例集》，2021年。

为京东商城的持续发展提供了强大的动力。

(三) 市场定位：品质电商

京东商城将自己定位为品质电商，强调所售商品的正品保障、品质和服务体验。通过不断优化供应链、加强品质监控和售后服务，京东商城逐渐树立起品质电商的口碑和市场地位。

正品保障是京东商城品质电商定位的核心。在电商行业中，假冒伪劣商品一直是消费者关注的重点问题。京东商城通过严格把控商品来源和供应商资质，确保所售商品均为正品。同时，京东商城还加强了对商品的品质监控，从源头上杜绝了假冒伪劣商品的出现。这种对品质的严格要求，赢得了消费者的信任和忠诚度。[1] 京东商城注重提升品质和服务体验。除了正品保障，京东商城还通过优化供应链管理、提高仓储物流效率等方式，确保商品能够安全准时地送达消费者手中。同时，京东商城还提供了多种售后服务选项，如退换货、维修等，这种贴心的服务体验让消费者更加愿意选择京东商城作为购物平台。[2]

通过不断优化供应链、加强品质监控和提升服务体验，京东商城逐渐树立起品质电商的口碑和市场地位。越来越多的消费者开始选择京东商城作为他们的首选购物平台，从而助力京东商城市场份额的不断增长。

(四) 产品策略：全品类、高品质、高性价比商品

京东商城的产品策略是"全品类、高品质"，即提供全品类的商品，包括家电、数码、家居、服饰、健康等众多领域。同时，京东商城也注重商品品质，严格把控商品质量，为消费者提供高性价比的商品。此外，京东商城还针对不同消费群体推出了定制化产品

---

[1] 中国消费者协会：《电商平台消费维权报告》，2023年。
[2] 京东：《消费者体验升级行动计划》，2021年。

和服务。

京东商城提供了丰富的商品种类和品牌，满足了消费者多样化需求。所有商品京东商城都与众多知名品牌合作，为消费者提供正品保障。同时，京东商城还不断引进新品牌和新商品，保持了商品的新鲜度和竞争力。其次，京东商城注重提高商品的性价比。通过与供应商的深度合作和高效的供应链管理，京东商城降低了成本并提供了有竞争力的价格。此外，京东商城还经常推出促销活动，如限时抢购、满减优惠等，进一步提高了商品的性价比，吸引了更多消费者。针对不同消费者群体，京东商城还推出了不同规格、功能和价格的商品，以满足他们的特定需求。这种定制化的产品和服务策略进一步增强了京东商城的市场份额和提高盈利能力。

通过丰富的商品种类和品牌、高性价比以及不断推陈出新的促销活动，京东商城吸引了大量消费者。同时，针对不同消费群体推出的定制化产品和服务进一步提升了消费者购物体验，为京东商城在激烈的市场竞争中保持领先地位奠定了坚实的基础。[1]

（五）价格策略：成本与竞争相结合

京东商城采用成本导向定价和竞争导向定价相结合的定价策略。对于自营商品，京东商城会根据成本加上一定的毛利率进行定价；对于第三方商家的商品，京东商城则会根据市场竞争情况和商品销售情况进行定价。此外，京东商城还会定期推出促销活动，以吸引消费者并提高销售额。

对于自营商品，京东商城主要采用成本导向定价，即根据商品的采购成本、仓储物流成本、运营成本等因素，加上预期的毛利率，来确定最终的销售价格。这种定价方式确保了京东商城能够获得合理的利润空间，同时也有利于控制成本和提高运营效率。而对

---

[1] CBNData：《中国自有品牌发展白皮书》，2023年。

于第三方商家的商品，京东商城则更多地采用竞争导向定价。它们会密切关注市场上的同类商品价格，分析竞争对手的定价策略，并根据商品的特点、品牌知名度、市场需求等因素，制定具有竞争力的销售价格。[1] 这种定价方式有助于提高京东商城的市场份额，吸引更多消费者，同时也为商家提供了展示和销售商品的平台。

京东商城的定价策略不仅考虑了自身的盈利需求，还充分考虑了消费者的利益和市场需求。通过合理的定价和促销活动，京东商城为消费者提供了高性价比的商品和服务，满足了他们的购物需求，同时也提升了自身的市场份额和品牌影响力。

（六）渠道策略：全渠道布局

京东商城主要采用线上销售的方式，通过自建电商平台和自有物流系统来提供配送服务。同时，京东商城还与线下零售商合作，通过O2O模式提供更加便捷的购物体验。京东商城拥有自己的电商平台和移动端应用，并积极开拓社交电商等新兴渠道。此外，京东商城还积极开拓海外市场，进一步提升自己的市场份额和盈利能力。[2]

京东商城自建了电商平台，提供了一个方便快捷的在线购物平台。消费者可以在平台上浏览丰富的商品种类和品牌，完成选购、下单和支付等操作。京东商城的电商平台具有友好的用户界面、高效的商品搜索功能以及安全的支付系统，为消费者提供了良好的购物体验。京东商城强大的自有物流系统，确保了高效配送服务。京东商城在全国范围内建立了完善的物流网络，包括仓库、配送中心和物流合作伙伴等。通过高效的仓储管理和智能化的配送调度系

---

[1] 京东：《平台价格治理年度报告》，2022年。

[2] Quest Mobile：《电商直播趋势报告》，2023年。弗若斯特沙利文：《中国家电零售渠道变革研究》，2022年。海关总署：《跨境电商进口数据年报》，2023年。

统，京东商城能够快速处理订单，并将商品及时送达消费者手中。这种高效的物流服务提升了消费者的满意度，也增强了京东商城的市场竞争力。

此外，京东商城还与线下零售商合作，通过O2O（线上到线下）模式提供更加便捷的购物体验。消费者可以在京东商城的平台上选择线下门店自提或门店配送的方式，享受更加贴近生活的购物方式。这种O2O模式有助于提高京东商城的市场覆盖率，吸引更多线下消费者，同时也为线下零售商提供了新的销售渠道和客源。

同时，京东商城还积极开拓新兴渠道，如社交电商等。社交电商是近年来兴起的一种新型电商模式，通过社交媒体平台进行商品销售和推广。京东商城积极布局社交电商领域，利用社交媒体平台的影响力和用户黏性，提高品牌知名度和销售额。通过与社交媒体平台的合作，京东商城能够更好地把握市场趋势和消费者需求，提供更加精准的商品推荐和服务。

最后，京东商城还积极开拓海外市场，进一步提升自己的市场份额和盈利能力。通过与海外供应商和零售商的合作，京东商城将自身的电商模式复制到海外市场，为全球消费者提供高品质的商品和服务。这种国际化战略有助于提高京东商城的品牌知名度和竞争力，同时也为其在全球化背景下的发展提供了广阔的空间。

（七）促销策略：多形式联合

京东商城的促销策略主要包括大型促销活动、限时抢购、满减、优惠券、会员专享等多种形式。这些促销活动能够吸引消费者的眼球，提高他们的购买意愿和忠诚度。此外，京东商城还会与品牌厂商合作，推出联合促销活动，以增加商品的销售量和提升品牌知名度。①

---

① 亿邦动力：《618大促战报分析》，2023年。

京东商城每年都会举办多次大型促销活动，其中最著名的有618大促和双11购物节。这些活动规模宏大，从家电、电子产品到日用品、食品等都有涉及。在活动期间，消费者可以享受到各种优惠，如折扣、满减、赠品等。这些活动通常提前进行预热，通过各种渠道进行宣传，如社交媒体、电子邮件、短信推送等，确保消费者不会错过任何一个优惠。

限时抢购是京东商城常用的促销策略之一。通过在一定时间内提供大幅度的折扣或优惠，吸引消费者在短时间内完成购买。这种促销方式能够激发消费者的购买欲望，增加销售量。京东商城通常会提前预告限时抢购活动，并通过各种渠道进行宣传，如电商平台、社交媒体和电子邮件等，确保消费者能够及时了解活动信息。

满减也是京东商城常用的促销策略之一。消费者在购买指定商品或满足一定消费金额后，可以享受一定的减免优惠。这种促销方式能够鼓励消费者消费，从而增加销售额。京东商城的满减优惠通常会设置不同的门槛和优惠力度，以满足不同消费者的需求。

优惠券是另一种常见的促销策略。京东商城通过发放优惠券，为消费者提供额外的折扣或优惠。优惠券可以在平台上领取或通过完成特定任务获得，如注册会员、分享活动等。这种促销方式能够吸引更多消费者参与购买，并提高他们的忠诚度。

京东商城还推出了会员专享的促销策略。会员可以享受到比非会员更多、更优惠的权益，如会员专享折扣、免费试用、生日特权等。通过成为京东商城的会员，消费者可以享受到更多价值和服务，从而增加对京东商城的信任和依赖。

此外，京东商城还与品牌厂商合作，推出联合促销活动。这种合作方式能够结合品牌厂商的资源和京东商城的渠道优势，共同增加商品的销售量和品牌知名度。通过联合促销活动，品牌厂商可以借助京东商城的平台和物流系统，扩展销售渠道，提高市场占有率。同时，京东商城也能借助品牌厂商的影响力和口碑，提升自身的品牌形象和市场地位。

通过精心设计的促销活动和与品牌厂商的合作，京东商城吸引了大量消费者的关注和参与。这些促销策略不仅提高了商品的销售量和品牌知名度，还为消费者提供了更多的优惠，进一步巩固了京东商城在电商市场中的领先地位。

（八）广告策略：线上线下双推广

京东商城的广告策略是其市场推广的重要一环，旨在提高品牌知名度和美誉度，吸引更多消费者，并增加他们的购买意愿。为了实现这一目标，京东商城采用了线上广告和线下广告两种主要形式。①

随着互联网的普及和数字化时代的到来，线上广告已经成为企业推广的重要手段。京东商城在线上广告方面采取了多种形式，包括搜索引擎广告和社交媒体广告等。搜索引擎广告是指在搜索引擎结果页面上展示的广告。京东商城通过购买关键词，使消费者在搜索引擎中输入相关关键词时，京东商城的广告会出现在搜索结果页面的顶部或侧边。这种广告形式能够精准地定位潜在客户，提高品牌曝光率。社交媒体广告是指在社交媒体平台上发布的广告。京东商城在多个主流社交媒体平台上投放广告，如微信、微博、抖音等，利用社交媒体平台的用户数据和算法，广告能够精准地推送给目标受众，从而增强广告效果和提高转化率。

尽管线上广告在现代营销中占据重要地位，但线下广告仍然具有不可替代的作用。京东商城在线下广告方面采取了户外广告和电视广告等形式。户外广告是指在公共场所和交通工具上发布的广告。京东商城在城市的繁华地段、地铁站、公交车站等地方均有投

---

① 秒针系统：《电商广告投放效率研究》，2022年。

放户外广告，如大型海报、LED 显示屏等，这些广告能够吸引行人的注意力，提高品牌知名度。电视广告是一种传统的广告形式，能够覆盖广泛的受众群体。京东商城在电视媒体上投放广告，通过精美的画面和引人入胜的情节，吸引观众的注意力，增强品牌形象。

通过合理的广告投放和创意设计，京东商城的广告策略能够有效地提高品牌知名度和美誉度。线上广告和线下广告的结合使用，使得京东商城能够覆盖更广泛的受众群体，增加消费者的购买意愿，进一步巩固其在电商市场的领先地位。

（九）客户关系管理：全链条服务

客户关系管理对于电商企业来说至关重要，它关乎客户满意度、忠诚度以及口碑传播等多个方面。京东商城深知这一点，因此在客户关系管理方面投入了大量的资源和精力。通过提供优质的售前、售中和售后服务来提高客户满意度和忠诚度。

在购买之前，客户可能会对商品有各种疑问或顾虑。为了解决这些问题，京东商城提供了多种在线客服渠道，如在线聊天、电话咨询和电子邮件等，确保客户可以方便地获得解答。此外，京东商城还提供详细的商品信息、用户评价和比较功能，帮助客户更好地了解商品，做出明智的购买决策。在购买过程中，客户可能会遇到各种问题，如支付问题、配送问题等。京东商城提供了多种支付方式，并确保支付过程安全、便捷。同时，京东商城还提供了实时的订单追踪功能，让客户随时了解订单的配送状态。如果遇到任何配送问题，京东商城的客服团队会迅速介入，协助客户解决。商品送达后，京东商城还提供多种退换货政策。如果客户对购买的商品不满意，可以选择退货或换货。京东商城的退换货流程简单、快捷，并提供了上门取件和快速退款等服务。此外，为了进一步提高客户满意度，京东商城还提供了积分兑换服务。客户可以使用积分兑换优惠券、礼品或其他服务。

通过这些措施，京东商城成功地提高了客户满意度和忠诚度。优质的售前、售中和售后服务不仅满足了客户的需求和期望，还为京东商城赢得了良好的口碑。[①] 这使得更多的客户愿意选择京东商城作为他们的购物平台，从而为京东商城带来了更多的商机和市场份额。

（十）社会责任：注重环保与公益

京东商城在快速发展的同时也积极履行社会责任，注重环保、公益等方面的投入和实践。这不仅展现了企业的社会责任感，也为其赢得了良好的社会声誉。[②]

随着电商行业的迅猛发展，物流行业产生的碳排放量也逐渐增加。为了降低碳排放、保护环境，京东商城推行了绿色物流战略。通过优化包装材料、减少单次运输距离、推广绿色能源车辆等方式，京东商城有效地降低了物流环节的碳排放。此外，京东商城还鼓励消费者选择"绿色包装"或"原包装退货"，以减少不必要的包装废弃物。

京东商城积极参与公益事业，通过捐款、捐物等方式支持贫困地区的教育、医疗等方面的发展。例如，京东商城与多个慈善机构合作，为贫困地区的学校捐赠教育物资，改善教学环境。此外，京东商城还设立了公益基金，用于支持医疗救助、灾害救援等方面的公益项目。

京东商城积极履行社会责任的举措具有多重意义。首先，这些举措有助于提升企业形象和品牌价值。消费者越来越关注企业的社会责任表现，一个积极履行社会责任的企业更容易获得消费者的认可和信任。其次，这些举措有助于推动社会的可持续发展。通过推

---

① 王海涛：《B2C 电商平台客户关系管理优化研究》，《现代营销》2024 年第 3 期。
② 陈晓红：《企业社会责任对电商品牌价值的影响机制》，《管理科学学报》2024 年第 2 期。

行绿色物流战略，京东商城不仅降低了碳排放，还为整个物流行业树立了榜样，有助于推动行业的绿色发展。同时，京东商城的公益事业参与也有助于改善贫困地区的教育和医疗条件，推动社会的公平与进步。

三　京东商业模式典型举措与经验

为更好地满足市场需求、扩大营收来源、提高运营效率、增强用户体验以及优化资本运作，经过多年的迭代升级，京东集团已经从"自营模式"转向以"自营为主，以平台为辅"的商业模式，并且平台业务占比逐步增大。自营零售和自营物流是京东的核心竞争力。京东的核心业务是自营零售业务，即京东从供应商处采购商品，再以具有竞争力的价格销售给客户。同时，京东自建物流体系进行商品的仓储和配送，能够快速安全地送货至消费者手中。

（一）完善筛选考核体系，保障产品高标准品质

京东自营模式的核心优势之一就是品质保证。要想在自营业务中获得消费者的信任和忠诚度，必须严格把控商品质量，确保所售商品均为正品。为了实现这一目标，京东建立了一套完善的质检体系。这套体系不仅对供应商进行严格的筛选和考核，还对每一批次的商品进行质量检测，确保商品质量符合国家标准和消费者的期望。

在供应商筛选方面，京东有一套严格的标准和流程。只有符合要求的供应商才能成为京东的合作伙伴。在合作过程中，京东还会对供应商进行定期的考核和评估，确保供应商始终保持高质量的生产标准。除了对供应商的把控，京东的自营模式还强调对商品的全面质检。每一批次的商品都需要经过多道质量检测工序，确保商品质量达标。同时，京东还会对质检数据进行实时监控和分析，及时发现和解决潜在的质量问题。

（二）科学规划物流配送，提升用户消费体验

物流配送是电商业务的关键环节，也是自营模式的核心竞争力之一。而在这方面，京东无疑走在了行业的前列。京东为了确保商品能够快速、安全地到达消费者手中，构建了一套极为高效且科学的物流配送体系。这一体系不仅包括商品分拣和配送，更涵盖了仓储、运输等多个环节。每一个环节，京东都投入了巨大的资源和精力进行优化，确保为消费者带来更好的体验。

京东的物流配送体系，首先在仓储环节就进行了精心的设计。通过先进的仓储管理系统，京东能够实时掌握每一件商品的库存和位置，大大提高了商品的出库效率。而在运输环节，京东更是结合了多种方式，如陆运、航空等，确保商品能够以最快的速度到达目的地。而在配送环节，京东更是注重每一个细节。不仅在配送人员的选拔上严格要求，还通过培训和激励机制，确保他们能够以最专业、最热情的态度为消费者服务。无论是商品的包装，还是配送时间的把握，京东都力求做到最好。而对于其他电商企业来说，京东的物流配送体系无疑是一个值得学习和借鉴的榜样。通过优化自身的物流体系，提高配送效率，不仅能够提升消费者的购物体验，更能够在激烈的市场竞争中脱颖而出。

（三）强化售后服务，赢得信任好评

强化售后服务，无疑是任何企业在市场竞争中取得优势的关键一环。特别是在当前这个消费者主权的时代，良好的售后服务更是成为留住消费者、塑造品牌形象的重要手段。京东自营模式为消费者提供了全方位、多层次的售后保障。无论是商品质量问题还是个人喜好导致的退换货需求，京东都能够提供快速、便捷的服务响应。同时，对于需要专业维修的商品，京东也设立了专业的维修团队，确保消费者能够得到及时、专业的解决方案。这种对消费者需求的精准把握和高效响应，无疑为京东赢得了广大消费者的信任与

好评。企业可以借鉴京东的售后服务经验，建立健全的售后体系，提供专业、及时的服务，提高消费者满意度。

（四）精细化运营管理，追求高效卓越

精细化的运营管理是京东自营模式取得成功的核心要素之一。这种管理模式要求企业在运营的各个环节追求精细、高效和卓越，从而实现资源的最优配置和价值的最大化。首先，京东自营模式在商品采购方面实施精细化的管理。它通过与供应商建立长期稳定的合作关系，确保商品的质量和供应的稳定性。同时，京东还利用大数据分析和市场调研，精准预测消费者需求，从而进行有针对性的商品采购和库存管理。这种精细化的采购策略不仅降低了库存成本，还提高了商品的周转率和销售额。其次，京东自营模式在物流配送方面也实施了精细化的管理。它通过建立高效的物流体系和先进的仓储设施，实现了商品的快速配送和准时到达。同时，京东还通过智能调度和路径优化等技术手段，提高了物流配送的效率和质量。这种精细化的物流配送管理不仅提升了消费者的购物体验，还增强了京东的品牌形象和市场竞争力。此外，京东自营模式还在售后服务方面实施了精细化的管理。它通过建立完善的售后服务体系和专业的服务团队，为消费者提供全方位、多层次的售后保障。这种精细化的售后服务管理不仅提高了消费者的满意度和忠诚度，还为京东赢得了良好的口碑和市场声誉。企业可以通过数据分析、用户调研等方式，深入了解消费者需求，制定针对性的运营策略。同时，要注重供应链管理，优化采购、仓储、物流等环节，提高整体运营效率。

（五）坚持创新驱动，激发企业活力

在电商行业这个快速变化的领域里，持续创新是企业生存和发展的关键。京东通过技术创新、服务创新和商业模式创新等多方面的努力，成功地在竞争激烈的市场中脱颖而出。在技术飞速发展的今天，京东紧跟时代步伐，将先进的大数据、人工智能等技术应用于自营业务中。例如，通过大数据分析，京东能够精准预测消费者需求，提前进行商品布局和库存管理，大大提高了运营效率。同时，人工智能技术的应用也为消费者提供了更加智能化的购物推荐和客服服务，提升了购物体验。除了技术创新，京东还注重服务创新。针对消费者日益多样化的需求，京东推出了多种特色服务，如"京东到家""京东超市"等，为消费者提供更加便捷、个性化的购物服务。同时，京东还不断完善售后服务体系，确保消费者在购物过程中得到全方位的保障。企业可以借鉴京东的创新经验，关注行业动态，积极探索新的业务模式和服务方式，提升自身竞争力。

总之，京东自营模式的成功经验为其他企业提供了宝贵的借鉴。通过严格把控商品质量、优化物流配送体系、强化售后服务、精细化运营管理和持续创新等，企业可以不断提升自营业务水平，提高消费者体验，实现可持续发展。

第二节 阿里巴巴

阿里巴巴是全球企业间（B2B）电子商务的著名品牌，是目前全球最大的网上交易市场和商务交流社区，成立于1998年年底，总部设在杭州。阿里巴巴经营多元化的互联网业务，包括消费者电子商务、网上支付、B2B网上交易市场及云计算业务，近几年更积极开拓无线应用、手机操作系统和互联网电视等领域。集团以促进一个开放、协同、繁荣的电子商务生态系统为目标，旨在为消费者、商家以及经济发展做出贡献。

一　品牌介绍

阿里巴巴是一家以互联网为核心的综合型企业，由中国互联网先锋马云于 1999 年创立，拥有六大业务集团和多个业务公司。良好的定位，稳固的结构，优秀的服务使阿里巴巴成为全球首家拥有 600 余万商人的电子商务网站，成为全球商人网络推广的首选网站，被商界评为"最受欢迎的 B2B 网站"。通过拓展电商、金融、云计算等多个领域，阿里巴巴实现了业务的多元化发展，其发展目标是以开放、协同、繁荣的电子商务生态系统为基础，为消费者、商家以及经济发展做出贡献。为了实现这一目标，阿里巴巴不断推动技术创新和业务拓展，努力在全球范围内打造一个更加便捷、高效、安全的电商生态系统。

阿里巴巴的发展历程可以追溯到 1999 年，阿里巴巴中国控股有限公司在香港成立，这是阿里巴巴的总公司。同年 9 月，阿里巴巴（中国）网络技术有限公司在中国区总部杭州成立。在创立初期，阿里巴巴面临了巨大的竞争压力和资金困难，但创始人马云和他的团队坚持并努力推动了公司的发展。通过创新和努力，其逐渐在中国 B2B 电子商务领域取得了领先地位。这一时期，阿里巴巴主要是以 B2B 电子商务平台的身份出现，帮助中国的小企业进行国际贸易。公司强调创业精神、拼搏和团队合作，推行扁平化的管理结构，注重员工的创新能力和执行力。

国内市场拓展阶段。2003—2007 年，阿里巴巴进入了国内市场的快速拓展阶段。在这个阶段中，阿里巴巴通过推出淘宝网和支付宝，进一步加强了在中国电商市场的影响力，并为用户提供了更全面、更便捷的服务。淘宝网的推出是阿里巴巴国内市场拓展的关键一步。作为中国最早的 C2C 电子商务平台之一，淘宝网让广大的中小企业和个人能够轻松开展网上业务，吸引了大量的用户注册和交易。通过淘宝网，阿里巴巴成功占据了中国电商市场的重要地位，并逐渐形成竞争优势。与此同时，阿里巴巴还推出了支付宝作为在线支付平台。支付宝不仅为用户提供了安全、快捷的支付方式，还通过与各大银行和金融机构的合作，建立了完善的信用体系。支付宝的推出解决了电子商务交易中的信任问题，大大提高了交易的成功率和用户的购物体验。在这个阶段，阿里巴巴还注重提升用户体验和平台服务水平。其不断优化网站界面和功能，提高平台的易用性和可靠性，并积极引进各类商品和服务，满足了用户的多样化需求。同时，阿里巴巴还加强了对商家和用户的保障措施，建立健全了交易规则和投诉处理机制，维护了市场的公平竞争和用户的合法权益。

通过国内市场的拓展阶段，阿里巴巴不仅巩固了在中国电商市场的领先地位，还积累了丰富的用户数据和市场经验。这些经验和资源为阿里巴巴后续的全球化战略打下了坚实的基础。

国际市场拓展阶段。随着中国市场的日益成熟和竞争的加剧，阿里巴巴在2007—2012年将目光投向了更广阔的国际市场。这个阶段，公司采取了一系列重大的战略举措，进一步巩固了在全球电子商务领域的领先地位。

首先，阿里巴巴对雅虎中国进行了收购。雅虎中国是中国互联网市场的早期参与人之一，拥有庞大的用户基础和品牌影响力。通过收购雅虎中国，阿里巴巴获得了更多的市场份额和用户资源，同时进一步提高了自身的品牌知名度和影响力。这一收购举措也增强了阿里巴巴在搜索引擎、邮箱等互联网服务领域的竞争力。除此之外，阿里巴巴还成功地收购了淘宝中国的股份。淘宝中国是阿里巴巴旗下的C2C电子商务平台，也是中国电商市场的领导者之一。通过持有淘宝中国的股份，阿里巴巴加强了对中国市场的控制力和话语权，为进一步拓展国际市场提供了坚实的后盾。在国际市场拓展方面，阿里巴巴推出了全球贸易平台——阿里巴巴国际站。阿里巴巴国际站致力于为全球的买家和卖家提供一个便捷、高效的在线交易平台，促进全球商品的流通和贸易的便利化。借此，阿里巴巴成功地将中国制造的商品推向全球市场，同时也吸引了来自世界各地的商家和买家加入平台，共同抢占全球贸易的新机遇。

在这个阶段，阿里巴巴还注重提升自身的技术实力和创新能力。其不断加大对云计算、大数据、人工智能等领域的投入，提升平台的智能化和个性化服务水平。通过技术的驱动和创新的发展，阿里巴巴进一步巩固了在全球电子商务领域的领先地位，为自身的可持续发展注入了强大的动力。

通过国际市场拓展阶段的一系列战略举措，阿里巴巴成功地打开了国际市场的大门，为中国制造的商品走向世界提供了重要的平台和渠道。同时，其也积累了丰富的国际市场经验，为后续的全球化战略布局奠定了坚实的基础。

上市和扩张阶段。随着阿里巴巴在国内市场的稳固地位和国际市场的初步拓展，公司决定在2012—2014年进入上市和扩张阶段。在这个阶段，阿里巴巴实现了历史性的突破——于2014年在纽约证券交易所上市，并创下了当时最大的全球首次公开募股（IPO）纪录。

阿里巴巴的上市是其发展历程中的一个重要里程碑。通过上市，公司获得了更广泛的资本支持，进一步增强了自身的财务实力和投资能力。同时，上市也提升了阿里巴巴的品牌价值和市场影响力，为其长期发展提供了更多的机遇和挑战。上市后，阿里巴巴利用募集的资金进一步扩大了业务范围，先后涉足云计算、物流、金融等领域。云计算是当时新兴的技术领域，阿里巴巴通过加大对云计算技术的投入，推出了阿里云服务，为用户提供了一站式的云计算解决方案。物流一直是电商行业的瓶颈之一，阿里巴巴通过建设和完善物流基础设施，推出了菜鸟网络，实现了高效的物流配送服务。金融领域是阿里巴巴重点布局的领域之一，公司推出了支付宝、余额宝等金融产品，为用户提供了便捷的支付和理财服务。在这个阶段，阿里巴巴还积极承担社会责任，投身于公益事业。公司成立了公益基金会，关注教育、环保、扶贫等领域，通过多种方式参与公益活动，回馈社会。

通过上市和扩张阶段的发展，阿里巴巴不仅实现了业务的快速增长和全球化布局，还成为具有社会责任感和影响力的企业。在各个领域的成功扩张为其后续发展奠定了坚实的基础，也为中国乃至全球的电商行业树立了标杆。

全球多元化发展阶段。在这个阶段，阿里巴巴开始将更多的资源和精力投入全球化战略中，努力打造全球领先的电商生态系统。在业务规模上，阿里巴巴继续保持着强劲的增长势头。其电商平台不仅在中国市场占据了主导地位，还在全球范围内拓展了市场份额。通过持续创新和优化用户体验，阿里巴巴成功吸引了数以亿计的活跃用户，并实现了交易额的快速增长。此外，公司还不断拓展新的业务领域，如金融、物流、云计算等，进一步丰富了其业务生态。在技术创新方面，阿里巴巴始终保持着行业领先地位。其不断加大对云计算、大数据、人工智能等前沿技术的投入，通过技术创新推动业务升级和效率提升。例如，阿里巴巴的阿里云已经成为全球最大的云服务提供商之一，为众多企业和开发者提供了稳定、可靠的云服务。同时，阿里巴巴还积极探索物联网、区块链等新技术，以期在竞争中占据先机。

随着电子商务市场的竞争日益加剧，阿里巴巴意识到单纯的线上销售模式已经不能满足消费者的需求。因此，阿里巴巴开始布局新零售领域，将线上线下的销售模式进行深度融合。这一战略转型旨在提供更加便捷、个性化的购物体验，以满足消费者对于购物体验的更高要求。为了实现新零售布局，阿里巴巴推出了多个新零售项目。其中，盒马鲜生是阿里巴巴旗下的生鲜电商平台，凭借其快速配送和食材新鲜的特色，迅速成为生鲜电商市场的领跑者之一。

此外，银泰商业作为阿里巴巴收购的一家百货商场，也通过与阿里巴巴的线上平台进行整合，实现了线上线下融合的新零售模式。这些新零售项目的推出，不仅提升了阿里巴巴的竞争优势，还为其未来发展注入了新的活力。通过新零售布局，阿里巴巴能够更好地满足消费者的需求，进一步巩固其在电商市场的领先地位。同时，新零售业务也为阿里巴巴提供了新的增长点，有助于推动其可持续发展。

二 阿里巴巴的业务布局

阿里巴巴作为全球领先的综合型多元化互联网技术公司，其业务布局广泛且深入。从电商领域的领先地位，到云计算、大数据、物流网络、新零售、金融科技乃至海外市场，阿里巴巴不断扩展和深化其业务领域，打造了一个全面的商业生态系统。[①]

（一）电商业务

电商业务是阿里巴巴的核心领域，也是其成长与成功的重要支柱。作为阿里巴巴最早起家的业务，电商一直占据着公司营收的绝大部分，成为公司持续盈利和增长的强劲动力。

阿里巴巴旗下的电商平台，如淘宝、天猫等，已经在中国乃至全球电商行业中独树一帜，成为行业内的佼佼者。这些平台以其巨大的用户基数、丰富的商品种类、先进的技术支持以及创新的业务模式，为消费者和商家打造了一个便捷、高效、安全、可靠的交易平台。

对于消费者而言，淘宝、天猫等电商平台汇聚了数以亿计的用户和数百万的商家，无论是日常生活用品还是特色手工艺品，几乎

---

① 张艳、王秦、张苏雁：《互联网背景下零售商业模式创新发展路径的实践与经验——基于阿里巴巴的案例分析》，《当代经济管理》2020年第12期。

都能在这些平台上找到。消费者只需通过简单的搜索或浏览，就能轻松找到所需的商品。同时，这些平台还提供了丰富的支付工具和服务，如优惠券、红包、分期付款等，让消费者在购物过程中享受到更多的优惠和便利。此外，阿里巴巴还注重保障消费者的购物安全，通过严格的商家审核、商品质量监管等措施，确保消费者能够在一个安全、可靠的环境中购物。

对于商家而言，淘宝、天猫等电商平台则是一个展示品牌、扩大销售、提升业绩的重要渠道。商家可以借助平台的流量优势，将产品和服务展示给更多的潜在消费者。同时，平台还提供了丰富的营销工具和服务，如广告投放、数据分析、用户运营等，帮助商家更好地了解消费者需求，提升营销效果。此外，通过与平台的深度合作，商家还可以获得更多的资源和支持，如物流、支付、金融等，从而进一步提升自身的竞争力。

阿里巴巴旗下的电商平台已经成为中国乃至全球电商行业的领军企业。通过先进的技术支持、创新的业务模式以及严格的监管措施，这些平台为消费者和商家提供了一个便捷、高效、安全、可靠的交易平台。未来，随着技术的不断发展和市场的不断变化，阿里巴巴的电商平台将继续引领行业潮流，为消费者和商家带来更加优质的服务和体验。

不仅在国内市场表现卓越，阿里巴巴还积极拓展国际市场，通过投资、并购等方式，进一步提升了其全球影响力。例如，阿里巴巴收购了东南亚最大的电商平台 Lazada，并在土耳其、俄罗斯等国家建立了自己的电商平台。这些举措不仅帮助阿里巴巴进入了新的市场，获取了更多的用户和商家资源，还为其带来了更多的成长机会和盈利空间。

电商业务的成功，得益于阿里巴巴在多个方面的卓越表现。首先，阿里巴巴在技术创新方面不断突破，不断推出新的产品和服务，为用户带来更好的购物体验。例如，通过引入人工智能、大数据等先进技术，阿里巴巴不断优化搜索算法、推荐系统等功能，使得用户能够更加便捷地找到自己需要的商品，同时也为商家提供了更加精准和有效的营销手段。其次，阿里巴巴在供应链管理和物流配送方面也表现出色。通过建立完善的供应链体系和物流网络，阿里巴巴能够为商家提供更加稳定和可靠的服务，同时也为消费者带来了更加快速和准确的配送体验。这种高效、便捷的供应链和物流体系，也是阿里巴巴电商业务能够持续领先市场的重要原因之一。最后，阿里巴巴在用户体验方面也下了很大的功夫，通过不断优化购物流程、提高售后服务质量等手段，阿里巴巴不断提升用户的购物体验和满意度，使得用户能够更加信任和依赖阿里巴巴的电商平台。这种以用户为中心的服务理念，也是阿里巴巴电商业务能够持续吸引用户和商家的关键之一。

（二）金融业务

阿里巴巴的业务布局广泛且具有深度，其中金融业务作为重要组成部分，通过其金融子公司蚂蚁金服，为用户和企业提供了全面而丰富的金融服务。蚂蚁金服作为阿里巴巴的金融旗舰，拥有支付、贷款、理财等多元化的金融业务。这一业务领域的成功，不仅彰显了阿里巴巴集团在金融科技创新方面的领先地位，还为广大用户和企业带来了前所未有的便捷和高效的金融体验。

支付宝作为蚂蚁金服的核心产品，其地位举足轻重。如今，支付宝已经成为中国乃至全球范围内最大的移动支付平台之一，其用户数量和交易规模均位居行业前列。支付宝的成功得益于其便捷、安全的支付体验以及丰富的金融产品和服务。通过支付宝，用户可以轻松完成线上线下的支付操作，无论是购物、餐饮、娱乐还是交通出行，只需轻轻一扫或一键支付，即可完成交易。这种支付方式不仅方便快捷，而且安全可靠，得到了广大用户的信赖和喜爱。除了基础的支付功能外，支付宝还提供了丰富的金融产品和服务，满足了用户多样化的金融需求。余额宝作为支付宝的一项重要功能，为用户提供了便捷的理财服务，让用户的闲置资金得到增值。转账功能则让用户可以轻松实现资金的快速划转，无论是给朋友转账还是给商家付款，都能迅速完成。此外，支付宝还提供了缴纳水电煤气费、信用卡还款等生活服务，让用户的生活更加便捷。支付宝的成功也得益于其先进的科技能力和深厚的数据积累。通过云计算、大数据、人工智能等先进技术的应用，支付宝不断提升其支付和金融服务的智能化水平，为用户提供更加个性化、精准的服务。同时，支付宝还注重金融风险的防范和控制，通过严格的风险管理和合规经营，确保金融服务的稳健运行。

作为阿里巴巴金融业务的重要组成部分，支付宝的成功不仅为集团带来了可观的收入，还进一步增强了其整体竞争力。同时，支付宝也为广大用户和企业带来了实实在在的便利和效益。对于用户而言，支付宝提供了便捷、安全的支付体验和丰富的金融产品及服务；对于企业而言，支付宝则为其提供了广泛的用户覆盖和高效的资金结算服务，助力企业实现快速发展。

在阿里巴巴金融业务中，贷款领域是一个重要的组成部分。通过其金融子公司蚂蚁金服，其已经成功推出了多种形式的贷款产品，为广大小微企业和个人提供了便捷、高效的融资服务。这些贷款产品的推出，不仅丰富了金融市场的产品线，还为广大用户和企业带来了实实在在的利益。

对于小微企业而言，融资难、融资贵一直是制约其发展的难题。蚂蚁金服通过与银行等金融机构合作，推出了针对小微企业的贷款产品。同时，蚂蚁金服还通过降低利率、提供灵活的还款方式等措施，为小微企业提供更加优惠的融资条件。对于个人用户而言，蚂蚁金服也提供了丰富的贷款产品，以满足个人消费和资金周转的需求。在贷款审批和风险控制方面，蚂蚁金服充分利用了大数据和人工智能技术的优势。通过挖掘和分析海量的用户数据，蚂蚁金服能够准确评估借款人的信用状况和还款能力，实现自动化审批和风险控制。这种智能化的审批方式不仅提高了贷款服务的效率，也有效降低了风险水平，确保了金融服务的稳健运行。值得一提的是，蚂蚁金服在贷款领域的创新还体现在其灵活的贷款期限和还款方式上。针对不同用户的实际需求，蚂蚁金服提供了多种贷款期限和还款方式，让用户能够根据自己的实际情况灵活调整还款计划，减轻还款压力。这种个性化的服务方式得到了广大用户的认可和好评。

蚂蚁金服在贷款领域的成功，不仅得益于其与银行等金融机构的紧密合作，也得益于其充分利用大数据和人工智能技术的优势。通过推出多种形式的贷款产品，实现自动化审批和风险控制，蚂蚁金服为广大用户和企业提供了便捷、高效的融资服务。

在理财领域，阿里巴巴通过其金融子公司蚂蚁金服，集团为广大用户提供了多样化、创新性的理财产品和服务，助力用户实现资金的增值和财富的积累。

余额宝作为蚂蚁金服旗下的明星理财产品，其独特魅力和市场影响力早已深入人心。这一产品设计的初衷，就是让广大用户能够轻松实现资金的增值，同时享受到便捷、高效的服务体验。其低门槛的特性，使得几乎每一位用户都能轻松参与，无须复杂的开户流程或高昂的投资门槛，只需简单的几步操作，即可将资金转入余额宝，开始享受收益。余额宝的魅力不仅在于其便捷性和高效性，更在于其相对较高的收益。通过智能的投资策略，余额宝将用户的资金分散投资到多个优质的金融产品中，从而实现了相对较高的收益。而这一切，都在后台自动化完成，用户无须关心复杂的投资过程，享受收益即可。余额宝充分保障了用户的资金流动性。用户可以随时将资金从余额宝中转出，提现或用于消费，无须担心资金被锁定或无法及时取出。这种高度的资金流动性，使得余额宝成为一种理想的短期理财工具，满足了用户对于资金灵活运用的需求。

余额宝的成功，不仅仅体现在其为用户带来的实际收益上，更重要的是它为整个金融行业树立了一个创新理财产品的典范。它展示了金融科技的力量，通过先进的技术手段，将复杂的金融投资过程简化，让普通用户也能享受到专业级的理财服务。同时，余额宝的成功也促进了金融行业的竞争和创新，推动了整个行业的进步和发展。

除了余额宝，蚂蚁金服还与其他金融机构合作，推出了各类基金、保险等理财产品。这些产品覆盖了不同风险等级和收益水平，为用户提供了更加丰富的投资选择。用户可以根据自己的风险承受能力和投资偏好，在蚂蚁金服平台上选择适合自己的理财产品，实现资产的多元化配置。

在理财服务方面，蚂蚁金服还注重用户体验和服务质量。通过优化产品界面、简化操作流程、加强用户教育等措施，蚂蚁金服不断提升用户的理财体验。同时，蚂蚁金服还建立了完善的客户服务体系，为用户提供及时、专业的咨询和解决方案，确保用户在理财过程中能够得到充分的支持和帮助。

蚂蚁金服在理财领域的创新不仅体现在产品设计和用户体验上，还体现在其运用科技手段提升风险管理水平上。通过大数据分析、人工智能等先进技术，蚂蚁金服能够精准评估用户的风险承受能力和投资偏好，为用户提供个性化的风险管理建议。这种科技驱动的风险管理方式，不仅提高了理财产品的安全性，而且为用户带来了更加稳健的投资回报。

（三）云计算业务

阿里巴巴的云计算业务，作为其整体战略布局中不可或缺的一部分，通过阿里云这一核心平台，正为全球的企业和开发者带来革命性的技术体验。阿里云不仅提供稳定、可靠的云服务，更在多个技术领域内展现出强大的创新能力和竞争力。

在计算领域，阿里云凭借其强大的技术实力和丰富的经验，提供了一系列弹性可扩展的计算实例，旨在满足不同行业和场景下的计算需求。这些计算实例不仅具备高性能和稳定性，还能根据用户业务的实际情况进行灵活扩展，确保用户业务的顺畅运行。首先，对于需要高性能计算的用户，阿里云提供了多种高性能计算实例，包括 GPU 计算实例、FPGA 计算实例等。这些实例具备强大的计算能力和高效的并行处理能力，能够满足科学计算、深度学习、图形渲染等高性能计算场景的需求。用户可以利用这些高性能计算实例，加速科研项目的进展，提升企业的创新能力。其次，在大数据分析领域，阿里云提供了大规模计算实例和分布式计算实例。这些实例具备高可扩展性和高并发处理能力，能够轻松应对海量数据的处理和分析任务。用户可以利用这些实例构建大数据处理平台，实现数据的快速存储、处理和分析，从而为企业决策提供有力支持。此外，阿里云还提供了多种云计算服务实例，包括云服务器、容器服务等。这些实例具备灵活性和可扩展性，用户可以根据业务需求快速搭建和管理云计算环境。无论是搭建网站、部署应用还是构建云原生架构，阿里云都能提供高效的解决方案，帮助用户实现业务的快速部署和稳定运行。阿里云的计算实例都采用了先进的虚拟化技术和自动化管理工具，确保了资源的高效利用和快速响应。同时，阿里云还提供了全面的监控和管理功能，帮助用户实时了解业务运行状况，及时发现和解决问题。这些优势使得阿里云的计算实例在市场上具有极高的竞争力，赢得了众多用户的信赖和认可。

在存储方面，阿里云展现了其卓越的技术实力和对用户需求的深刻理解，为用户提供了多种全面而灵活的存储服务，以满足不同场景下的数据存储需求。这些存储服务不仅具备高可用性和高扩展性，还注重数据的安全性和可靠性，为用户提供全方位的存储解决方案。

首先，阿里云的对象存储服务，以其高性能、高可用性和高可扩展性而备受用户青睐。无论是存储海量的图片、视频、日志文件还是进行备份和归档，对象存储都能提供高效、稳定的解决方案。通过分布式架构和自动容错机制，阿里云的对象存储服务确保了数据的持久性和可靠性，让用户无须担心数据丢失或损坏的问题。

其次，对于需要块级存储的场景，阿里云提供了块存储服务。这种存储方式为用户提供了类似于传统硬盘的块级访问接口，使得用户可以轻松地将数据存储在云端，并享受高性能和低延迟的存储体验。块存储服务支持多种实例规格和磁盘类型，可以根据用户的业务需求进行灵活配置，满足各种场景下的存储需求。此外，阿里云还提供了文件存储服务，以满足用户对共享文件系统的需求。无论是需要实现文件共享、协作还是进行大规模的文件处理，文件存储服务都能提供高效、稳定的解决方案。通过分布式文件系统和自动负载均衡机制，文件存储服务确保了数据的快速访问和高效管理，提升了用户的工作效率和协作体验。值得一提的是，阿里云的存储服务都采用了先进的数据加密和访问控制机制，确保用户数据的安全性。同时，通过自动化的备份和容灾机制，阿里云还能够有效防止数据丢失和损坏，保障用户业务的连续性和稳定性。

阿里云在网络和安全方面也展现了其强大的技术实力和专业能力，为用户提供了全面而可靠的解决方案。首先，阿里云拥有全球覆盖的网络基础设施，通过先进的网络技术和广泛的节点部署，为用户提供了低延迟、高带宽的网络连接。无论是国内还是海外的用户，都能享受到快速、稳定的网络连接体验。这不仅提升了用户访问阿里云服务的速度和效率，还为企业跨国业务提供了有力的支持。其次，阿里云深知网络安全对于用户业务的重要性，因此提供了一系列安全产品和服务，确保用户业务的安全运行。其中包括云安全解决方案，通过防火墙、入侵监测、数据加密等技术手段，有效防御网络攻击和数据泄露风险。此外，阿里云还提供了数据安全服务，如数据备份、恢复和加密等，保护用户数据的安全性和完整性。同时，阿里云还注重身份认证和访问控制的安全管理。通过严格的身份认证机制和多层次的访问控制策略，确保只有经过授权的用户才能访问和操作相关数据，有效防止未经授权的访问和数据泄露。阿里云还积极参与国际安全合作和标准制定，与国际知名安全机构合作，共同推动云计算安全领域的发展。通过引入国际先进的安全技术和标准，阿里云不断提升其安全产品和服务的质量和水平，为用户提供更加全面、可靠的安全保障。

阿里云已经成为全球领先的云服务提供商之一。凭借先进的技术、丰富的经验和卓越的服务，阿里云赢得了众多企业和开发者的信赖和认可。无论是初创企业还是大型企业，都可以通过阿里云获得强大的技术支持和创新动力。对于阿里巴巴而言，云计算业务不仅为其带来了可观的收入，更增强了其在全球科技领域的竞争力。通过阿里云这一平台，阿里巴巴正推动着云计算技术的发展和应用，为全球的企业和开发者创造更多的价值。

（四）物流业务

为了进一步完善电商生态链，阿里巴巴集团通过多元化的投资策略和深度的合作方式，在物流领域进行了广泛而深入的布局。其中，菜鸟网络作为阿里巴巴集团的旗舰物流平台，发挥了关键作用。菜鸟网络致力于通过高效的资源整合，构建一个全面覆盖、快速响应、智能化运营的物流网络。

在物流资源整合方面，菜鸟网络充分利用了阿里巴巴的庞大电商生态，通过与合作伙伴的紧密合作，实现了对各类物流资源的有效整合。这不仅包括传统的快递公司、货运公司，还涵盖仓储设施、配送站点、货车司机等各类物流相关资源。通过统一管理和调度，菜鸟网络极大地提高了物流资源的利用效率，实现了物流成本的降低和物流效率的提升。

在物流效率提升方面，菜鸟网络通过引入先进的物流技术和管理理念，推动了物流行业的数字化转型。例如，通过大数据分析、云计算等技术手段，菜鸟网络能够实时掌握物流动态，预测物流需求，优化物流路径，提高物流效率。同时，菜鸟网络还推动了无人配送、智能仓储等新型物流模式的应用，进一步提升了物流服务的品质和效率。

在物流成本降低方面，菜鸟网络通过规模经济和协同效应的发挥，有效降低了物流成本。一方面，通过整合大量的物流资源，菜鸟网络实现了规模效应，降低了单位物流成本；另一方面，通过与合作伙伴的协同合作，菜鸟网络实现了资源共享和互利共赢，进一步降低了物流成本。

对于消费者而言，菜鸟网络的深度布局和优化运作带来了显著的购物体验提升。消费者可以享受到更快捷、更准确、更可靠的物流服务，这无疑提高了他们的购物满意度和忠诚度。同时，物流成本的降低也意味着消费者可以享受到更实惠的价格，进一步提升了他们的购物体验。

三　阿里巴巴业务布局特点

阿里巴巴的业务布局特点主要体现在多元化、全球化、数据驱动和创新驱动等方面。这些特点使得阿里巴巴能够在激烈的市场竞争中保持领先地位，并且不断开拓新的市场和业务领域。[1]

---

[1] 窦静怡：《当代多元化经营成功的典型案例分析及启示——以阿里巴巴为例》，《现代商贸工业》2021 年第 29 期。

(一) 多元化发展

阿里巴巴的业务布局特点体现了其独特的多元化战略思维。这种多元化不仅表现在涉足电商、云计算、数字媒体、娱乐等多个领域，更体现在其对各个领域的深入布局和精细化运营。

首先，在电商领域，阿里巴巴拥有淘宝、天猫等电商平台，这些平台通过创新的商业模式和技术手段，不断满足消费者日益多样化的购物需求。同时，阿里巴巴还通过不断完善供应链、物流等基础设施，提升电商业务的整体效率和竞争力。

其次，在云计算领域，阿里巴巴通过阿里云等服务平台，为企业提供稳定、可靠的云计算服务。这些服务不仅满足了企业在数据存储、处理、分析等方面的需求，还通过人工智能技术帮助企业实现智能化决策和优化运营。

最后，在数字媒体和娱乐领域，阿里巴巴通过投资并购等方式，拥有了优酷、UC头条等优质平台。这些平台通过提供丰富多样的内容和服务，满足了用户在娱乐、获取资讯等方面的需求，同时也为阿里巴巴带来了新的业务增长点。

这种多元化布局使得阿里巴巴能够在不同的市场环境下保持稳定的增长。无论是面对市场波动还是竞争压力，阿里巴巴都能够通过不同业务之间的协同作用，实现资源共享、优势互补，从而提升整体竞争力。同时，这种多元化布局也为阿里巴巴带来了更多的发展机会和空间，使其能够在未来继续保持领先地位。

(二) 创新驱动

阿里巴巴的创新基因深植于公司的核心价值观中，它一直将创新视为公司发展的重要驱动力。这种创新不仅体现在技术的持续突破上，更展现在业务模式的不断革新和优化上。通过不断地进行技术创新，阿里巴巴在电商、云计算、人工智能等领域取得了显著的进展，推出了一系列引领行业潮流的产品和服务。

例如，在电商领域，阿里巴巴通过技术创新不断改善用户体验，提升了交易效率和安全性。它率先引入了智能推荐系统，通过大数据分析和机器学习技术，为用户提供了更加精准、个性化的购物体验。同时，阿里巴巴还不断创新业务模式，通过直播带货、社交电商等新型模式，进一步拓展了电商市场的边界。

在云计算领域，阿里巴巴同样通过技术创新引领行业发展。阿里云不仅提供了稳定、高效的云计算服务，还通过人工智能技术帮助企业实现智能化决策和优化运营。这种技术创新不仅满足了企业在数字化转型过程中的需求，也为阿里巴巴带来了新的增长点。

除了技术创新和业务模式创新外，阿里巴巴还积极鼓励内部创新。公司为员工提供了充足的创新空间和资源，鼓励员工敢于尝试、勇于创新。这种文化氛围使得阿里巴巴能够不断涌现出新的创意和想法，为公司的发展注入了源源不断的动力。

阿里巴巴的创新精神是其持续领先市场的关键所在。通过不断的技术创新、业务模式创新以及鼓励内部创新，阿里巴巴不仅能够满足用户不断变化的需求，还能够不断拓展新的市场和业务领域，实现持续稳健的发展。

（三）全球化战略

阿里巴巴的全球化战略体现了其雄心壮志和远见卓识。它不仅在国内市场取得了显著成就，更积极寻求海外市场的拓展机会，致力于成为全球领先的综合型数字经济体。[①]

为了实现这一目标，阿里巴巴通过投资、并购等方式在全球范围内建立了广泛的业务网络。这一战略举措不仅为阿里巴巴带来了

[①] 叶政豪：《B2C 跨境电商平台对我国外贸的影响分析——以阿里巴巴全球速卖通为例》，《知识经济》2018 年第 2 期。

国际市场的资源和优势，也为其提供了更广阔的发展空间。通过在全球范围内布局，阿里巴巴能够更好地满足全球消费者的需求，并为全球企业提供更加全面、高效的数字化服务。

在海外市场的拓展过程中，阿里巴巴注重与当地市场的融合与发展。它深入了解当地消费者的习惯和需求，推出符合当地市场特点的产品和服务。同时，阿里巴巴还积极与当地企业合作，共同推动数字经济的发展。这种本土化战略使得阿里巴巴在全球市场中获得了良好的口碑和影响力。

此外，阿里巴巴还通过全球化战略加强了与全球伙伴的合作。它与全球知名的品牌、企业等建立了紧密的合作关系，共同探索数字经济的新机遇。这种合作不仅为阿里巴巴带来了更多的资源和支持，还为其提供了与全球领先企业共同发展的机会。

阿里巴巴的全球化战略体现了其开放、包容、合作的理念。通过投资、并购等方式在全球范围内建立广泛的业务网络，阿里巴巴不仅拓展了国际市场，更加强了与全球伙伴的合作，为实现其全球领先的数字经济体目标奠定了坚实的基础。

（四）生态协同

阿里巴巴的电商生态链展现了一种深刻的生态协同理念，它不仅仅局限于单一的电商业务，而是整合了各类资源，通过相互之间的协同作用，形成了一个庞大且复杂的生态系统。这个生态系统在协同发展的过程中，各业务单元实现了互利共赢，共同推动了整个电商生态链的繁荣与进步。

在阿里巴巴的电商生态链中，各个业务单元都是不可或缺的组成部分。例如，淘宝和天猫作为电商平台，为消费者提供了丰富多样的商品选择，满足了消费者的购物需求。支付宝作为支付工具，为消费者提供了安全、便捷的支付体验，也为商家提供了资金结算和融资服务。阿里云则为整个电商生态链提供了强大的技术支持，包括云计算、大数据分析、人工智能等先进技术的应用，推动了电商生态链的技术创新和效率提升。

此外，阿里巴巴还通过整合物流、金融、营销、旅游、娱乐等各类资源，进一步丰富了电商生态链的内涵。菜鸟网络通过整合和优化物流资源，提高了物流效率，降低了物流成本，为消费者带来了更好的购物体验。阿里妈妈则为电商平台提供了精准的广告投放和营销服务，帮助商家更好地触达目标消费者。飞猪和优酷等平台则为消费者提供了更多的旅游和娱乐选择，丰富了消费者的生活体验。

在生态协同的过程中，阿里巴巴注重各业务单元之间的互联互通和资源共享。通过数据共享、技术互通、资源共享等方式，各业务单元能够相互支持、相互促进，共同推动电商生态链的发展。这种协同发展的模式不仅提高了整个电商生态链的竞争力，而且为各业务单元带来了更多的商业机会和收益。

在这个电商生态链中，阿里巴巴还积极与合作伙伴建立紧密的合作关系，共同推动电商生态的繁荣发展。它与品牌商、供应商、服务商等合作伙伴共同分享资源、共担风险、共创价值，实现了互利共赢的局面。这种合作模式不仅为合作伙伴提供了更多发展机遇和空间，还为阿里巴巴自身带来了更多的商业机会和价值。

阿里巴巴通过整合各类资源、构建庞大的电商生态链、实现各业务之间的协同发展和互利共赢，展示了其深厚的生态协同理念。这种协同发展的模式不仅提高了电商生态链的整体竞争力和效率，还为消费者带来了更好的购物体验和服务。同时，各业务单元在协同发展的过程中也实现了自身的增长和发展，形成了良性的生态系统循环。这种生态协同的发展模式为阿里巴巴带来了巨大的商业成功，并为整个电商行业的发展树立了典范。

四 阿里巴巴运营模式转型经验

（一）数字化转型与升级

随着数字经济的蓬勃发展，阿里巴巴深刻认识到数字化转型与升级的重要性。为了保持竞争优势，它积极投身于数字化转型与升级，将传统的线下业务向线上转移，并利用先进的技术手段优化营销流程，以提高营销效率。

为了实现数字化转型与升级，阿里巴巴采取了一系列具体的措施。首先，公司投入大量资源研发先进的数字化技术和平台，如人工智能、大数据等。这些技术的应用，使得阿里巴巴能够更准确地分析用户行为和需求，实现精准营销和智能推荐。例如，通过大数据分析，公司能够洞察消费者的购买偏好和消费趋势，从而为消费者提供个性化的商品推荐和购物体验。其次，阿里巴巴注重线上线下融合，通过技术手段将线上流量引入线下实体店，实现线上线下的互补和协同。例如，通过智慧门店等创新模式，消费者可以在线下实体店体验商品，并通过线上平台进行购买和支付。这种融合方式不仅提高了用户的购物便利性，还为商家带来了更多的销售渠道和机会。最后，阿里巴巴还注重用户体验的提升。在数字化转型与升级的过程中，公司不断优化产品设计、提高服务质量、加强售后保障等，以满足用户不断变化的需求。例如，通过引入人工智能技术，阿里巴巴实现了智能客服和自助服务等功能，为用户提供更加便捷和高效的购物体验。

数字化转型与升级是阿里巴巴在数字经济方面取得成功的关键之一。通过引入先进技术、线上线下融合以及提升用户体验等举措，阿里巴巴实现了营销流程的优化和效率的提升，为其在数字经济时代的发展奠定了坚实的基础。

(二) 多元化营销渠道的建设

阿里巴巴深刻认识到在数字经济时代，多元化营销渠道的建设对于品牌发展和市场拓展的重要性。因此，其不仅坚守传统的电商平台阵地，还积极拓展多元化的营销渠道，以覆盖更广泛的用户群体，并与消费者建立更紧密、更互动的联系。

首先，除了核心的电商平台，阿里巴巴还布局了多个社交媒体平台，如微博、抖音等。通过这些社交媒体平台，阿里巴巴能够与消费者进行实时互动，了解他们的需求和反馈，从而及时调整产品和营销策略。同时，社交媒体平台也成为阿里巴巴推广品牌、发布新品的重要阵地，有效提升了品牌的曝光度和影响力。其次，短视频和直播成为近年来备受欢迎的营销方式。阿里巴巴也紧跟潮流，积极投入短视频和直播领域。通过搭建直播平台、与网红和明星合作带货等方式，阿里巴巴不仅吸引了大量用户的关注，还实现了商品销售的大幅增长。这种新型营销方式不仅提高了商品的曝光度和销售量，还为用户带来了更直观、更真实的购物体验。

阿里巴巴在多元化营销渠道的建设上投入了大量的资源和精力。通过布局社交媒体、短视频、直播等新型营销渠道，阿里巴巴成功实现了对更广泛用户群体的覆盖，并与消费者建立了更紧密的联系。这些举措不仅提升了品牌的曝光度和用户黏性，还为公司的持续发展奠定了坚实的基础。

(三) 个性化营销策略的制定

在数字经济时代，用户的需求和行为发生了深刻的变化，变得更加多样化和个性化。为了应对这一挑战，阿里巴巴高度重视个性化营销策略的制定，旨在为用户提供更加精准、贴心的服务，从而提升用户满意度和忠诚度。①

为了实现个性化营销策略，阿里巴巴充分利用其庞大的用户数据和交易数据。通过先进的数据分析技术，阿里巴巴能够深入挖掘用户的需求和偏好，为每个用户绘制出细致入微的用户画像。这些用户画像不仅包括用户的年龄、性别、所处地域等基本信息，还涵盖用户的购物习惯、兴趣爱好、消费能力等多维度信息。基于用户画像，阿里巴巴能够为用户提供定制化的产品和服务。例如，在电商平台上，阿里巴巴会根据用户的购物历史和偏好，为其推荐符合其需求的商品和优惠活动。这种个性化的推荐不仅提高了用户的购物体验，而且有效提升了商品的转化率和销售额。除了电商平台，阿里巴巴的个性化营销策略还延伸到了其他领域。例如，在社交媒体平台上，阿里巴巴会根据用户的兴趣和需求，为其推送相关的内容和活动。在金融服务领域，阿里巴巴会根据用户的信用记录和消费能力，为其提供个性化的贷款和理财服务。为了实现个性化营销策略的持续优化，阿里巴巴还注重与用户的互动和反馈。通过收集用户的反馈和意见，阿里巴巴能够了解用户对产品和服务的满意度和期望，从而及时调整和优化营销策略。这种以用户为中心的理念，使得阿里巴巴的个性化营销策略更加贴近用户需求，提高了用户的忠诚度和满意度。

在数字经济环境下，个性化营销策略的制定对于企业的成功至关重要。通过深入挖掘用户需求和偏好，为用户提供定制化的产品和服务，阿里巴巴成功实现了个性化营销。这不仅提升了用户的满意度和忠诚度，还为阿里巴巴在数字经济时代的发展注入了新的动力。

---

① 左瑞瑞、周明金：《跨境电商中小型企业客户分类管理及跟进策略——以阿里巴巴国际站平台为例》，《商业经济》2021年第1期。

(四)跨界合作与生态共建

在数字经济的新时代,跨界合作与生态共建成为企业获取竞争优势和推动行业发展的关键。阿里巴巴深谙此道,始终致力于跨界合作与生态共建,通过与不同行业、企业的合作,共同构建起一个繁荣、多元的数字经济生态圈。

首先,阿里巴巴积极与线下实体店合作,实现线上线下的深度融合。通过技术手段优化线下门店的运营效率和用户体验,如智慧门店、无人超市等创新模式的推出,进一步推动了线上线下的融合与发展。其次,阿里巴巴与物流公司紧密合作,共同打造高效、便捷的物流体系。通过与顺丰、圆通等主流物流公司的合作,阿里巴巴实现了商品的快速配送和准时到达,为消费者提供了更好的购物体验。同时,通过大数据、人工智能等技术的应用,阿里巴巴还不断优化物流路径和配送效率,降低了物流成本,提高了物流行业的整体竞争力。此外,阿里巴巴还积极与金融机构合作,为用户提供一站式的金融服务。通过与银行、保险、证券等金融机构的合作,阿里巴巴为用户提供了便捷、安全的支付、贷款、理财等金融服务,满足了用户多样化的金融需求。同时,通过数据共享和技术创新,阿里巴巴还推动了金融行业的数字化转型和升级,为金融行业的持续发展注入了新的活力。除了与各类企业的合作,阿里巴巴还通过投资、孵化等方式,积极培育新的数字经济生态。通过投资初创企业、创新项目等,阿里巴巴不仅推动了数字经济的创新发展,还为整个行业注入了新的活力和动力。同时,通过孵化器等平台的建设,阿里巴巴还为初创企业提供了全方位的支持和服务,帮助它们快速成长和发展。

阿里巴巴注重跨界合作与生态共建,通过与不同行业、企业的合作,共同打造了一个繁荣、多元的数字经济生态圈。这种跨界合作与生态共建的策略不仅推动了阿里巴巴自身的持续发展,也为整个行业的繁荣和进步做出了积极贡献。

(五)用户体验至上的理念

在数字经济的浪潮中,用户体验的地位不断上升,已成为决定营销效果和企业命运的核心要素。阿里巴巴,作为一家行业领军企业,深刻理解用户体验的重要性,并将其视为战略核心,贯穿于其整个营销体系。

为了提升用户体验,阿里巴巴不断优化产品设计,确保产品的易用性和美观性。无论是电商平台的界面设计,还是 App 的操作流程,阿里巴巴都力求简洁、直观,让用户能够轻松上手并享受愉快的购物体验。同时,阿里巴巴还注重提高服务质量,通过培训员工、优化流程等方式,确保用户在购物过程中得到及时、专业的服务支持。除了优化产品设计和服务质量,阿里巴巴还加强了售后保障,为用户提供更加完善的购物保障。例如,通过推出"七天无理由退货"政策,阿里巴巴为用户提供了更加灵活的购物选择,让用户购物更加放心。同时,阿里巴巴还建立了完善的客户服务体系,通过在线客服、电话客服等多种方式,随时解决用户的问题和需求。为了持续改进产品和服务,阿里巴巴还注重用户反馈和意见收集。通过定期调查、用户评价等方式,阿里巴巴了解用户对产品和服务的满意度和意见,从而及时调整和改进。这种以用户为中心的理念,使得阿里巴巴的产品和服务更加贴近用户需求,提高了用户的忠诚度和满意度。

在数字经济下,用户体验已经成为企业竞争的重要武器。阿里巴巴始终坚持用户体验至上的理念,通过不断优化产品设计、提高服务质量、加强售后保障等方式,不断提升用户体验。这种以用户为中心的理念,不仅提高了阿里巴巴的营销效果,还为公司在数字经济时代的发展奠定了坚实的基础。

第三节 拼多多

拼多多是一家专注于 C2B 拼团的第三方社交电商平台,通过沟通分享形成的社交理念,形成了拼多多独特的新社交电商思维。作为社交电商领域的佼佼者,其凭借独特的运营模式在短短几年间便迅速崛起,吸引了庞大的用户群体,并在竞争激烈的电商市场中占据了举足轻重的地位。从上线不到一年,其单日成交额就突破 1000 万,付费用户数突破 2000 万,活跃用户数和交易笔数已经可以与老牌电商平台相提并论。到 2022 年年底,拼多多年活跃买家数接近 9 亿,成为中国用户规模最大的电商平台。这一成就的取得,不仅源于其创新的商业模式,更得益于其精准的市场定位和卓越的用户体验。本章通过深入剖析拼多多的运营模式,通过对其核心策略、市场策略、用户运营等多个维度的全面分析,揭示其成功背后的逻辑和关键要素。同时总结其成功经验,提炼出其成功的关键点和值得借鉴之处,为其他电商平台提供有益的参考和启示。

一 品牌发展历程

第一阶段(2015—2016 年):发展初期,明确产品形态、利用微信生态积累初始流量。[①]

2015 年 4 月,拼多多的前身拼好货正式诞生,初入市场便以 B2C 生鲜电商领域为定位,明确展现出其独特的商业模式和市场定位。这款应用的出现,不仅为电商行业注入了新的活力,更以其创新的模式引领了行业的新潮流。

---

① 曹征、李润发、蓝雪:《电商巨头下沉市场的消费驱动及发展战略——以阿里巴巴、京东、拼多多为例》,《商业经济研究》2021 年第 3 期

在产品设计上，拼好货充分利用了微信生态的社交属性，深入挖掘了用户之间的社交关系链，通过微信这一被广泛使用的社交平台，鼓励用户邀请亲朋好友进行拼团购买，从而实现了用户之间的有效互动和连接。这种社交化的购物方式，不仅增强了用户的参与感和归属感，还使得购物过程变得更加有趣和生动。在商业模式上，拼好货采用拼团购买的方式，满足了用户对水果生鲜商品的需求，并通过降低商品价格的方式吸引了大量追求性价比的消费者。这种拼团模式不仅有效降低了商品成本，还使得消费者能够以更优惠的价格购买到心仪的商品。同时，由于拼团需要多人参与，这也进一步促进了用户之间的社交互动和分享，从而扩大了应用的用户基础和影响力。

到了 2015 年 9 月，经过一系列的准备和策划，拼多多正式上线，迎来了属于自己的时代。与拼好货的自营模式不同，拼多多这次选择了平台模式，这种模式的转变，不仅让拼多多在电商领域有了更广阔的发展空间，还为其后续的快速发展奠定了坚实的基础。在平台模式下，拼多多不再只是简单地销售商品，而是转型成为一个连接众多卖家和买家的中间平台。通过提供一系列的技术和服务支持，拼多多为卖家和买家搭建了一个便捷、高效的交易场所。在这个平台上，卖家可以展示和销售自己的商品，而买家则可以轻松找到自己需要的商品并进行购买。这种模式的出现，不仅降低了交易的成本，还提高了交易的效率，让电商行业焕发出了新的活力。同时，拼多多在前端依然充分利用了微信社交圈进行裂变获客。通过鼓励用户分享、邀请等方式，拼多多快速且低成本地积累了大量流量。这些流量不仅为平台带来了更高的曝光度和关注度，还为卖家带来了更多的潜在客户和销售机会。而拼多多也凭借着这些流量，逐渐成为电商领域的一匹黑马，备受行业和用户的关注。

2016 年 9 月，拼多多与拼好货两大品牌迎来了一场历史性的合并，这次合并标志着双方共同迈向了更广阔的发展前景。拼好货作为拼多多的前身，以其独特的自营模式在生鲜电商领域赢得了良好的口碑。合并后，拼好货顺利转型为拼多多的自营业务子频道，为拼多多注入了新的活力，同时也进一步丰富了拼多多的业务形态。合并后的拼多多，业务更加多元化，不仅涵盖自营业务，还保留了原有的平台模式。这一举措使得拼多多在电商领域的地位更加稳固，也为消费者提供了更加丰富的购物选择。在自营业务方面，拼多多继承了拼好货的优秀品质和服务，为消费者提供高品质的生鲜商品；在平台业务方面，拼多多则通过不断优化平台服务，提升用户体验，吸引了更多的卖家和买家入驻。合并后的拼多多，将业务重心放在了拼多多的平台模式上。公司深知平台模式的优势在于能够汇聚更多的卖家和买家，形成庞大的交易网络，因此，拼多多不断投入资源，优化平台功能，提升交易效率，努力打造一个更加安全、便捷、高效的电商交易平台。同时，拼多多还注重用户体验的提升，通过优化界面设计、提升客服质量等方式，让用户在购物过程中感受到更加舒适和愉悦的体验。随着业务的不断发展和优化，拼多多的用户规模逐渐扩大，卖家和买家的数量也在不断增加。越来越多的消费者开始信任和选择拼多多作为他们的购物平台，而众多卖家也看到了拼多多的巨大潜力，纷纷入驻平台寻求合作机会。这一良性循环使得拼多多的业务规模不断壮大，在电商领域的地位也日益稳固。

总体来说，在发展初期拼多多的社交分享拼团模式犹如一股清流，精准地捕捉到了下沉市场用户的真实需求，并与优质产业带的供给实现了完美的供需匹配。这一创新模式不仅打破了传统电商的局限，更让拼多多在下沉市场中崭露头角。通过用户间的社交分享和拼团购买，拼多多成功激发了消费者的购买热情，同时也为卖家提供了更广阔的销售渠道。拼多多巧妙地借助了微信这一社交巨头的巨大流量红利。微信作为中国最大的社交平台，拥有庞大的用户基数和高度活跃的社交氛围。拼多多充分利用微信的社交属性，通过微信小程序、公众号等渠道，将拼团信息迅速传播给广大用户。这种基于社交关系的裂变传播，使得拼多多的用户规模在短时间内实现了快速增长。到了2016年9月，拼多多的发展势头越发强劲。其平台年活跃买家数已经突破了1亿大关，这一数字不仅彰显了拼多多在电商领域的强大吸引力，也反映了其用户黏性和忠诚度的不断提升。同时，拼多多的单月GMV（商品交易总额）规模也达到了惊人的1亿元，这一成绩足以证明其商业模式和市场策略的有效性。这一成绩的取得，不仅证明了拼多多产品形态和市场策略的正确性，还为其后续的发展奠定了坚实的基础。拼多多通过不断优化产品体验、提升服务质量，进一步巩固了在下沉市场的领先地位。同时，随着用户规模的扩大和GMV的持续增长，拼多多也逐渐吸引了更多优质卖家和合作伙伴的加入，形成了一个良性发展的生态系统。

第二阶段（2017—2018年）：快速发展期，独立App快速增长，打造"极致低价"的用户心智。[①]

在经历了一系列的探索与试错之后，拼多多终于逐渐找到了属于自己的独特产品形态。它凭借创新的社交分享拼团模式，打破了传统电商的界限，为用户带来了全新的购物体验。同时，拼多多也敏锐地捕捉到了微信生态的巨大流量红利，通过巧妙的策略，成功吸引了大量初始用户。在这一阶段，拼多多的发展势头异常强劲。它充分利用微信社交平台的优势，通过小程序、公众号等渠道，将拼团信息迅速传播给广大用户。用户们为这种新颖、有趣的购物方

[①] 陈家乐：《"社交电商"拼多多野蛮增长的经济秘密和未来展望》，《现代商业》2019年第2期。

式所吸引，纷纷加入拼团，享受更低的价格和更好的购物体验。随着用户数量的快速增长，拼多多的影响力也逐渐扩大，为后续的扩张奠定了坚实的基础。

随着微信生态的日益成熟和深化，其对于外链分享的规则也逐步趋于严格和规范化。这种变化旨在维护微信生态的健康和平衡，但对于拼多多这样的平台来说，却意味着在微信生态内获取流量的难度逐渐增加。过去，拼多多曾巧妙地利用微信生态的流量红利，通过诱导分享、诱导关注等方式，快速积累了大量用户。然而，随着微信对外链分享规则的调整，这些行为受到了严格的限制和监管。微信开始打击诱导分享、诱导关注等违规行为，使得拼多多在微信生态内的流量获取渠道变得越发狭窄。这一变化对拼多多的发展产生了一定的负面影响。一方面，拼多多在微信生态内的流量获取受到限制，导致用户增长的速度放缓；另一方面，由于流量获取难度的增加，拼多多的运营成本也相应上升。这些因素都迫使拼多多不得不重新思考流量获取的策略，寻找新的增长点。

为了积极应对市场竞争的严峻挑战，拼多多开始主动探索并寻求独立 App 的流量增长新路径。其深知，在当前的互联网环境中，流量是企业生存和发展的关键，因此，拼多多在战略层面上高度重视流量的获取与转化。为了将微信生态内的庞大流量有效引导至独立 App，拼多多积极利用游戏、优惠等多种互动性强、吸引力大的方式，设计了一系列有趣且富有挑战性的小游戏，让用户在轻松愉快的氛围中体验拼多多的产品特色，同时，通过丰厚的优惠奖励，激发用户的参与热情，进而引导他们下载并使用独立 App。这些活动不仅吸引了大量用户的积极参与，还显著提升了用户在独立 App 的停留时长和活跃度。用户们在享受游戏乐趣和优惠福利的同时，也逐渐熟悉了独立 App 的操作界面和功能，对拼多多的品牌认知度和服务满意度也进一步提升。

拼多多在积极寻求独立 App 流量增长之道的同时，也注重加强与其他平台的合作，以进一步拓展流量来源。其深知在当今互联网时代的竞争环境中，单一平台的流量获取能力有限，而与其他平台的合作则能够带来更多的流量和用户。因此，拼多多积极与各大社交媒体平台、内容平台等建立合作关系，通过共享资源、互换流量等方式，实现互利共赢。通过与社交媒体平台的合作，拼多多能够利用其庞大的用户基础和高度互动的特点，吸引更多潜在用户关注和参与。通过与内容平台的合作，拼多多则能够借助其优质的内容资源，提升品牌形象和用户黏性。这些举措不仅帮助拼多多缓解了微信生态内流量获取的压力，还为其带来了更多的潜在用户和市场机会。通过与其他平台的合作，拼多多能够扩大品牌曝光度，吸引更多用户了解和使用其独立 App。同时，这些合作也能够帮助拼多多更好地了解用户需求和市场趋势，为公司的产品迭代和市场策略调整提供有力支持。

在这一关键的发展阶段，拼多多特别注重打造"极致低价"的用户心智，致力于成为消费者心中的价格优势品牌。为了实现这一目标，公司从多个维度进行了深入布局和精细运营。首先，拼多多精选优质供应商，与那些能够提供高质量、低成本产品的厂商建立长期合作关系。通过严格的供应商筛选机制，确保所售商品在品质上达到消费者的期待，同时保持价格上的竞争力。其次，公司不断优化供应链管理，通过智能化的物流系统和高效的仓储管理，降低运营成本。这一举措不仅提高了商品的流通效率，还使得拼多多能够在保证品质的前提下，为消费者提供更具竞争力的价格。此外，拼多多还通过精准的市场营销和口碑传播，进一步强化了"极致低价"的品牌形象。公司运用大数据和人工智能技术，精准定位目标用户群体，制定个性化的营销策略，提高品牌知名度和用户黏性。同时，拼多多还积极鼓励用户分享购物体验，通过口碑传播，让更多的消费者了解并认可拼多多的价格优势。通过这些举措，拼多多成功为消费者提供了大量物美价廉的商品，并树立了"极致低价"的品牌形象。这不仅吸引了大量对价格敏感的消费者，还提高了用户对拼多多的忠诚度，为公司的长远发展奠定了坚实的基础。

随着这些举措的逐步落地，拼多多的用户规模在第二阶段实现了快速增长。到 2018 年第四季度，拼多多 App 的月活用户已经高达 2.73 亿。这一成绩的取得，不仅证明了拼多多在独立 App 流量增长方面的成功探索，而且彰显了公司在打造"极致低价"用户心智方面的卓越成效。这一阶段的快速发展，不仅为拼多多带来了可观的用户增长和市场份额，更为其在电商领域的持续崛起奠定了坚实的基础。随着用户规模的不断扩大和品牌影响力的持续提升，拼多多有望在未来的市场竞争中继续保持领先地位，为消费者带来更多优质、实惠的购物体验。

第三阶段（2019—2020 年）：品牌上行期，实现对高线人群的泛化，打造"极致性价比"的用户心智。①

拼多多凭借其出色的市场表现，取得了一系列令人瞩目的成绩。2018 年，拼多多的年成交额迅速接近 5000 亿元，这一数字不仅彰显了拼多多在电商领域的强大竞争力，更体现了其市场影响力的不断扩大。同时，年购买用户数更是达到了惊人的 4.2 亿，使得拼多多一跃成为国内用户规模第二大、交易规模第三大的电商平台，这充分证明了其在市场上被广泛认可和用户的热烈追捧。然而，随着用户规模的不断扩大，拼多多也面临着越来越多的挑战。首先，用户规模的进一步提升遇到了瓶颈，这意味着它需要寻找新的增长点，以突破现有的用户规模限制。拼多多深知，只有不断创

---

① 冯春雨：《电商行业成本领先战略的案例研究——以拼多多为例》，《营销界》2020 年第 26 期。

新和拓展新的用户群体,才能保持发展动力。其次,商品供给过于集中在"白牌"低价商品,导致单个用户的消费金额相对较低。这不仅限制了公司的营收增长,还不利于提升用户的购物体验和忠诚度。拼多多意识到,要提升用户的消费金额,就必须丰富商品供给,提供更多高品质、高附加值的商品,以满足用户的多样化需求。更为关键的是,"极致低价"的心智定位虽然在一定程度上吸引了大量对价格敏感的消费者,但同时也不利于建立用户对平台的深度信任。在消费者心中,低价往往与品质不佳、服务不到位等负面形象相联系,这限制了拼多多向更高层次发展的可能性。为了打破这一局限,拼多多及时调整自己的品牌定位,提升商品品质和服务水平,以树立更加积极、正面的形象。

为了扭转用户对拼多多平台的既有认知,实现对高线人群的深度渗透,拼多多开始积极探索品牌上行之路。公司意识到,单纯的"极致低价"已无法满足更广泛消费者的需求,尤其是那些注重品质与性价比的高线人群。因此,拼多多决定通过引进更多品牌商品,提升平台整体形象,以满足高线人群的购买需求。在这一阶段,拼多多推出了一系列战略项目。其中,"超星星计划"是其中最为引人注目的一个。该项目旨在通过深度合作,引进国内外知名品牌入驻拼多多,并为其提供专属的营销推广资源。通过这一计划,拼多多不仅丰富了平台的商品种类,还提升了整体品牌形象。同时,拼多多还推出了"百亿补贴"项目,旨在通过补贴的方式,降低品牌商品的售价,使其更加符合消费者的预期。这一举措不仅吸引了大量高线用户的关注,还让他们切实感受到了在拼多多购买品牌商品的实惠与便利。通过这些战略项目的实施,拼多多不仅丰富了商品供给,更在消费者心中树立了"极致性价比"的新形象。消费者开始认识到,拼多多不仅是一个提供低价商品的平台,更是一个能够提供高品质、高性价比商品的购物平台。这种新的形象定位,使得拼多多在高线人群中的认可度大幅提升,为公司的未来发展奠定了坚实的基础。

品牌上行的成功为拼多多带来了前所未有的第二波规模化增长,其发展势头之迅猛,无疑在电商领域掀起了新的热潮。至2020年年底,拼多多的DAU(日活跃用户)规模已经突破了3亿大关,这一里程碑式的数字不仅彰显了拼多多在电商领域的深厚实力,更反映出用户对平台的极高黏性。这意味着每天都有数亿用户选择打开拼多多,享受其带来的购物乐趣和便利,这是对拼多多品牌魅力与服务质量的最好认可。同时,拼多多的MAU(月活跃用户)也达到了约5.5亿,这一数据同样令人瞩目。它展示了拼多多在吸引和留住用户方面的卓越能力,无论是新用户还是老用户,都能在这里找到他们所需,享受到满意的购物体验。这背后是拼多多对用户需求的深刻洞察和精准把握,以及对产品体验和服务质量的不断优化。更为亮眼的是,拼多多全年GMV规模超过了1.6万亿元,这一数字不仅刷新了其自身的历史纪录,还证明了品牌上行战略对提升交易规模的巨大推动作用。通过引进更多品牌商品、提升商品品质和服务水平,拼多多成功吸引了更多高线人群的关注和购买,从而实现了交易规模的快速增长。此外,全年活跃购买用户数更是达到了惊人的7.9亿,这一数字不仅凸显了拼多多在电商市场的广泛影响力,而且彰显了公司在吸引和满足消费者需求方面的卓越表现。无论是城市白领还是乡村居民,无论是年轻人还是老年人,都能在拼多多找到适合自己的商品和服务,感受到购物的乐趣和便利。这些数据的增长不仅是对拼多多品牌上行战略有效性的有力证明,更是对公司在电商领域强大竞争力和广阔发展前景的生动展示。

第三阶段无疑是拼多多发展历程中的一个关键转折点,具有里程碑式的意义。在这一阶段,拼多多通过精心策划并成功实施品牌上行战略，实现了质的飞跃。这不仅体现在用户规模的扩大和单个用户消费金额的提升上，更在于拼多多在消费者心中塑造了一个全新的品牌形象。

第四阶段（2021年至今）：发展成熟期，持续探索新场景与新模式。①

随着市场竞争的日益激烈和用户基数的不断扩大，拼多多所面临的挑战也日益严峻——用户规模的增速显著放缓。然而，面对这一挑战，拼多多并未选择安逸地维持现状，更未因此而停滞不前。相反，拼多多以敏锐的市场洞察力和前瞻性的战略思维，开始积极寻求新的突破。拼多多团队投入大量精力，深入调研市场，了解用户的真实需求。他们发现，随着生活水平的提高，消费者对购物体验的要求也越来越高，他们不仅追求商品的质量和价格，更看重购物过程中的便捷性、舒适度和个性化。基于这些发现，拼多多开始探索各种可能的新需求场景与模式，如社区团购、跨境电商等，旨在为消费者提供更加多元化、个性化的购物体验。同时，拼多多还加大了对供应链的优化力度。公司深知，优质的商品和服务是吸引用户的关键。因此，拼多多与众多优质供应商建立了紧密的合作关系，通过严格筛选和品质把控，确保平台上的商品质量上乘、价格合理。此外，拼多多还不断提升服务水平，优化购物流程，提高物流配送效率，让用户在购物过程中感受到更多的便利和舒适。

在探索新场景与模式的道路上，拼多多始终保持着敏锐的洞察力和前瞻性思维。尤其在社区团购这一领域，拼多多展现出了非凡的敏锐度和决断力。2020年8月，拼多多正式上线了社区团购业务——多多买菜，这一创新举措标志着公司正式切入近场电商业

---

① 靳丽娜、杨鑫婕：《拼多多裂变式社交营销策略及盈利模式研究》，《商场现代化》2025年第4期。

态，开启了全新的业务模式探索。多多买菜业务的推出，源于拼多多对用户需求的深入洞察。随着生活节奏的加快，用户对于日常买菜的便捷性和实惠性需求日益增强。拼多多敏锐地捕捉到了这一市场机遇，通过多多买菜业务，为用户提供了一站式的买菜解决方案。用户只需通过平台下单，就能享受到新鲜、优质的食材送货上门的服务，大大节省了时间和精力。同时，多多买菜业务的推出也增强了用户的黏性。通过提供更加便捷、实惠的购物体验，拼多多成功吸引了大量用户的关注和喜爱。用户在享受买菜便利的同时，也逐渐形成了对平台的依赖和信任，从而进一步提升了购买频次以及钱包份额。多多买菜的上线不仅丰富了拼多多的业务线，还为公司带来了新的利润增长点。通过社区团购的模式，拼多多得以更好地整合供应链资源，提升运营效率，降低成本，从而实现更加可持续的发展。

除了在国内市场深耕细作，不断巩固和提升自身的竞争力与影响力，拼多多还以卓越的战略眼光，开始积极开拓海外市场，寻找新的增长曲线。随着全球化趋势的加强和跨境电商的兴起，拼多多意识到海外市场同样蕴含着巨大的发展潜力和商机。因此，它决定迈出国际化的重要一步，以进一步扩大自身的业务范围和影响力。2022年下半年，拼多多推出了跨境电商平台"TEMU"，这标志着公司在全球化战略上迈出了坚实的步伐。TEMU平台充分利用了拼多多在国内市场积累的优质供应链资源，通过精心筛选和整合，为海外用户提供了丰富且具有高性价比的购物选择。这一举措不仅满足了海外用户对于优质商品的需求，还展示了拼多多在全球化战略上的实力和决心。实践证明，TEMU的推出，不仅为拼多多在国际市场上赢得了良好的口碑和市场份额，还进一步提升了其品牌价值和国际竞争力。通过跨境电商平台，拼多多得以将国内优质商品推向全球市场，实现更广泛的资源共享和互利共赢。同时，这也为其国际化发展奠定了坚实的基础，为长远发展注入了新的动力。

在这一阶段，拼多多的 GMV 增长模式也发生了深刻的转变。过去，它更多地依赖于用户规模的扩大来驱动增长，然而，随着市场竞争的加剧和用户获取成本的上升，这种增长模式难以持续。因此，拼多多开始将更多的精力投入提升单用户价值上。为了实现从用户规模驱动向单用户价值驱动的深刻转变，拼多多采取了一系列全面且精细化的措施。首先，在用户运营层面，拼多多投入了大量的精力和资源，通过深入的数据分析和用户画像构建，力求精准把握每一位用户的需求和偏好。拼多多利用先进的数据分析工具，对用户的行为、兴趣、购买历史等数据进行深入挖掘，构建出多维度的用户画像。这些画像不仅反映了用户的基本信息，还揭示了他们的消费习惯、购买偏好以及潜在需求。基于这些画像，拼多多能够为用户提供更加个性化的商品推荐和服务，确保每一位用户都能在平台上找到适合自己的商品和服务。此外，拼多多还不断优化其推荐算法，以进一步提升推荐的精准度和有效性。它利用机器学习和人工智能技术，对用户的购物行为和喜好进行深度学习和分析，从而为用户推荐更加精准、符合自身需求的商品。这些推荐不仅基于用户的历史购买记录，还考虑了用户的浏览行为、搜索关键词等多维度信息，确保推荐的商品能够真正满足用户的需求和期望。这些措施的实施，有效提升了用户的购物体验和满意度。用户能够在拼多多平台上享受到更加个性化、精准化的服务，找到自己真正需要的商品，从而提高了购买频次和钱包份额。同时，这些措施也增强了用户对拼多多的信任和忠诚度，为公司的长远发展奠定了坚实的基础。

这一时期拼多多正在经历一场深刻的变革，它凭借着不懈的努力和创新的精神，正在逐步探索出一条适合自己的发展道路。在这一阶段拼多多成功实现了从用户规模驱动向单用户价值驱动的转型。通过精细化运营和个性化推荐，其不断提升用户的购物体验和满意度，进而增加用户的购买频次和钱包份额。这种转型不仅有助于拼多多应对用户规模增速放缓的挑战，还为公司的长远发展奠定了坚实的基础。

二　拼多多商业模式分析

拼多多的商业模式以其独特的社交电商特性在电商市场中独树一帜，通过巧妙结合用户社交关系链与商品销售，实现了裂变式传播和快速增长。拼多多不仅注重用户购物体验的优化，更通过与厂商的紧密合作确保商品质量与价格优势，从而赢得广大用户的青睐。[1]

（一）社交电商模式的构建

社交裂变传播。拼多多社交电商模式的构建主要围绕"社交"与"电商"两大核心要素展开，通过独特的策略和活动，实现了用户增长、商品销售和品牌传播的良性循环。

拼多多巧妙地利用了微信的庞大用户基础和强大的社交属性，通过用户之间的分享、拼团、砍价等一系列互动活动，实现了商品信息的裂变式传播。这种传播方式具有极强的病毒式扩散效应，使得商品信息在短时间内能够迅速覆盖更广泛的用户群体。拼多多通过鼓励用户在微信朋友圈、群聊等社交平台分享商品信息和活动链接，吸引了更多潜在用户的关注和参与。同时，拼多多还推出了拼团、砍价等特色功能，让用户可以邀请亲朋好友一起参与购物，享受更优惠的价格和更丰富的购物体验。这些活动不仅提高了用户的

---

[1]　王卫东：《社会化电商拼多多盈利模式存在的问题与优化建议》，《中国商论》2022 年第 23 期。

参与度和黏性,还通过用户之间的口口相传,让商品信息在社交网络中迅速传播开来。这种裂变式传播方式不仅大大降低了拼多多的营销成本,还大大提高了商品的曝光度和用户参与度。通过用户的自发传播和互动,拼多多能够更精准地触达目标用户群体,提高销售转化率和用户满意度。

社交互动购物。拼多多在运营过程中,始终将社交互动购物作为核心策略,通过深度互动和黏性培养,成功吸引了大量用户的关注和参与。平台不仅提供物美价廉的商品,更注重为用户打造一个充满乐趣和归属感的购物环境。

首先,拼多多善于利用各类节日和特殊时期,策划丰富多样的促销活动。这些活动不仅为用户提供了实实在在的优惠,更通过有趣的游戏和挑战,激发用户的参与热情。例如,在春节、双 11 等重要节日,拼多多会推出各种主题活动,如"年货节""砍价节"等,鼓励用户通过分享、拼团等方式参与活动,共同感受节日的喜庆氛围。这些活动不仅增加了用户的购物乐趣,还通过互动形式增强了用户与平台之间的情感联系。其次,拼多多通过发起话题挑战等互动形式,引导用户在社交平台上分享购物心得和晒单评价。这些话题挑战往往与当前热点或用户兴趣点紧密结合,能够迅速吸引用户的关注和参与。用户们在参与挑战的过程中,不仅可以展示自己的购物成果,还可以通过评论和互动与其他用户建立深厚的友谊和联系。这种深度互动不仅增加了用户之间的社交联系,还使得拼多多成为一个用户之间分享生活、交流心得的社交平台。最后,拼多多还注重与用户的日常互动。平台会定期推送个性化的推荐商品和优惠信息,根据用户的购物历史和浏览行为,为用户提供更加精准的购物建议。同时,拼多多还设立了客服团队,随时为用户解答疑问和处理纠纷,确保用户购物过程的顺畅。

这种深度互动和黏性培养的策略,使得拼多多的用户黏性不断增强，用户规模也持续扩大。用户们在拼多多上不仅能够享受到物美价廉的商品，还能够感受到平台的温暖和关怀。他们愿意在平台上分享自己的购物心得和体验，也愿意邀请更多的朋友和家人加入拼多多的大家庭。这种良性的互动循环，使得拼多多的社交电商模式得以持续发展壮大。

（二）C2M 模式与工厂对接

在供给端，拼多多以其独特的商业模式，与工厂建立了紧密而富有成效的合作关系，从而打造了独具特色的 C2M（客对厂反向定制）模式。这一模式的核心在于通过平台与工厂的直接对接，实现供需双方的高效匹配，为消费者提供真正符合其需求的产品。①

拼多多投入了大量的资源和精力，通过大数据分析，深入挖掘用户的购买行为和偏好。每一次点击、每一次浏览、每一笔交易，都被精心记录和分析，形成了庞大的用户行为数据库。这些宝贵的数据，不仅反映了用户的消费习惯，更揭示了他们的潜在需求和期望。拼多多对这些信息进行了深度挖掘和整合，形成了一系列精准的市场需求报告。这些报告如同一面镜子，让合作工厂能够清晰地看到市场的真实面貌，从而进行有针对性的产品设计和生产调整。工厂在接收到这些精准的市场需求信息后，根据消费者的真实期望进行精准定制。它们优化产品设计，调整生产流程，确保每一件产品都能满足消费者的口味和需求。这种反向定制的方式，不仅避免了传统生产模式下可能出现的供需不匹配问题，还大大提高了产品的市场适应性和竞争力。

通过与工厂的直接合作，拼多多成功去除了中间环节，降低了产品的生产和流通成本。在传统的供应链中，中间环节往往导致成本上升和效率降低，而拼多多通过直接与合作工厂对接，实现了从

---

① 李泳琪：《基于拼多多的电商平台 C2M 模式创新路径研究》，《河北企业》2020 年第 8 期。

生产到销售的快速流通，减少了不必要的成本损耗。这使得平台上的商品价格更具竞争力，吸引了大量追求高性价比的消费者。同时，在C2M模式下，工厂能够根据市场需求进行精准生产，减少了库存积压以及因生产过剩导致的资源浪费。这不仅释放了工厂的资金，还为其提供了更灵活的生产空间。更重要的是，它们可以将更多的资源和精力投入产品研发、技术创新和质量提升上。这种转变不仅有助于提升产品的市场竞争力，还为消费者带来了更高品质的产品体验。

C2M模式还有助于推动工厂的产业升级和转型。通过与拼多多的合作，工厂能够更直接地了解市场需求，洞察消费者的喜好和趋势。这种深度的市场洞察使得工厂能够更有针对性地进行产品研发和生产调整，从而适应市场的快速变化。同时，拼多多还为工厂提供了与更多优质供应商和合作伙伴接触的机会，为工厂的产业升级和转型提供了更多的资源和支持。

（三）平台推荐与爆款打造

拼多多依托其强大的数据和先进算法技术，实现了对商品的精准推荐，极大地提升了用户的购物体验和满意度。在拼多多平台上，每一次用户的浏览、购买、搜索等行为都会被记录下来，并通过大数据技术进行深度分析。这些看似琐碎的数据，实则蕴含着丰富的用户信息和需求。平台能够准确地识别出用户的兴趣点、购买偏好以及潜在需求，从而为其推荐最符合其需求的商品。个性化推荐的实现，不仅提高了用户购物的便捷性，还大大增强了用户的购物体验。用户不再需要花费大量时间在海量的商品中挑选，只需轻松浏览平台推荐，就能找到心仪的商品。这种高效的购物方式，不仅节省了用户的时间，还提高了购物的成功率，让用户真正感受到购物的乐趣。此外，精准推荐还使得用户更容易发现那些自己可能未曾关注过的商品，从而拓宽了用户的购物视野。这种探索式的购物体验，不仅增加了购买的可能性，还为用户带来了更多的惊喜和发现。

同时，拼多多深知爆款产品对于提升平台吸引力和促进销售的重要性，因此投入大量资源来打造和推广爆款产品。平台会根据市场趋势、用户需求和商家资源等因素，进行深入的市场分析和数据挖掘，以筛选出具有巨大潜力的商品。这些商品通常具备独特的设计、优质的品质、合理的价格等特点，能够引起用户的兴趣和购买欲望。一旦确定了推广的商品，拼多多便会启动一系列精心策划的营销活动。优惠活动是其中的重要一环，平台会针对这些商品推出限时折扣、满减优惠、拼团优惠等促销方式，以吸引用户下单购买。此外，拼多多还会利用广告宣传来扩大商品的曝光范围，通过投放精准广告、与网红或明星合作等方式，让更多人了解并关注这些爆款产品。这些爆款产品不仅提升了平台的知名度和影响力，还带动了其他商品的销售。当用户看到这些爆款产品受到广泛关注和好评时，他们往往会对平台的其他商品也产生兴趣和信任，从而增加了购买的可能性。爆款产品的打造不仅为拼多多带来了可观的利润，更为商家带来了更多的销售机会。商家通过参与爆款产品的推广和销售，能够获得更多的流量和曝光，提升店铺的知名度和影响力。同时，爆款产品的热销也带动了其他商品的销售，使得商家的整体销售额得到提升。[1]

（四）压缩流通渠道与低价微利模式

拼多多巧妙地压缩流通渠道，并结合低价微利模式，从而为消费者提供物美价廉的商品。这一策略不仅降低了商品价格，也提升了平台的竞争力，为拼多多的快速崛起奠定了坚实的基础。[2]

---

[1] 蒋石梅、曹辉、覃欣然等：《社交电商平台颠覆性创新的触发机制研究——基于拼多多的案例研究》，《技术经济》2023年第6期。

[2] 姚悦霞：《拼多多战略成本管理与盈利模式分析》，《财富时代》2024年第8期。

在平台的运营过程中，拼多多始终注重成本控制和效率提升。它不断优化供应链管理，通过精简流程、提高物流效率、降低库存成本等方式，实现了自身毛利的压缩。此外，平台还通过降低运营成本，减少不必要的开支，进一步降低了商品价格。与此同时，拼多多坚持采用低手续费策略，大大降低了商品的渠道费用。这种低成本的运营模式，使得拼多多能够以更低的价格向消费者提供商品，为消费者带来了实实在在的优惠。这种策略不仅吸引了大量用户的关注和购买，还提升了平台的口碑和市场占有率。通过压缩自身毛利，拼多多成功地为消费者提供了物美价廉的商品，实现了平台与消费者的双赢。

低价竞争环境也促使商家采取微利经营策略。在拼多多平台上，商家面临着激烈的市场竞争，为了获取更多的流量和销量，它们不得不降低商品售价。这种低价竞争环境虽然压缩了商家的利润空间，但也带来了更多的销售机会。商家通过薄利多销的方式，实现了盈利和市场份额的增长。这种低价微利模式对拼多多的发展产生了积极的推动作用。首先，低价商品吸引了大量用户的关注和购买。在消费者越来越注重性价比的今天，拼多多平台上的低价商品无疑具有很强的吸引力。这些低价商品不仅满足了消费者的购物需求，还为他们带来了实实在在的优惠。因此，越来越多的用户开始关注并购买拼多多平台上的商品，使得平台能够迅速吸纳新用户，进一步扩大市场份额。其次，低价策略也提升了拼多多的竞争力。在电商领域，竞争异常激烈。为了能够在众多电商平台中脱颖而出，拼多多通过鼓励商家采取低价策略来吸引用户。这种策略使得拼多多在与其他电商平台的竞争中占据了有利地位。越来越多的消费者开始选择拼多多作为他们的购物平台，进一步巩固了拼多多在电商领域的地位。

三　成功经验借鉴

拼多多的成功经验在于其精准的市场定位，成功捕捉到了消费者的真实需求；其创新的社交电商模式，为消费者带来了全新的购物体验；与工厂的紧密合作，确保了商品的品质与价格优势；创新驱动的发展理念，让拼多多在行业中保持领先地位；低成本获客与高效流量利用，为平台的持续增长提供了有力保障。这些因素相互交织，共同推动了拼多多的快速发展，使其成为电商行业的一匹黑马。这些成功经验不仅值得其他电商平台学习，更为整个电商行业的发展提供了宝贵的启示。①

（一）精准定位，抓住下沉市场机遇

拼多多凭借其敏锐的市场洞察力，精准地识别并把握住了下沉市场所蕴含的广阔商机。它深入剖析了低收入人群的消费心理和购买力水平，以深入了解他们的真实需求。通过大量的市场调研和数据分析，拼多多发现，尽管这些消费者的购买力有限，但他们对物美价廉的商品有着极高的需求和渴望。为了满足这一庞大消费群体的基本需求，拼多多积极调整商品结构，优化供应链，确保提供的商品既具有高性价比，这些商品不仅品质可靠，而且价格亲民，让低收入人群也能享受到物有所值的购物体验。

通过这一精准定位策略，拼多多成功抢占了下沉市场的先机，迅速扩大了市场份额。它的商品不仅物美价廉，而且种类繁多，满足了广大消费者的多样化需求。这些商品通过拼多多平台的推广和营销，迅速在消费者中传播开来，赢得了广大消费者的喜爱和信任。随着口碑的积累和用户数量的增长，拼多多逐渐在下沉市场中建立了良好的品牌形象和声誉。消费者们纷纷选择拼多多作为他们

---

① 邓璐：《从 2023 年财报看拼多多的快速发展经验》，《中国电信业》2024 年第 5 期。

的购物平台，相信它能够为他们提供优质的商品和服务。这种信任和支持为拼多多带来了巨大的浏览量和销售额，进一步巩固了其在下沉市场的领先地位。同时，拼多多还不断优化用户体验，提升平台的服务质量。它致力于为消费者提供便捷、安全的购物环境，让用户能够享受到更好的购物体验。这种持续的努力和创新，使得拼多多在激烈的市场竞争中脱颖而出，实现了快速而稳健的发展。

如今，拼多多已经成为下沉市场的领军者，其成功经验和战略布局也为其他电商平台提供了宝贵的借鉴，无疑具有重要的借鉴意义。首先，要深入了解目标市场的消费需求和购买力水平。只有真正掌握消费者的需求，才能更好地调整和优化商品结构，以满足他们的期望。通过深入研究和分析目标市场的消费者画像，可以更加精准地定位自己的产品和服务，从而更好地满足消费者的需求，提升市场竞争力。其次，拼多多通过提供物美价廉的商品，赢得了消费者的信任和支持。这一经验表明，在电商领域，商品的性价比是赢得消费者信任的关键。只有注重商品的质量和价格，提供真正符合消费者需求的产品，才能赢得消费者的信任和支持，从而在激烈的市场竞争中脱颖而出。最后，拼多多的精准定位策略也为其他电商平台提供了宝贵的启示。要抓住市场机遇，就需要有敏锐的市场洞察力和准确的判断力。只有敏锐地捕捉到市场的变化和趋势，准确地判断消费者的需求和期望，才能制定出有效的市场策略，抓住市场机遇，实现快速发展。

(二) 注重创新驱动和社交互动模式

拼多多在发展过程中，始终坚持以创新驱动为核心战略，不断在产品、技术和营销等多个方面进行创新，从而实现了快速稳健的发展。

在产品创新方面，拼多多不断推陈出新，以满足用户日益多样化的需求。例如，推出的"百亿补贴"和"品牌清单"等功能，为用户提供了更多的购物选择，还通过优惠和品质保障，提升了用户的购物体验。这些创新举措不仅增强了用户的黏性，还进一步提升了拼多多的市场竞争力。在技术创新方面，拼多多充分利用大数据、人工智能等先进技术手段，实现了精准营销和智能推荐等功能。通过对用户数据的深度挖掘和分析，拼多多能够精准地把握用户的购物偏好和需求，为用户推荐更符合其需求的商品。这种智能化的推荐方式不仅提高了用户的购物效率，也增加了用户的购物满意度。在营销创新方面，拼多多运用裂变营销、内容营销等手段，形成了强大的口碑效应和社交效应。通过用户分享、拼团等社交属性强的活动，拼多多实现了商品的快速传播和销售。这种创新的社交电商模式不仅降低了营销成本，还通过用户的参与和互动，增强了用户黏性和品牌忠诚度。

拼多多的社交互动模式也是其成功的重要因素之一。这种模式巧妙地将社交元素与电商购物融为一体，为用户创造了一种全新的、互动性极强的购物体验。在拼多多的平台上，用户分享和拼团成为一种常见的购物方式。用户可以将自己喜欢的商品分享给朋友或家人，邀请他们一起参与拼团购买，从而享受到更优惠的价格。这种分享和拼团的方式不仅让购物变得更加有趣，还增加了用户之间的交流和互动，提升了购物的社交属性。通过这种社交电商模式，拼多多成功地激发了用户的购物热情。用户们乐于在平台上分享自己的购物心得，参与各种拼团活动，享受购物的乐趣。这种互动和分享的行为不仅让购物变得更加有趣，还帮助拼多多扩大了品牌影响力。更重要的是，用户的自发传播成为拼多多品牌推广的重要渠道。当用户对某个商品或活动感兴趣时，他们会主动分享到社交媒体或朋友圈，吸引更多的人关注和参与。这种口口相传的方式，让拼多多的品牌迅速在社交网络中传播开来，提升了品牌知名度和美誉度。拼多多通过创新驱动发展战略和社交互动模式的运用，实现了产品、技术和营销等多个方面的创新，从而取得了显著的发展成果。

拼多多的成功经验为其他电商平台提供了宝贵的借鉴和启示。其他平台可以学习其创新驱动发展战略和社交互动模式，注重产品、技术和营销等多个方面的创新，以满足用户需求和市场变化。同时，也需要结合自身的实际情况和发展战略，灵活运用这些成功经验，推动自身的快速发展和壮大。

(三) 保持与工厂长期稳定紧密的合作关系

拼多多与工厂建立紧密的合作关系，通过大数据分析用户需求，实现精准生产和供需匹配。这种合作模式不仅提升了拼多多的供应链效率，还确保了商品的质量和价格优势，为消费者带来了更优质的购物体验。

拼多多通过与工厂建立一种稳固且紧密的合作关系，成功地搭建起了一条直接对接生产源头的渠道。这一举措不仅让平台能够深入了解商品的生产流程，还使得拼多多在质量控制方面有了更大的话语权和主动权。通过与工厂的紧密合作，拼多多能够实时掌握商品生产的每一个环节，确保从原材料的选择到生产工艺的执行，再到成品的检验，都严格遵循既定的标准和流程。这种合作模式不仅增强了平台对商品质量的监督和管理能力，确保所售商品在质量上达到甚至超过相关标准和消费者的期望，还大大提升了平台的信誉和口碑。消费者在购买商品时，能够更加放心地选择拼多多，因为平台为他们提供了品质有保障的产品。工厂直供的模式还带来了另一大优势，那就是降低了成本。由于减少了中间环节，拼多多能够避免不必要的加价和费用，使得商品的成本得到有效控制。这种成本控制的优势，最终转化为更具竞争力的价格，让消费者在拼多多上能够购买到物美价廉的商品。

与工厂的紧密合作赋予了拼多多更大的灵活性和应变能力。通过与工厂建立稳固的合作关系，拼多多能够及时获取市场需求的最新动态，并充分利用平台积累的大量用户数据来进行深入分析。基于这些宝贵的数据反馈，工厂可以精准地把握消费者的喜好和购买趋势，从而灵活调整生产计划和产品设计。这种快速响应的能力使得拼多多能够迅速捕捉市场机遇，在竞争激烈的市场环境中抢占先机。一旦发现有潜力的新品或热门趋势，拼多多能够迅速与工厂沟通，协商生产方案，并快速将新品推向市场。这种高效的运营模式，不仅满足了消费者对于多样化、个性化商品的需求，也帮助拼多多在激烈的竞争中保持领先地位。此外，通过与工厂紧密合作，拼多多还能够在产品设计和创新上取得突破。工厂可以根据平台提供的数据和用户反馈，对商品进行持续改进和优化，不断提升产品的品质和用户体验。这种深度合作模式使得拼多多能够推出更多符合消费者口味的新品，进一步提升其在市场上的竞争力。

此外，与工厂的紧密合作对拼多多而言，还意味着能够建立起一套稳定可靠的供应链体系。通过与工厂建立起长期且稳定的合作关系，拼多多得以确保供应链的持续性和稳定性，从而大大降低了因供应链问题导致的断货、延迟发货等不利情况的发生。这种稳定的供应链体系对拼多多的运营至关重要。它确保了平台上的商品能够持续、稳定地供应，满足消费者的购买需求。消费者在购买商品时，无须担心因供应链问题导致的缺货或延迟，从而提升了他们的购物体验。这种良好的购物体验不仅增强了消费者对拼多多的信任度和忠诚度，还有助于提升平台的口碑和品牌形象。同时，稳定的供应链体系也为拼多多提供了更强的市场竞争力。在竞争激烈的电商市场中，能够稳定供应商品的平台往往更容易获得消费者的青睐。拼多多通过与工厂建立紧密的合作关系，确保了供应链的可靠性，从而在市场竞争中占据了有利地位。

（四）低成本获客与高效流量利用

拼多多通过基于微信的低成本获客模式，有效降低了单个活跃买家的销售和营销费用。同时，平台通过优化流量分配，使优质商品和店铺获得更多曝光机会，提高了流量利用效率。

拼多多巧妙地借助了微信这一社交平台，实现了低成本获客，这一策略的成功实施，为拼多多的快速发展奠定了坚实的基础。拼多多通过微信小程序、公众号等渠道，与微信生态进行了深度融合。这使得用户可以在微信内直接打开拼多多小程序或关注公众号，轻松浏览商品、参与拼团、完成购买等操作，无须跳转到其他平台。这种无缝衔接的购物体验，不仅简化了用户的购物流程，提高了购物的便利性，还降低了拼多多的获客成本。通过微信小程序和公众号，拼多多能够直接触达微信用户，实现精准推送和个性化营销。平台可以根据用户的兴趣、购买历史等信息，为用户推荐合适的商品和优惠活动，提高用户的购买意愿和转化率。同时，拼多多还可以利用微信的社交属性，通过用户分享、拼团等方式，实现商品的快速传播和裂变式增长，进一步扩大用户规模和市场份额。这种基于微信的低成本获客模式，不仅降低了拼多多的获客成本，还提高了用户的购物便利性。用户无需下载额外的App或跳转到其他平台，即可在微信内完成购物，这大大提升了用户的购物体验和满意度。同时，通过微信的广泛覆盖和社交属性，拼多多能够迅速吸引大量用户的关注和参与，实现用户规模的快速增长。其他平台可以引入类似的分享机制，鼓励用户将商品或活动分享到朋友圈，邀请朋友参与，以此降低获客成本。

拼多多在流量利用方面，可谓独树一帜，展现出了极高的效率。首先，拼多多通过一套精细化的流量分配策略，确保了优质商品和店铺能够脱颖而出，获得更多的曝光机会。这种策略的核心在于，它不仅仅依赖于传统的广告位购买或者付费推广，而是更加注重用户的行为和偏好，让真正有价值的商品和店铺能够自然地浮现出来。其次，拼多多充分利用了大数据和算法技术，对用户的行为进行了深入的分析。从用户的浏览记录、购买历史、搜索关键词等多个维度出发，平台能够精准地捕捉到用户的购物偏好和需求。这使得拼多多能够为每一位用户提供个性化的推荐，确保他们打开平台时，看到的是自己真正感兴趣的商品和店铺。这种智能化的流量分配方式，不仅大大提高了流量的利用效率，还极大地增强了用户体验。用户不再需要在海量的商品中漫无目的地寻找，而是能够更快速地找到自己想要的商品和店铺。这不仅节省了用户的时间，还提高了购物的满意度，进一步增加了用户对平台的黏性和忠诚度。此外，拼多多的流量利用策略还具有一定的成本效益。由于它能够根据用户的行为和偏好进行精准推荐，因此广告和推广的精准度也大大提高，减少了浪费。这使得拼多多在吸引新用户、留住老用户以及提升转化率等方面都取得了显著的成效。

拼多多的成功经验，无疑为整个电商行业提供了宝贵的启示。从精准定位下沉市场，到创新驱动与社交互动模式的结合，再到与工厂的紧密合作以及低成本获客与高效流量利用，每一步都体现了其前瞻性的战略眼光和务实的执行力。这些经验不仅铸就了拼多多今日的辉煌，更为其未来的发展铺设了坚实的基石。展望未来，拼多多将继续坚守其独特的商业模式，不断深化与工厂的合作关系，持续优化用户体验，并积极探索更多创新策略。相信在不久的将来，拼多多将以更加卓越的表现，引领电商行业迈向新的高峰，为消费者创造更多价值，为行业树立更多典范。

第七章

基于博弈论的传统电商营销数字化转型策略分析

第一节 电商营销中的博弈关系分析

一 电商企业与供应商企业的博弈关系

在当前的数字化、信息化时代背景下，电商企业凭借其平台优势，通过运用先进的技术手段，成功地汇聚了大量的消费者资源和丰富的交易数据，这些数据资源对于企业的决策和业务拓展具有重大价值。同时，电商企业也在市场竞争中展现出独特的竞争优势。他们通过提供便捷的购物方式、丰富的商品选择以及优质的服务体验，赢得了广大消费者的青睐和支持，进一步扩大了市场份额。供应商企业拥有强大的产品生产、研发与供应能力，是电商企业实现商业价值并保持竞争优势的关键一环。供应商企业不仅提供高性价比的产品，还具备快速响应市场需求的能力，从而确保电商企业能够提供丰富多样的商品选择，满足消费者不断变化的需求。此外，供应商企业还需与电商企业保持紧密的合作关系，共同应对市场变化和竞争挑战，实现互利共赢。

电商企业和供应商企业之间存在着一种相互依存的关系。电商企业需要供应商企业提供高性价比的产品，而供应商企业则需要通过与电商企业的合作来扩大市场份额和提升品牌影响力。因此，电商企业和供应商企业需要在保持合作关系的同时，寻求自身的利益最大化。双方需要建立稳定的供应链、加强质量监控、优化物流配送等方式实现电商企业的利益最大化；同时，供应商企业也需要尊重并遵守电商企业的规则和标准，共同应对市场变化和竞争挑战，实现双方互利共赢。

电商企业和供应商企业之间还存在竞争关系。主要体现在产品价格、产品质量与服务方面。首先，价格竞争是电商企业与供应商企业间博弈的核心内容之一。在电商平台上，价格透明度高，消费者可以轻易比较不同供应商的产品价格。因此，供应商企业需要制定具有竞争力的价格策略，以吸引更多的消费者。而电商企业则需要在保证利润的同时，尽可能降低产品价格，以在激烈的市场竞争中保持优势。这种价格博弈既体现了供应商企业追求市场份额和利润的诉求，也反映了电商企业追求成本效益和市场竞争力的需求。其次，产品质量和售后服务也是电商企业与供应商企业间博弈的重要方面。消费者在购买产品时，除了价格因素外，还关注产品的质量和售后服务。供应商企业需要确保产品质量的稳定性和可靠性，同时提供优质的售后服务，以满足消费者的需求。电商企业则需要对供应商的产品质量和售后服务进行严格的把控，以维护平台的声誉和消费者的信任。

电商企业需要与供应商企业建立良好的合作关系，以确保供应链的稳定性和效率。双方需要共同应对市场变化和竞争挑战，优化供应链管理，提高物流配送效率，以满足消费者需求。[1]

---

[1] 余典范、贾咏琪、王超：《跨境电子商务与企业供应链效率——基于跨境电商政策的经验研究》，《国际贸易问题》2024 年第 10 期。

二　电商企业之间的博弈关系

数字经济极大地拓宽了电商企业的竞争空间。借助大数据、云计算、人工智能等新一代信息技术，电商企业能够更深入地了解市场需求、消费者行为以及竞争对手的动态，从而制定更加精准和有效的竞争策略。这种高度信息化的竞争环境使得电商企业之间的博弈变得更加复杂和多变。[①]

在数字平台上，电商企业可以突破传统的行业界限，通过深度合作可以实现资源的最大化共享。电商企业可以通过合作进行品牌推广，共同打造有影响力的品牌，从而扩大市场份额，提高市场占有率。双方可以通过联合营销、广告投放、线上线下活动等方式，共同推广品牌，提高品牌的知名度和美誉度。此外，电商企业可以通过合作整合供应链，提高采购效率，降低采购成本。双方可以通过共享采购渠道、优化供应商资源等方式，实现供应链的协同效应，降低采购成本，提高供应链的稳定性和灵活性。

随着电商行业的快速发展，除传统的价格竞争和市场份额竞争外，技术创新也成为企业竞争的关键因素之一。技术创新是电商营销供应链发展的重要驱动力。然而，技术创新也带来了一系列的博弈问题。

首先，电商企业需要不断创新技术，提高服务质量和效率，以保持竞争优势。许多企业都在积极投入研发资源，探索新的技术应用和商业模式。不同企业在技术创新方面可能存在不同的偏好和选择。例如，一些企业可能更倾向于采用新技术来提高效率，而另一些企业则可能更注重技术的稳定性和可靠性。因此，在技术创新过

---

① 梁雯、陈广强、王欣：《电子商务发展中的逆向物流问题——电商企业与政府、消费者的不同利益关系博弈分析》，《产经评论》2017年第8期。

程中，企业需要与合作伙伴进行充分的沟通和协商，选择最适合自己的技术方案。其次，技术创新需要投入大量的资源和资金。然而，不同企业在技术投入方面可能存在差异。一些企业可能愿意投入更多的资源和资金来推动技术创新，而另一些企业则可能更注重成本控制和利润最大化。因此，在技术创新过程中，企业需要与合作伙伴共同分担风险和成本，实现互利共赢。此外，技术创新需要遵循一定的标准和规范。然而，不同企业之间的技术标准和规范可能存在差异。因此，在技术创新过程中，企业需要与合作伙伴共同制定和遵守相关的技术标准和规范，确保技术的兼容性和互操作性。

在创新的过程中，企业之间不仅要在技术层面进行较量，还要在专利布局、知识产权保护等方面展开博弈。市场策略层面的博弈也是电商企业创新过程中不可忽视的一环。随着新技术的推出，企业需要重新评估市场定位、调整价格策略、优化推广渠道等。在这个过程中，企业之间需要通过市场分析和竞争情报等手段，来预测和应对竞争对手的策略变化。

第二节　竞争环境下电商企业的数字化转型升级策略

一　问题描述

考虑由上游企业制造商 M，和两个竞争性的下游电子零售企业 A 和 B 构成的产业链。其中，制造商 M 负责产品生产，并向下游电子零售企业进行批发，然后电子零售企业将产品向消费者售出。为顺应数字化转型需求，上下游企业均可进行数字化投资来提升产业链数字化水平，进而扩大产品市场需求。此外，假设制造商 M 和电子零售企业 A 和 B 都为风险中性，并且都将利润最大化作为各自的决策目标。

由于企业 A 和企业 B 具有差异性，假设产品市场需求函数如下：

$$q_A = a - bp_A + \beta p_B,$$
$$q_B = a - bp_B + \beta p_A,$$

其中 a 表示基本市场需求，b 表示价格敏感系数，q_A 和 q_B 分别代表企业 A 和企业 B 的产品需求数量，p_A 和 p_B 分别代表企业 A 和企业 B 产品的零售价格。此外，β 表示两个企业之间的差异程度，并且 $\beta \in [0, 1)$。当 $\beta = 0$ 时，代表两个企业提供的产品相互独立且不相关，随着 β 增加，企业 A 和企业 B 在市场中的竞争逐渐激烈，当 $\beta \to 1$ 时，市场是完全竞争的，换句话说，两个企业销售的产品是完全可替代的。

传统产业标准化运作模式难以满足不同用户的差异化、个性化需求，以客户需求为导向，利用数字化和智能化对产品进行研发和生产能够帮助企业扩大市场需求。考虑制造商 M 的数字化改造投入水平为 e，借此使得每个电子零售企业的产品需求增加 θe；其中 θ 表示产业链数字化水平对需求的影响程度。同时，制造商需要付出数字化改造成本 $\frac{1}{2}ke^2 + T_m$，其中 $k > 0$ 表示制造商数字化升级的成本系数，T_m 为数字化改造的固定投资成本。除了制造商在对产品研发生产阶段的数字化改造，实际中电子零售企业也可借助各种数字化手段以提升产品的销售数量以及自身竞争力。由此，假设企业 A 和企业 B 可以通过付出成本 $\frac{1}{2}c_1 h^2 + T_1$ 和 $\frac{1}{2}c_2 t^2 + T_2$ 来提升产业链销售环节的数字化水平，同时增加产品需求 θh 和 θt，其中 $c_1 > 0$，$c_2 > 0$ 分别表示企业 A 和企业 B 的数字化升级成本系数，$T_1 > 0$，$T_2 > 0$ 分别表示数字化改造的固定投资成本。

假设两个竞争性企业 A 和企业 B 可以独立同时决策是否进行数字化升级，故两个企业的决策会构成以下四种情况出现：（1）双方均不进行数字化升级，用 NN 表示；（2）企业 A 进行数字化升级，企业 B 不进行数字化升级，用 GN 表示；（3）企业 A 不进行数字化升级，企业 B 进行数字化升级，用 NG 表示；（4）双方均进行数字化升级，用 GG 表示。

事件发生顺序如下，首先，制造商决定其数字化升级水平和批发价格，然后，电子零售企业 A 和销售 B 先决策是否进行数字化升级，最后企业 A 和企业 B 同时决策各自的销售价格。最终，消费者对产品进行消费，制造商 M 与企业 A 和企业 B 收益实现。

二 电商企业数字化升级策略模型构建与求解

（一）双方均不进行数字化升级（NN）

在 NN 情况下，两家销售企业均拒绝进行数字化升级，此时需求函数如下：

$$q_A = a - bp_A + \beta p_B + \theta e,$$
$$q_B = a - bp_B + \beta p_A + \theta e,$$

其中每个销售企业的需求仅受制造商 M 数字化升级投资的影响。

根据给定的需求函数，制造商 M，企业 A 和企业 B 的收益函数分别为：

$$\pi_M^{NN} = w(q_A + q_B) - \frac{1}{2}ke^2 - T_m,$$
$$\pi_A^{NN} = (p_A - w)q_A,$$
$$\pi_B^{NN} = (p_B - w)q_B。$$

采用逆序求解法进行求解，首先企业 A 和企业 B 通过选择最优的产品价格来最大化其收益函数，由此可得，$p_A(w, e) = p_B(w, e) = \dfrac{a + bw + \theta e}{2b - \beta}$，显然产品的最优价格均随制造商的数字化改

造升级水平 e 以及批发价格 w 的增加而增加。

制造商 M 通过选择最优的批发价格以及数字化升级水平来最大化其收益，将 $p_A(w,e)$ 和 $p_B(w,e)$ 代入制造商收益函数，最终可求得制造商 M，企业 A 和企业 B 的最优决策及利润，如命题一所示。

命题一：当下游销售企业均不进行数字化升级时，上游制造商和下游企业的最优决策及利润如下。

(1) 制造商 M 的最优批发价格以及最优数字化升级水平分别为：

$$w^{NN} = \frac{ak(2b-\beta)}{2[k(2b-\beta)(b-\beta)-b\theta^2]} \text{ 和 } e^{NN} = \frac{ab\theta}{k(2b-\beta)(b-\beta)-b\theta^2}$$

。企业 A 和企业 B 的最优销售价格 $p_A^{NN} = p_B^{NN} = \frac{ak(3b-2\beta)}{2[k(2b-\beta)(b-\beta)-b\theta^2]}$，市场需求 $q_A^{NN} = q_B^{NN} = \frac{abk(b-\beta)}{2[k(2b-\beta)(b-\beta)-b\theta^2]}$。

(2) 制造商 M 的最优收益 $\pi_M^{NN} = \frac{a^2bk}{2[k(2b-\beta)(b-\beta)-b\theta^2]} - T_m$，企业 A 和企业 B 的最优收益 $\pi_A^{NN} = \pi_B^{NN} = \frac{a^2k^2b(b-\beta)^2}{4[k(2b-\beta)(b-\beta)-b\theta^2]^2}$。

通过对产业链上下游企业决策变量的偏导进行分析，发现对于所有的决策变量以及所有企业的收益都随着上游制造商 M 的数字化升级成本系数 k 的增加而递减，随着需求影响系数 θ 和企业 A 和企业 B 之间竞争强度（差异度）β 的增加而增加。这一现象说明上游制造商的数字化升级成效增加时（投资成本减小，需求影响系数增加），制造商更愿意提升产业数字化水平来扩张市场。同时，市场竞争越发激烈，企业为了增强自身竞争力，更愿意进行数字化转型升级。随着数字化投入水平增高，制造商成本增加，批发价格和销售价格均会随之递增，最终提升整个产业链上下游企业的利润水平。

(二) 企业 A 进行数字化升级，企业 B 不进行数字化升级 (GN)

在 GN 情况下，销售企业 A 进行数字化升级，企业 B 拒绝进行数字化升级，此时需求函数如下：

$$q_A = a - bp_A + \beta p_B + \theta(e + h),$$

$$q_B = a - bp_B + \beta p_A + \theta e,$$

其中，企业 A 的需求受自身和制造商 M 数字化升级投资的影响，企业 B 的需求仅受制造商 M 数字化升级的影响。

根据给定的需求函数，制造商 M、企业 A 和企业 B 的收益函数分别为：

$$\pi_M^{NN} = w(q_A + q_B) - \frac{1}{2}ke^2 - T_m,$$

$$\pi_A^{NN} = (p_A - w)q_A - \frac{1}{2}c_1h^2 - T_1,$$

$$\pi_B^{NN} = (p_B - w)q_B。$$

采用逆序求解法进行求解，首先企业 A 通过选择最优的产品价格和最优的数字化投资水平来最大化其收益函数，同时企业 B 选择最优的产品价格来最大化其收益函数，由此可得，

$$p_A(w, e) = \frac{(2b + \beta)(a + bw + e\theta)c_1 - 2b\theta^2 w}{(4b^2 - \beta^2)c_1 - 2b\theta^2},$$

$$h(w, e) = \frac{(2b + \beta)(a - bw + \beta w + e\theta)\theta}{(4b^2 - \beta^2)c_1 - 2b\theta^2},$$

$$p_B(w, e) = \frac{[(2b + \beta)c_1 - \theta^2](a + bw + e\theta) - \beta\theta^2 w}{(4b^2 - \beta^2)c_1 - 2b\theta^2}。$$

制造商 M 考虑到下游销售企业的反应，通过选择最优的批发价格以及数字化升级水平来最大化其收益，将 $p_A(w, e)$、$h(w, e)$ 和 $p_B(w, e)$ 代入制造商收益函数，最终可求得制造商 M、企业 A 和企业 B 的最优决策及利润，如命题二所示。

命题二：当下游销售企业仅有一方进行数字化升级（企业 A）时，上游制造商和下游企业的最优决策及利润如下。

（1）制造商 M 的最优批发价格以及最优数字化升级水平分别为：
$w^{GN} = \dfrac{ak[(4b^2-\beta^2)c_1-2b\theta^2]}{2(b-\beta)[(4b^2-\beta^2)c_1k-2bk\theta^2]-b\theta^2[2c_1(2b+\beta)-\theta^2]}$ 和 $e^{GN} = \dfrac{ab\theta[2c_1(2b+\beta)-\theta^2]}{2(b-\beta)[(4b^2-\beta^2)c_1k-2bk\theta^2]-b\theta^2[2c_1(2b+\beta)-\theta^2]}$。企业 A 的最优销售价格和最优数字化升级水平分别为 $p_A^{GN} = \dfrac{ak[c_1(2b+\beta)(3b-2\beta)-2b\theta^2]}{2(b-\beta)[(4b^2-\beta^2)c_1k-2bk\theta^2]-b\theta^2[2c_1(2b+\beta)-\theta^2]}$ 和 $h^{GN} = \dfrac{ak\theta(2b+\beta)(b-\beta)}{2(b-\beta)[(4b^2-\beta^2)c_1k-2bk\theta^2]-b\theta^2[2c_1(2b+\beta)-\theta^2]}$，企业 B 的最优销售价格 $p_B^{GN} = \dfrac{ak[c_1(2b+\beta)(3b-2\beta)-(3b-\beta)\theta^2]}{2(b-\beta)[(4b^2-\beta^2)c_1k-2bk\theta^2]-b\theta^2[2c_1(2b+\beta)-\theta^2]}$，市场需求

$q_A^{GN} = \dfrac{abkc_1(2b+\beta)(b-\beta)}{2(b-\beta)[(4b^2-\beta^2)c_1k-2bk\theta^2]-b\theta^2[2c_1(2b+\beta)-\theta^2]}$，$q_B^{GN} = \dfrac{abk(2bc_1+\beta c_1-\theta^2)(b-\beta)}{2(b-\beta)[(4b^2-\beta^2)c_1k-2bk\theta^2]-b\theta^2[2c_1(2b+\beta)-\theta^2]}$。

（2）制造商 M 的最优收益 $\pi_M^{GN} = \dfrac{a^2bk(4bc_1+2\beta c_1-\theta^2)}{4(b-\beta)[(4b^2-\beta^2)c_1k-2bk\theta^2]-2b\theta^2[2c_1(2b+\beta)-\theta^2]} - T_m$，

企业 A 和企业 B 的最优收益 $\pi_A^{GN} = \dfrac{a^2k^2c_1(b-\beta)^2(2b+\beta)^2(2bc_1-\theta^2)}{2\{2(b-\beta)[(4b^2-\beta^2)c_1k-2bk\theta^2]-b\theta^2[2c_1(2b+\beta)-\theta^2]\}^2} - T_1$，

$\pi_B^{GN} = \dfrac{a^2k^2b(b-\beta)^2(2bc_1+\beta c_1-\theta^2)^2}{\{2(b-\beta)[(4b^2-\beta^2)c_1k-2bk\theta^2]-b\theta^2[2c_1(2b+\beta)-\theta^2]\}^2}$。

通过对命题二进行分析可知，下游销售企业数字升级投资效率会影响上游制造商批发价格和投资水平的决策，进一步影响竞争对手的定价决策。具体而言，上游制造商的批发价格和数字化升级水平均随着成本的增加而减小，这是由于企业 A 在数字化升级方面的成本增加，受资金限制，产品订购数量随之降低。上游制造商预测

到这一可能，为了保证一定的产品输出数量，会压低批发价格来吸引下游销售企业订购产品。为平衡缩减的批发价格收入，上游企业进而会降低数字化投资水平。有意思的是，成本的增加，并没有使得企业 A 提高零售价格保证利润，反而销售价格随着成本的增加而减小。这是因为由于数字化水平降低，市场扩张受到影响，销售企业通过降低零售价格来保证一定数量的产品销售。

（三）企业 A 不进行数字化升级，企业 B 进行数字化升级（NG）

在 NG 情况下，销售企业 A 不进行数字化升级，企业 B 进行数字化升级，此时需求函数如下：

$$q_A = a - bp_A + \beta p_B + \theta e,$$
$$q_B = a - bp_B + \beta p_A + \theta(e + t),$$

其中企业 A 的需求仅受制造商 M 数字化升级投资的影响，企业 B 的需求同时受自身和制造商 M 数字化升级的影响。

根据给定的需求函数，制造商 M，企业 A 和企业 B 的收益函数分别为：

$$\pi_M^{NN} = w(q_A + q_B) - \frac{1}{2}ke^2 - T_m,$$
$$\pi_A^{NN} = (p_A - w)q_A,$$
$$\pi_B^{NN} = (p_B - w)q_B - \frac{1}{2}c_2 t^2 - T_2。$$

采用逆序求解法进行求解，首先企业 A 通过选择最优的产品价格来最大化其收益函数，同时企业 B 选择最优的产品价格和最优的数字化投资水平来最大化其收益函数，由此可得，$p_A(w, e) = \dfrac{[(2b+\beta)c_2 - \theta^2](a+bw+e\theta) - \beta\theta^2 w}{(4b^2 - \beta^2)c_2 - 2b\theta^2}$，$p_B(w, e) = \dfrac{(2b+\beta)(a+bw+e\theta)c_2 - 2b\theta^2 w}{(4b^2 - \beta^2)c_2 - 2b\theta^2}$，

$$t(w,e) = \frac{(2b+\beta)(a-bw+\beta w+e\theta)\theta}{(4b^2-\beta^2)c_2-2b\theta^2}$$ 。制造商 M 考虑到下游销售企业的反应，通过选择最优的批发价格以及数字化升级水平来最大化其收益，将 $p_A(w,e)$，$h(w,e)$ 和 $p_B(w,e)$ 代入制造商收益函数，最终可求得制造商 M，企业 A 和企业 B 的最优决策及利润，如命题三所示。

命题三：当下游销售企业仅有一方进行数字化升级（企业 A）时，上游制造商和下游企业的最优决策及利润如下。

（1）制造商 M 的最优批发价格以及最优数字化升级水平分别为：

$$w^{NG} = \frac{ak[(4b^2-\beta^2)c_2-2b\theta^2]}{2(b-\beta)[(4b^2-\beta^2)c_2k-2bk\theta^2]-b\theta^2[2c_2(2b+\beta)-\theta^2]}$$ 和 $$e^{NG} = \frac{ab\theta[2c_2(2b+\beta)-\theta^2]}{2(b-\beta)[(4b^2-\beta^2)c_2k-2bk\theta^2]-b\theta^2[2c_2(2b+\beta)-\theta^2]}$$ 。

企业 A 的最优销售价格为 $$p_A^{NG} = \frac{ak[c_2(2b+\beta)(3b-2\beta)-(3b-\beta)\theta^2]}{2(b-\beta)[(4b^2-\beta^2)c_2k-2bk\theta^2]-b\theta^2[2c_2(2b+\beta)-\theta^2]}$$

和，企业 B 的最优销售价格和最优数字化升级水平分别 $$p_B^{NG} = \frac{ak[c_2(2b+\beta)(3b-2\beta)-2b\theta^2]}{2(b-\beta)[(4b^2-\beta^2)c_2k-2bk\theta^2]-b\theta^2[2c_2(2b+\beta)-\theta^2]}, \quad t^{NG} = \frac{ak\theta(2b+\beta)(b-\beta)}{2(b-\beta)[(4b^2-\beta^2)c_2k-2bk\theta^2]-b\theta^2[2c_2(2b+\beta)-\theta^2]}$$ 市场

需求 $$q_A^{NG} = \frac{abk(2bc_2+\beta c_2-\theta^2)(b-\beta)}{2(b-\beta)[(4b^2-\beta^2)c_2k-2bk\theta^2]-b\theta^2[2c_2(2b+\beta)-\theta^2]}, q_B^{NG} = \frac{abkc_2(2b+\beta)(b-\beta)}{2(b-\beta)[(4b^2-\beta^2)c_2k-2bk\theta^2]-b\theta^2[2c_2(2b+\beta)-\theta^2]}$$ 。

（2）制造商 M 的最优收益 $$\pi_M^{NG} = \frac{a^2bk(4bc_2+2\beta c_2-\theta^2)}{4(b-\beta)[(4b^2-\beta^2)c_2k-2bk\theta^2]-2b\theta^2[2c_2(2b+\beta)-\theta^2]} -$$

T_m，企业 A 和企业 B 的最优收益 $$\pi_A^{NG} = \frac{a^2k^2b(b-\beta)^2(2bc_2+\beta c_2-\theta^2)^2}{[2(b-\beta)(4b^2-\beta^2)c_2k-2bk\theta^2]-b\theta^2[2c_2(2b+\beta)-\theta^2]^2},$$

$$\pi_B^{NG} = \frac{a^2k^2c_2(b-\beta)^2(2b+\beta)^2(2bc_2-\theta^2)}{2\{2(b-\beta)[(4b^2-\beta^2)c_2k-2bk\theta^2]-b\theta^2[2c_2(2b+\beta)-\theta^2]\}^2} - T_2$$ 。

类似于情况 NN 以及情况 GN，命题三中企业的决策与收益关于数字升级投资效率和竞争系数的变化同命题一和命题二中一致，不再赘述。

（四）双方企业均进行数字化升级（GG）

在 GG 情况下，销售企业 A 和企业 B 均进行数字化升级，此时需求函数如下：

$$q_A = a - bp_A + \beta p_B + \theta(e+h),$$
$$q_B = a - bp_B + \beta p_A + \theta(e+t),$$

其中企业 A 和企业 B 的需求受自身和制造商 M 数字化升级投资的影响。

根据给定的需求函数，制造商 M，企业 A 和企业 B 的收益函数分别为：

$$\pi_M^{NN} = w(q_A + q_B) - \frac{1}{2}ke^2 - T_m,$$

$$\pi_A^{NN} = (p_A - w)q_A - \frac{1}{2}c_1 h^2 - T_1,$$

$$\pi_B^{NN} = (p_B - w)q_B - \frac{1}{2}c_2 t^2 - T_2 \text{。}$$

采用逆序求解法进行求解，首先企业 A 和企业 B 通过选择各自最优的产品价格和最优的数字化投资水平来最大化其收益函数，由此可得，

$$p_A(w, e) = \frac{(a - bw + \beta w + e\theta)[(2b+\beta)c_2 - \theta^2]\theta + (2bc_1 - \theta^2)(2bc_2 - \theta^2)w}{(2bc_1 - \theta^2)(2bc_2 - \theta^2) - \beta^2 c_1 c_2},$$

$$h(w, e) = \frac{(a - bw + \beta w + e\theta)[(2b+\beta)c_2 - \theta^2]\theta}{(2bc_1 - \theta^2)(2bc_2 - \theta^2) - \beta^2 c_1 c_2},$$

$$p_B(w, e) = \frac{(a - bw + \beta w + e\theta)[(2b+\beta)c_1 - \theta^2]\theta + (2bc_1 - \theta^2)(2bc_2 - \theta^2)w}{(2bc_1 - \theta^2)(2bc_2 - \theta^2) - \beta^2 c_1 c_2},$$

$$t(w, e) = \frac{(a - bw + \beta w + e\theta)[(2b+\beta)c_1 - \theta^2]\theta}{(2bc_1 - \theta^2)(2bc_2 - \theta^2) - \beta^2 c_1 c_2}。$$

制造商 M 考虑到下游销售企业的反应，通过选择最优的批发价格以及数字化升级水平来最大化其收益，将 $p_A(w, e)$，$h(w, e)$，$p_B(w, e)$ 和 $t(w, e)$ 代入制造商收益函数，最终可求得制造商 M，企业 A 和企业 B 的最优决策及利润，如命题四所示。

命题四：当下游销售企业均进行数字化升级时，上游制造商和下游企业的最优决策及利润如下。

（1）制造商 M 的最优批发价格以及最优数字化升级水平分别

为：$w^{GG} = \dfrac{ak[(4b^2 - \beta^2)c_1 c_2 - 2b(c_1 + c_2)\theta^2 + \theta^4]}{2(b-\beta)k[(4b^2-\beta^2)c_1 c_2 - 2b\theta^2(c_1+c_2) + \theta^4]}$ 和 $e^{GG} =$
$$\dfrac{ab\theta[2c_1 c_2(2b+\beta) - (c_1+c_2)\theta^2]}{2(b-\beta)k[(4b^2-\beta^2)c_1 c_2 - 2b\theta^2(c_1+c_2) + \theta^4]} - b\theta^2[2c_1c_2(2b+\beta) - \theta^2(c_1+c_2)]。$$ 企业 A 的最优销售

价格和最优数字化升级水平分别为 $p_A^{GG} =$
$\dfrac{ak\{c_1[(2b+\beta)(3b-2\beta)c_2 - (3b-\beta)\theta^2] - 2bc_2\theta^2 + \theta^4\}}{2(b-\beta)k[(4b^2-\beta^2)c_1c_2 - 2b\theta^2(c_1+c_2) + \theta^4] - b\theta^2[2c_1c_2(2b+\beta) - \theta^2(c_1+c_2)]}$ 和 $h^{GG} =$

$\dfrac{ak\theta[c_2(2b+\beta) - \theta^2](b-\beta)}{2(b-\beta)k[(4b^2-\beta^2)c_1c_2 - 2b\theta^2(c_1+c_2) + \theta^4] - b\theta^2[2c_1c_2(2b+\beta) - \theta^2(c_1+c_2)]}$，企业 B 的最优销售

价格和最优数字化升级水平分别为 $p_B^{GG} =$
$\dfrac{ak\{c_2[(2b+\beta)(3b-2\beta)c_1 - (3b-\beta)\theta^2] - 2bc_1\theta^2 + \theta^4\}}{2(b-\beta)k[(4b^2-\beta^2)c_1c_2 - 2b\theta^2(c_1+c_2) + \theta^4] - b\theta^2[2c_1c_2(2b+\beta) - \theta^2(c_1+c_2)]}$ 和 $t^{GG} =$

$\dfrac{ak\theta[c_1(2b+\beta) - \theta^2](b-\beta)}{2(b-\beta)k[(4b^2-\beta^2)c_1c_2 - 2b\theta^2(c_1+c_2) + \theta^4] - b\theta^2[2c_1c_2(2b+\beta) - \theta^2(c_1+c_2)]}$，市场需求 q_A^{GG}

$$= \frac{abkc_1(2bc_2+\beta c_2-\theta^2)(b-\beta)}{2(b-\beta)k[(4b^2-\beta^2)c_1c_2-2b\theta^2(c_1+c_2)+\theta^4]},$$
$$-b\theta^2[2c_1c_2(2b+\beta)-\theta^2(c_1+c_2)]$$

$$q_B^{GG} = \frac{abkc_2(2bc_1+\beta c_1-\theta^2)(b-\beta)}{2(b-\beta)k[(4b^2-\beta^2)c_1c_2-2b\theta^2(c_1+c_2)+\theta^4]} \circ$$
$$-b\theta^2[2c_1c_2(2b+\beta)-\theta^2(c_1+c_2)]$$

（2）制造商 M 的最优收益 $\pi_M^{GG} =$
$$\frac{a^2bk(4bc_1c_2+2\beta c_1c_2-c_1\theta^2-c_2\theta^2)}{4(b-\beta)k[(4b^2-\beta^2)c_1c_2-2b\theta^2(c_1+c_2)+\theta^4]} - T_m,\text{企业 A 和企业 B}$$
$$-2b\theta^2[2c_1c_2(2b+\beta)-\theta^2(c_1+c_2)]$$

的最优收益 $\pi_A^{GG} = \dfrac{a^2k^2c_1(b-\beta)^2(2bc_2+\beta c_2-\theta^2)^2(2bc_1-\theta^2)}{2\{2(b-\beta)k[(4b^2-\beta^2)c_1c_2-2b\theta^2(c_1+c_2)+\theta^4]} - T_1,$
$$-b\theta^2[2c_1c_2(2b+\beta)-\theta^2(c_1+c_2)]\}^2$$

$$\pi_B^{GG} = \frac{a^2k^2c_2(b-\beta)^2(2bc_1+\beta c_1-\theta^2)^2(2bc_2-\theta^2)}{2\{2(b-\beta)k[(4b^2-\beta^2)c_1c_2-2b\theta^2(c_1+c_2)+\theta^4]} - T_2 \circ$$
$$-b\theta^2[2c_1c_2(2b+\beta)-\theta^2(c_1+c_2)]\}^2$$

类似于前三种情况，命题四中企业的决策与收益关于数字升级投资效率和竞争系数的变化同命题一和命题二中一致，不再赘述。

三　均衡分析

通过对不同数字化升级情形下企业的决策以及收益进行分析，可知产业链上下游企业的决策同时受企业竞争强度和数字化升级成本的影响。下游销售企业间的博弈矩阵如表 7-1 所示，依据该博弈矩阵，下游企业数字化升级决策的博弈均衡结果如命题五所示。

表7-1　　　　　　　　　下游销售企业间的博弈矩阵

		企业 B	
		不升级（N）	升级（G）
企业 A	不升级（N）	π_A^{NN}, π_B^{NN}	π_A^{NG}, π_B^{NG}
	升级（G）	π_A^{GN}, π_B^{GN}	π_A^{GG}, π_B^{GG}

命题五：给定不同升级成本 T_1 和 T_2，有以下均衡结果存在。

（1）当 $T_1 > \overline{T}_1$ 且 $T_2 > \widetilde{T}_2$，以及 $\widetilde{T}_1 < T_1 < \overline{T}_1$ 且 $T_2 > \overline{T}_2$ 时，NN 是均衡，即下游销售企业均不会进行数字化升级。

（2）当 $T_1 < \widetilde{T}_1$ 且 $T_2 > \overline{T}_2$ 时，GN 是均衡，即下游销售企业 A 会进行数字化升级，而销售企业 B 不进行数字化升级。

（3）当 $T_1 > \overline{T}_1$ 且 $T_2 < \widetilde{T}_2$ 时，NG 是均衡，即下游销售企业 A 不会进行数字化升级，而销售企业 B 会进行数字化升级。

（4）当 $T_1 < \overline{T}_1$ 且 $T_2 < \widetilde{T}_2$，以及 $T_1 < \widetilde{T}_1$ 且 $\widetilde{T}_2 < T_2 < \overline{T}_2$ 时，GG 是均衡，即下游销售企业均会进行数字化升级。

（5）当 $\widetilde{T}_1 < T_1 < \overline{T}_1$ 且 $\widetilde{T}_2 < T_2 < \overline{T}_2$ 时，NN 和 GG 都是均衡，即下游销售企业可能会同时选择不进行数字化升级，也可能会同时选择进行数字化升级。

其中

$$\overline{T}_1 = \frac{a^2 k^2 c_1 (b-\beta)^2 (2bc_2+\beta c_2-\theta^2)^2 (2bc_1-\theta^2)}{2\{2(b-\beta)k[(4b^2-\beta^2)c_1 c_2 -2b\theta^2(c_1+c_2)+\theta^4] - b\theta^2[2c_1 c_2(2b+\beta)-\theta^2(c_1+c_2)]\}^2} - \pi_A^{NG},$$

$$\overline{T}_2 = \frac{a^2 k^2 c_2 (b-\beta)^2 (2bc_1+\beta c_1-\theta^2)^2 (2bc_2-\theta^2)}{2\{2(b-\beta)k[(4b^2-\beta^2)c_1 c_2 -2b\theta^2(c_1+c_2)+\theta^4] - b\theta^2[2c_1 c_2(2b+\beta)-\theta^2(c_1+c_2)]\}^2} - \pi_B^{GN},$$

$$\widetilde{T}_1 = \frac{a^2 k^2 c_1 (b-\beta)^2 (2b+\beta)^2 (2bc_1-\theta^2)}{2\{2(b-\beta)[(4b^2-\beta^2)c_1 k - 2bk\theta^2] - b\theta^2[2c_1(2b+\beta)-\theta^2]\}^2} - \pi_A^{NN},$$

$$\widetilde{T}_2 = \frac{a^2 k^2 c_2 (b-\beta)^2 (2b+\beta)^2 (2bc_2 - \theta^2)}{2\{2(b-\beta)[(4b^2-\beta^2)c_2 k - 2bk\theta^2] - b\theta^2[2c_2(2b+\beta) - \theta^2]\}^2}$$
$$- \pi_B^{NN}.$$

命题五给出了不同情况下的均衡结果。显然，下游企业更愿意在其固定升级成本较小时进行数字化升级。此外，当 $\widetilde{T}_1 < T_1 < \overline{T}_1$ 且 $\widetilde{T}_2 < T_2 < \overline{T}_2$ 时，下游企业的博弈出现两个纯策略纳什均衡，在此我们不过多关注该区域。为更直观反映，图 7-1 给出了下游企业的数字化升级均衡策略，其中"NN""GN""NG""GG"中前面的字母表示企业 A 的偏好，后面的字母表示企业 B 的偏好。

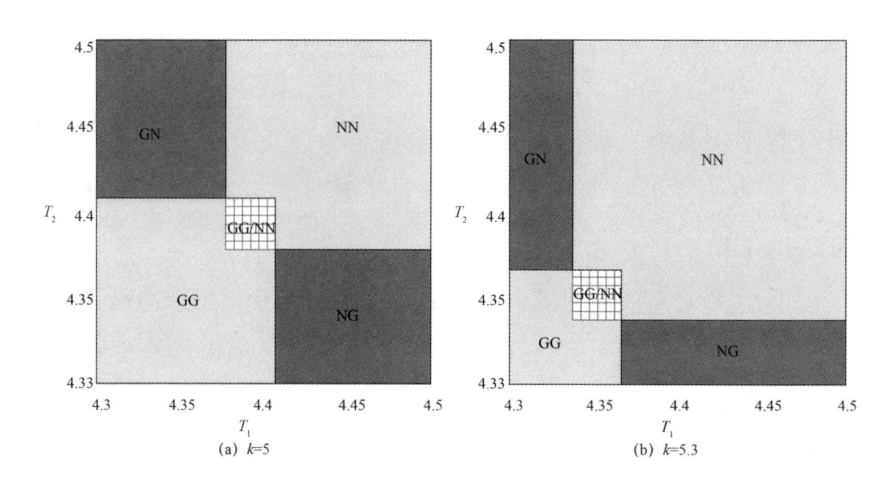

图 7-1

推论一：随着上游制造商数字化升级成本系数 k 的增加，下游销售企业更不愿意进行数字化升级。

推论一表明下游销售企业的数字化升级策略会受上游制造商升级成本的影响。该结果直观地反映在图 7-1 中，具体而言，图 7-1（a）中 k 取 5，图 7-1（b）中 k 取 5.3，随着 k 的增加，"NN"区域扩大而"GG"区域缩小。这个结论较为反直观。直观上，上游制造商会在其升级效率递减时降低数字化升级水平，下游企业则会自己通过数字化升级扩张市场保证收益。但是，反直观的是，下游企业也没有动力去进行升级。产生这一现象的原因如下：一方面上游制造商会降低批发价格来吸引下游销售企业订购更多的产品，采购成本的增加使得下游企业不愿再花费更多的升级成本进行市场扩张，因此，随着上游制造商升级成本的增加，下游销售企业便不愿意再进行升级。

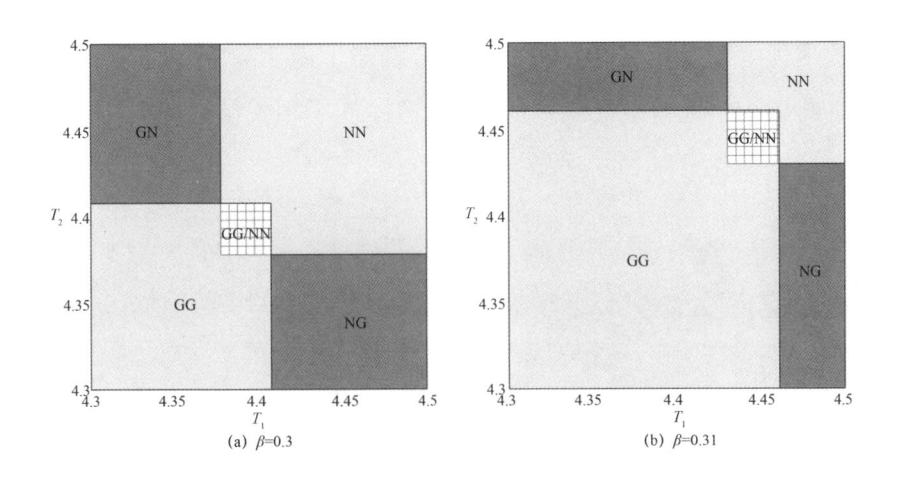

图 7-2

推论二：随着竞争系数 β 的增加，下游销售企业均会更愿意进行数字化升级。

推论二说明了下游销售企业的数字化升级策略会受市场竞争程度（或销售企业的同质化程度）的影响。该结果直观地反映在图 7-2 中，具体而言，图 7-1（a）中 β 取 0.3，图 7-2（b）中 β 取 0.31，随着 β 的增加，"GG" 区域扩大而 "NN" 区域缩小。这个结论较为反直观，一般而言，竞争会导致下游销售企业零售价格降低，进而影响单位产品利润，直觉上销售企业可能并不愿再付出更多的成本进行数字化升级。然而，实际上，数字化升级对市场扩张的积极作用，激励着下游销售企业进行数字化升级。因此，在成本可承受的前提下,市场竞争越激烈,下游销售企业越有动力进行数字化升级。

由于两个纯策略均衡区域范围较小,且面对数字化升级的迫切要求,我们假设下游企业更偏向选择 GG 策略,因此接下来我们将该区域作为 GG 均衡的一部分进行讨论。

定义 $S_{GG} = \overline{T_1} \cdot \overline{T_2}$ 为下游企业同时选择数字化升级时对应 GG 均衡的区域面积,推论三给出了市场规模、需求对产业链数字化水平的敏感程度以及销售企业可变成本差额对下游销售企业数字化升级策略的影响,此外,图 7-3 更直观地体现了相关结论。

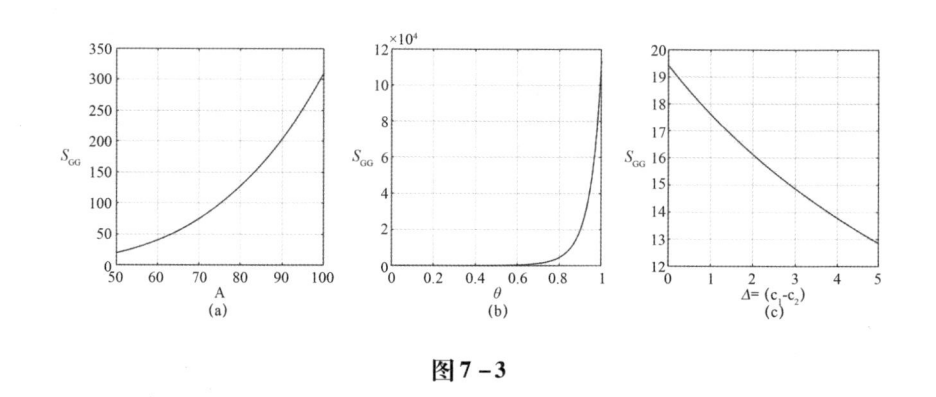

图 7-3

推论三:(1)随着市场规模变大,下游销售企业更愿意同时进行数字化升级;(2)需求对产业链数字化水平敏感度增加,下游销售企业更愿意同时进行数字化升级;(3)销售企业可变成本差距变大时,下游销售企业更不愿意同时进行数字化升级。

推论三(1)表明对于市场规模较大的产业,下游销售企业数字化升级的意愿更为强烈。较大规模的市场,意味着产品在市场中有足够的空间进行销售,稳定的供需体系给予了下游销售企业足够的信心应对数字化升级的需求,因此,GG 均衡所对应区域的面积随着 A 的增加而增加[如图 7-3(a)]。

推论三（2）体现了市场敏感度对于下游销售企业数字化升级的激励作用。需求对产业链数字化水平的敏感程度越高，意味着数字化升级对该类产业的影响力就越大。产业数字化升级所产生的正面价值对下游企业有巨大的吸引力，因此，GG 均衡所对应区域的面积随着 θ 的增加而增加 [如图 7-3 (b)]。

推论三（3）说明下游企业的成本差距对双方同时数字化升级意愿具有消极影响。具体而言，对于成本优势企业，数字化升级为其带来更多市场需求，产生的正向价值足以弥补升级带来的成本。同时，随着这种优势不断扩大（与成本劣势企业的差距越来越大），成本优势企业竞争力不断提升，所占市场份额也随之加大。对于升级成本处于劣势的企业，会更愿意稳固原有的市场，确保自身收益，不愿再付出更多的成本进行数字化升级。因此，GG 均衡所对应区域的面积随着 $|c_1-c_2|$ 的增加而减小 [如图 7-3 (c)]。

四 囚徒困境分析

命题六：当 $\overline{T_1}<T_1<\widehat{T_1}$ 且 $\overline{T_2}<T_1<\widehat{T_2}$ 时，囚徒困境发生，即在均衡时，下游销售企业均不会进行数字化升级，但实际上二者均可从升级中获益。

其中，$\widehat{T_1}=\dfrac{a^2k^2c_1(b-\beta)^2(2bc_2+\beta c_2-\theta^2)^2(2bc_1-\theta^2)}{2\{2(b-\beta)k[(4b^2-\beta^2)c_1c_2-2b\theta^2(c_1+c_2)+\theta^4]-b\theta^2[2c_1c_2(2b+\beta)-\theta^2(c_1+c_2)]\}^2}-$

π_A^{NN}，$\widehat{T_2}=\dfrac{a^2k^2c_2(b-\beta)^2(2bc_1+\beta c_1-\theta^2)^2(2bc_2-\theta^2)}{2\{2(b-\beta)k[(4b^2-\beta^2)c_1c_2-2b\theta^2(c_1+c_2)+\theta^4]-b\theta^2[2c_1c_2(2b+\beta)-\theta^2(c_1+c_2)]\}^2}-\pi_B^{NN}$。

命题六证实了囚徒困境的存在性，并给出囚徒困境的范围。具体而言，当下游销售企业的数字化升级成本适中时，原本每个企业都能从双方均进行数字化升级时获益，但迫于竞争的压力，使得最终双方均选择了保守的不升级策略。产生这种结果的原因主要源自数字化升级带来的双重影响：一方面数字化升级能够帮助企业扩张市场，另一方面会加剧企业的成本负担。成本的增加使得企业欲提高零售价格确保利润，但竞争对手的存在，使得企业不敢轻易提高销售价格，因此成本和竞争的双重压力，抑制了企业数字化升级的意愿，进而使得双方陷入囚徒困境。

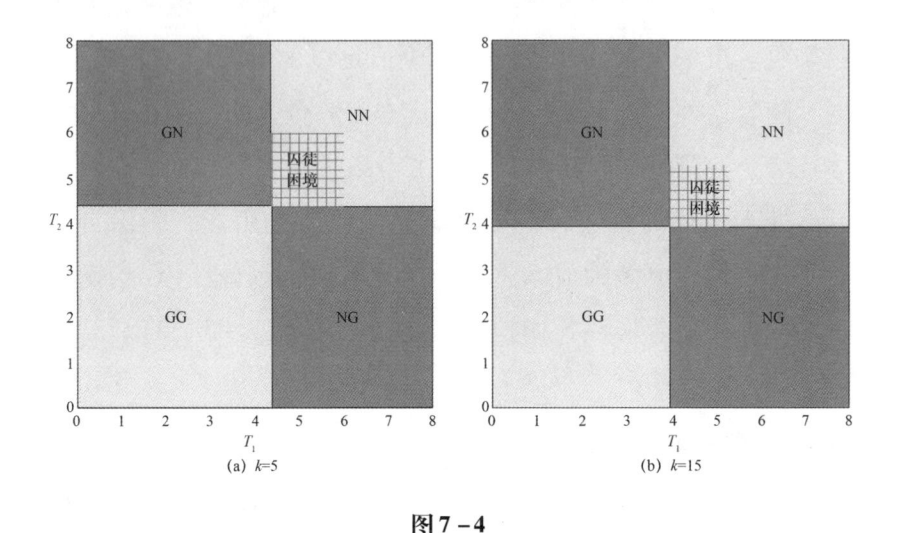

图 7-4

推论四：随着上游制造商数字化升级成本系数 k 的增加，下游销售企业越不容易陷入囚徒困境。

推论四给出了上游制造商数字化升级成本对下游销售企业面临囚徒困境的影响。图 7-4 直观地反映了这一结果，图 7-4（a）中 k 取值 5，图 7-4（b）中 k 取值 15，随着制造商数字化升级成本的增加，囚徒困境的区域变小。具体而言，上游制造商数字化升级水平受到自身成本增加的制约，面对扩张有限的市场，压低的批发价格一方面保证了产品的销售数量，另一方面保障了销售企业的零售利润。因此，即使不进行数字化升级，下游销售企业的整体利润也处在较为理想的水平,也就是说,利润并不比进行数字化升级时要低,因此更不容易陷入囚徒困境。

(a) $\beta=0.3$

(b) $\beta=0.4$

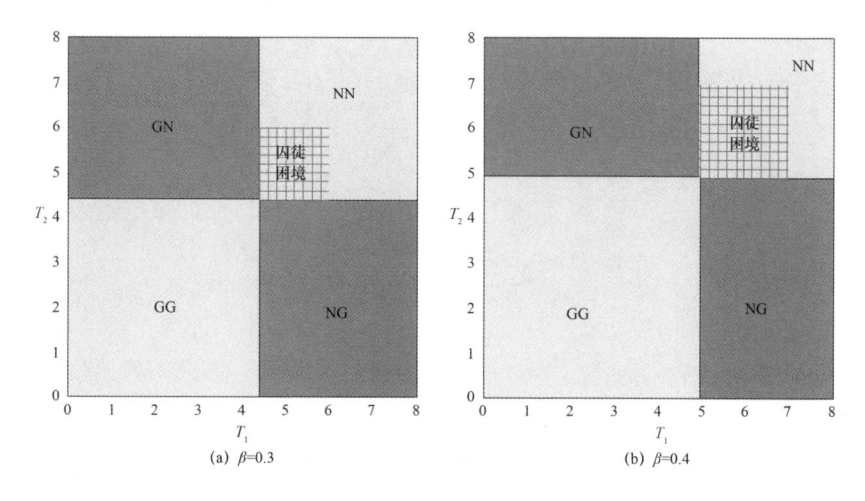

图 7-5

推论五:随着竞争系数 β 的增大,下游销售企业更愿意进行数字化升级,但同时也更容易陷入囚徒困境。

推论五表明下游销售企业同质化水平越高,即市场竞争越激烈,越能促使企业进行数字化升级,但竞争加剧也更容易使得下游企业陷入囚徒困境。图 7-5 直观地反映了这一结果,图 7-5(a)中 β 取值 0.3,图 7-5(b)中 β 取值 0.4,随着竞争的加剧,GG 均衡的区域变大,同时囚徒困境的区域也越来越大。由于激烈的市场竞争,致使下游销售企业以较低的价格出售产品,为缓解单位利润压缩带来的消极影响,下游企业通过数字化升级来进一步扩大市场,进而保证最终整体利益不受损。尽管如此,面对数字化升级成本的增加,处于成本劣势的企业依然不敢贸然进行数字化升级,以免增加的市场需求产生的利润不足以弥补升级带来的成本,因此,随着竞争越来越激烈,特别是对于成本处于适中但偏高的下游销售企业，更容易陷入囚徒困境。

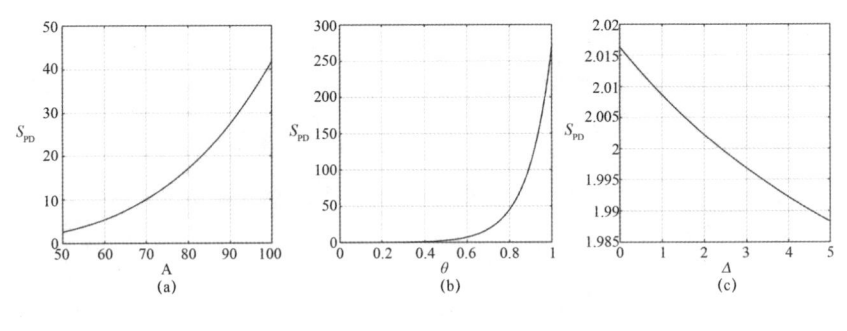

图 7-6

推论六：（1）随着市场规模变大，下游销售企业更容易陷入囚徒困境；（2）需求对产业链数字化水平敏感度增加，下游销售企业更容易陷入囚徒困境；（3）销售企业可变成本差距变大时，下游销售企业更不容易陷入囚徒困境。

推论六（1）表明随着产业基本市场规模不断扩大，下游销售企业在选择数字化升级策略时更为保守。这是比较反直观的，因为较大规模的市场，给予了下游销售企业稳定的供需环境，并且企业也更愿意进行数字化升级，尽管如此，较大的市场规模反而使得下游销售企业在进行数字化升级时更为谨慎。因为庞大的基本市场保证了产业链稳定发展的态势，下游销售企业在进行数字化升级决策时，更多地在成本与预期收益之间进行权衡，原本稳定的供需结构保障了企业的收益，对于升级成本较高的企业更愿意采取保守的不升级策略，进而该情况下使得下游销售企业更容易陷入囚徒困境[如图 7-6（a）]。

推论六（2）体现了产业链数字化水平对市场影响力对囚徒困境的影响。具体而言，需求对产业链数字化水平的敏感程度越高，下游企业越愿意进行数字化升级，但市场需求随着数字化升级水平的升高不断扩张，导致产品的价格受到影响，下游销售企业要在需求增加和单位利润降低两方面进行权衡，特别是对于升级成本较高的企业，更不敢于去损失单位利润换取提升销量的空间，因此，在产业链数字化水平对市场影响力增加的情况下，下游销售企业更容易陷入囚徒困境［如图7-6（b）］。

推论六（3）说明下游企业数字化升级成本差距越大，越容易逃离囚徒困境。具体而言，对于升级成本较低的企业，在面临数字化升级决策时会较为果断，升级产生的成本会由提高的市场需求产生的利益所弥补。同时，通过提高数字化升级水平，成本优势的企业自身竞争力会不断提高。面对具有如此竞争力的对手时，成本劣势企业在数字化升级中便不再容易获得更高的收益，对其而言，保守选择不升级反而更有利于增加自身收益。因此，囚徒困境区域的面积随着下游企业数字化升级成本差距的增加而减少［如图7-6（c）］。

五 结论与启示

通过求解博弈模型，以及对均衡结果的分析，本章主要结论可总结为以下几个方面。

首先，企业数字化升级成效是制约其数字化转型的关键因素。具体而言，本章通过对成本和数字化升级对需求的影响来刻画企业的数字化升级成效，当上游制造商的数字化升级成效增加时，其更愿意提升产业数字化水平来扩张市场。然而，当下游销售企业的升级成本增加，除其自身不愿进行升级外，还会间接影响上游制造商的升级意愿，进而制约整个产业链数字化转型升级。

其次，企业间的良性竞争对提升产业链数字化水平具有积极的作用。下游销售企业间的竞争，会刺激彼此降低销售价格，因此单位产品的利润会有所削减。数字化升级虽然会增加企业部分成本投入,但对市场扩张的积极作用又使得企业有动力去进行数字化升级,因此只要在可负担的前提下,竞争会促使企业进行数字化升级,提升整条产业链的数字化水平。

最后,数字化升级成本和市场竞争压力双重作用使得囚徒困境产生。下游销售企业虽然在竞争环境下更有动力去进行数字化升级,但相应产生的成本成为制约其加大升级力度的主要因素。此外,市场对数字化水平越敏感,企业间的成本差距越大,越容易使得下游销售企业陷入囚徒困境当中。

本章通过构建博弈论模型,对产业链上下游企业数字化升级决策问题进行了理论探讨,对结果的分析具有一定管理意义,其管理启示主要体现在以下几个方面。

第一,适当给予上游制造商补贴,能够刺激下游销售端升级。由于产业链条上下游企业间相互影响,根据推论一,上游制造商数字化升级成本的增加,会造成下游销售企业对数字化升级的意愿减少,因此,对上游制造商给予一定的成本补贴,一方面激励制造商本身进行数字化升级,另一方面也能间接影响下游销售商的升级意愿,以此提升整个产业链的数字化升级水平。

第二,提供数字化升级技术支持,间接降低企业升级成本。根据推论三,销售企业可变成本差距变大时,下游销售企业更不愿意进行数字化升级。因此,有必要对成本劣势的企业进行扶持,减少其与同类企业的差距,提升其数字化升级的能力与意愿。政府可以适当加大对有需求、能力或资金薄弱的企业,提供免费的升级技术支持,进而减少企业的数字化升级成本,提升企业的数字化升级成效。

第三,营造良好的市场发展环境,保障企业公平竞争。公平竞争是市场经济的核心,良好的市场环境有利于企业健康有序高质量发展。根据推论二,随着竞争系数的增大,下游销售企业均更愿意进行数字化升级，说明良好的市场竞争能够调动企业数字化升级的积极性。因此，政府应当营造良好的营商环境，创造有活力的市场氛围，保障各类企业的公平竞争，激发企业的创造力，提升企业数字化升级的内生动力。

第八章

京津冀传统企业营销数字化转型建议

第一节 明确转型目标和战略

对于京津冀传统企业来说,营销数字化转型是一个系统且全面的过程,首先需要明确转型的目标和战略。通过确立清晰的数字化转型目标和制定与企业整体战略相协调的转型战略,企业可以更加有序、高效地推进数字化转型工作,提升市场竞争力并实现可持续发展。

一 确立清晰的数字化转型目标

数字化转型的首要目标之一是提升营销活动的效果和提高效率。这包括通过数字化工具和技术,实现更快速的市场反应、更精准的营销定位以及更高效的营销执行。例如,利用大数据分析工具对消费者行为进行深入分析,为营销策略制定提供数据支持。其次,通过数字化手段,企业可以降低营销活动的成本。例如,利用社交媒体平台进行品牌推广,可以减少对传统广告渠道的依赖;通过自动化的营销工具,可以减少人力资源的投入。此外,数字化转型的最终目标是提升客户体验,增强客户忠诚度和满意度。通过数字化手段，企业可以为客户提供更加个性化、便捷的服务体验，如在线客服、智能推荐等。

二 制定与企业整体战略相协调的数字化转型战略

数字化转型战略应与企业整体战略保持一致，确保转型过程能够为企业的发展目标提供有力支持。① 例如，如果企业的整体战略是向高端市场转型，那么数字化转型战略也应围绕提升品牌形象、提供高品质服务等方面展开。然而，在制定数字化转型战略时，需要明确转型的路径和优先级。这包括确定哪些业务领域需要优先进行数字化转型、哪些技术和工具是必需的以及如何逐步推进转型过程等。通过明确路径和优先级，企业可以更加有序有效地推进数字化转型。

同时，为了确保数字化转型战略能够得到有效实施，企业需要制订具体的实施方案和时间表。这包括明确各阶段的工作内容、责任人、完成时间等。通过具体的实施方案和时间表，企业可以确保数字化转型能够按计划进行，并及时调整和优化策略。此外，为了评估数字化转型的效果，企业需要建立相应的评估机制。这包括设定明确的评估指标、制定评估方法和周期等，借此，企业可以及时发现问题、调整策略并持续优化数字化转型进程。

第二节 强化区域合作与数据共享

在京津冀地区，传统企业面临着营销数字化转型的共同挑战和机遇。区域内企业应充分利用地理邻近性和经济互补性，加强区域

---

① 王娟娟、黄美玲、黄明天等：《数字化赋能企业与数字化转型企业的价值共创过程与机制研究》，《南大商学评论》2023年第4期。

合作与数据共享，以提升整个区域的营销效率和竞争力。

一　建立京津冀地区企业间的数字化转型合作机制

首先，京津冀地区的企业应主动寻求与其他企业的合作机会。这种合作不仅可以带来资源共享、优势互补，还能通过互相学习、借鉴经验，加快数字化转型的步伐。为此，企业可以通过行业组织、商会、政府部门等，积极寻找潜在的合作伙伴。

其次，合作的具体形式可以多样化，常见的方式是定期举办数字化转型研讨会，可以邀请业内专家、企业代表等共同探讨数字化转型的热点问题、分享成功案例和经验教训。借此，企业可以及时了解行业最新动态，掌握前沿技术，从而更好地指导自身的数字化转型工作。

再次，设立共同研发中心也是一种有效的合作方式。共同研发中心可以集中资源，对数字化转型中的关键技术难题进行攻关。通过共同研发，企业可以共享研发成果，降低研发成本，提高技术创新能力。同时，共同研发中心还可以为企业提供技术咨询、培训等服务，帮助企业更好地应对数字化转型中的各种挑战。

最后，建立企业联盟也是推动区域营销数字化转型的重要手段。企业联盟可以将京津冀地区的企业紧密联系在一起，形成一个紧密合作的网络。通过这个网络，企业可以共同研究市场趋势、探讨技术难题、分享成功案例等。同时，企业联盟还可以组织各种交流活动，如企业互访、产品展示等，促进企业间的相互了解和合作。

二　搭建数据共享平台

在京津冀地区企业推进营销数字化转型的过程中，数据共享平台的确发挥着核心作用，有助于打通信息孤岛，提高数据利用率，促进区域内企业的协同发展。

搭建数据共享平台要遵循开放、共享、安全、合规的原则，确保平台的数据流通合法合规，同时保障数据安全。通过采用数据加密、访问控制、安全审计等多层次安全策略，确保数据在传输和存储过程中的安全性。建立灵活的权限管理机制，实现数据的精细化权限控制，保护数据的安全和隐私。采用分布式架构，对数据存储、数据处理、数据接入、数据安全等功能模块进行分层，以实现数据的统一管理和安全共享。

选择稳定可靠、易于扩展的数据库管理系统，通过应用开放式接口和标准数据格式，确保不同系统之间的数据交换和共享的无缝对接，能够提高数据的流通效率。使用云计算技术，如 Amazon Web Services、Azure 等，提供高可用性和弹性伸缩能力。运用适合企业需求的数据分析工具和技术栈，如 Hadoop、Spark、Tableau 等，对海量数据进行深度挖掘，发现隐藏在数据背后的价值。这将有助于企业更准确地了解客户需求、预测市场趋势，从而制定出更加精准的营销策略。

通过提供技术支持、培训服务、定制开发等全方位服务与支持，帮助用户快速上手和实现个性化需求。建立监控和评估机制，对平台的运行情况进行实时监控和评估。建立健全运维体系，确保平台的稳定运行和持续改进。定期收集用户反馈和意见，不断优化和改进平台的功能和服务。定期组织技术交流和培训活动，提升用户的技术水平和应用能力。

通过数据共享平台，企业可以共享各自的数据资源，形成优势互补的局面。这种数据互通和协同将推动整个区域营销数字化转型的深入发展，使京津冀地区的企业在数字化转型的道路上更加紧密地联系在一起。

第三节 优化数字营销工具和技术

一 全面引入云计算以革新营销数据处理

深入分析现有IT基础设施在处理营销数据时遇到的瓶颈,如存储容量、计算能力和可扩展性等,基于这些分析,明确云计算服务的需求和所需规模。对比市场上各大云计算服务商,评估其可靠性、安全性、成本效益以及技术支持等关键因素,选择与企业业务需求最匹配的云计算平台,确保数据安全和业务连续性。制订详细的迁移计划,将现有的营销数据和应用程序平滑地迁移到云计算平台。同时,优化数据结构和处理流程,确保数据在云端的高效存储和访问。利用云计算的弹性伸缩能力,根据业务需求实时调整数据处理能力。在高峰时段增加资源投入,确保数据处理的高效性;在低峰时段减少资源占用,降低成本。建立全面的监控体系,实时监控云计算平台的性能和安全性。定期进行维护和升级,确保平台的稳定性和安全性。

二 利用大数据驱动精准营销分析

对收集到的原始数据进行清洗和整合,去除冗余、错误和无效数据,确保数据质量和准确性。运用先进的数据分析工具和技术,对整合后的数据进行深度挖掘和分析,发现潜在的市场机会和用户需求。基于数据分析结果,制订有针对性的营销策略和计划。同时,根据营销效果反馈,不断优化数据分析流程和方法,提高分析的准确性和效率。将数据分析结果作为决策的重要依据,指导营销活动的开展和优化。通过数据驱动的方式,实现精准营销和效果最大化。

三 应用人工智能优化营销决策与自动化

利用机器学习算法对营销数据进行预测和分析，为营销策略的制定提供数据支持。通过智能算法，预测市场趋势、用户需求和竞争态势等关键信息。构建基于用户行为和历史数据的智能推荐系统，为用户推荐个性化的产品和服务。提高用户满意度和忠诚度，促进销售增长。利用人工智能技术实现营销活动的自动化，如自动化邮件营销、自动化广告投放等，提高营销效率，降低人力成本。实时监测营销活动的效果和用户反馈，通过人工智能算法提供实时反馈和优化建议。及时调整营销策略和活动细节，提高营销效果和投资回报率。在利用人工智能优化营销决策的同时，注重与人类智慧的结合，通过人机协作的方式，充分发挥双方的优势，实现更精准、更高效的营销决策和自动化。

四 利用数字营销工具扩大品牌影响力和市场覆盖范围

深入研究目标受众，制订符合其兴趣和需求的社交媒体内容计划。定期发布有价值的内容，如行业动态、产品介绍、用户案例等，提高品牌曝光度。与用户积极互动，回复评论、私信，增强用户黏性和品牌忠诚度。优化网站结构和内容，确保网站易于导航和搜索引擎友好。进行关键词研究，确保网站内容涵盖与业务相关的热门关键词。监测和分析网站在搜索引擎中的排名，调整优化策略以提高自然流量。创作高质量的内容，如博客文章、视频、图文等，以吸引和留住用户。通过多个渠道分发内容，如社交媒体、电子邮件营销、合作伙伴网站等。跟踪内容表现，了解哪些内容最受欢迎，并据此优化创作方向。利用搜索引擎广告和社交媒体广告进行精准投放。设定明确的广告目标和预算，确保广告投放效果可衡量。实时监测广告效果，调整投放策略以提高品牌知名度和市场占有率。通过多渠道收集用户行为数据和市场趋势数据，了解用户需求和市场动态。

五　保持数字营销工具的先进性和适用性

定期对数字营销工具和技术进行评估，确保其符合当前市场趋势和用户需求。根据评估结果，及时更新或替换过时和低效的数字营销工具。制定明确的评估指标，如转化率、ROI、品牌知名度等，以衡量数字营销工具和技术的效果。定期收集和分析评估数据，了解数字营销工具的实际表现。根据评估结果，优化数字营销策略和工具使用，提高营销效果。为员工提供定期的数字营销培训，确保他们熟悉并掌握最新的数字营销工具和技术。帮助员工解决在使用数字营销工具过程中遇到的问题。鼓励员工尝试新的数字营销工具和技术，以发现更有效的营销方法。测试新的营销策略和工具，以推动品牌发展和市场扩张。

第四节　加强人才培养和团队建设

一　培养具备数字化素养和技能的营销人才

设立京津冀联合数字化营销人才培养基地，整合三地丰富的教育资源，共同设计并开展数字化营销课程。这些课程应涵盖数字化营销的前沿理论、技术工具和实践案例，确保培养出的营销人才具备扎实的理论基础和丰富的实践经验。鼓励企业内部开展培训活动，为员工提供数字化营销的专业培训和实践机会。通过内部培训，员工可以深入了解数字化营销的最新趋势和技巧，提高自身的数字化素养和技能水平。此外，还应积极与高校合作，开展校企合作项目，为学生提供实习和就业机会。通过与高校合作，可以引入高校的研究成果和优秀人才，为企业数字化转型注入新的活力。建立完善的激励机制和人才评价体系,激发营销人才的积极性和创造力。通过设立数字化营销人才奖励基金、举办数字化营销技能大赛等方式,我们可以表彰优秀的营销人才,激励他们为企业的发展贡献更多力量。

二 组建跨部门的数字化营销团队

组建包括市场营销、产品、技术、数据等部门精英的跨部门数字化营销团队。打破部门壁垒,实现资源的共享和互补,提高整体营销效率。为加强团队协作和沟通,建立有效的沟通机制和协作平台。团队成员可以通过定期召开会议、分享会等方式,交流工作进展和心得体会,共同解决问题。此外,还可以利用现代化的协作工具和技术手段,如企业微信、钉钉等,实现信息的快速传递和共享。定期组织培训和交流活动。这些活动可以邀请行业专家和学者进行授课和分享,让团队成员了解最新的数字化营销趋势和技巧。同时,我们还可以鼓励团队成员参加国内外知名的数字化营销会议和展览,拓宽自身视野和思路。

三 加强数字化营销的实践和创新

深入了解市场需求和消费者行为,制定有针对性的数字化营销策略。通过数据分析、市场调研等方式,了解消费者的需求和偏好,为营销策略的制定提供有力支持。积极尝试新的数字化营销手段和渠道。尝试利用社交媒体、短视频、直播等方式进行品牌推广和营销活动,提高品牌知名度和影响力。注重数字化营销的创新和实验。设立数字化营销创新基金,鼓励团队成员开展创新性的数字化营销活动。通过不断的实验和尝试,发现新的营销机会和模式,提高企业的市场竞争力。

第五节 创新营销模式和策略

一 深入研究消费者行为与市场趋势以制定精准营销策略

在京津冀地区这一庞大的市场中,消费者行为呈现出多样化的特点。为了制定符合市场需求的营销策略,需要深入研究消费者的个体因素,如个人需求、情感和价值观等,同时也要考虑环境因素,如文化、经济、法律等对消费者行为的影响。通过市场调研和数据分析,能够更好地了解消费者的购买动机和决策过程。结合消费者行为分析,能够预测未来市场的发展趋势,如消费热点、新兴市场需求等,从而为企业营销战略提供有力的决策支持。这种深入的研究不仅能够帮助企业制定更具针对性的营销策略,还能够让企业在竞争激烈的市场中保持敏锐的洞察力,及时发现并抓住市场机遇。同时,通过不断调整和优化营销策略,企业能够更好地满足消费者的需求,提高品牌的市场占有率。

二 实现精准营销与个性化服务

利用大数据分析进行精准营销,实现个性化推荐和定制化服务。通过企业内部的销售数据、客户数据,以及外部的市场调研数据、社交媒体数据等,构建全面的用户数据库。同时,对数据进行清洗和整理,确保数据的准确性和可靠性。运用数据挖掘、机器学习等先进的数据分析技术,对用户数据进行深度分析,发现消费者的行为模式、偏好和需求。基于这些分析结果,企业可以制定个性化的产品推荐和定制化服务策略。根据数据分析的结果,制定针对性的营销策略。例如,通过用户画像技术,为不同用户群体提供定制化的产品推荐和优惠活动;通过购买预测模型,提前预测用户的购买行为并制定相应的营销策略。

三 创新营销渠道和方式以提高品牌曝光度和用户参与度

创新营销渠道和方式，如直播带货、短视频营销等，提高品牌曝光度和用户参与度。利用快手、抖音等主流短视频平台，开展直播带货活动。通过直播形式展示产品特点和使用方法，吸引用户关注并产生购买意愿。同时，与知名主播合作，借助其影响力和粉丝基础提高品牌曝光度和用户参与度。制作富有创意和吸引力的短视频内容，通过短视频平台传播。短视频营销能够迅速吸引用户注意力并传递品牌信息，提高品牌知名度和美誉度。同时，结合用户兴趣和需求制作短视频内容，提高用户参与度和互动性。除了直播带货和短视频营销外，还可以探索其他创新的营销方式，如社交媒体营销、内容营销等，通过多元化的营销手段提高品牌曝光度和用户参与度。

第六节 加强政策支持和引导

一 制定明确的政策以鼓励和支持企业营销数字化转型

政府应出台一系列明确的政策，以鼓励和支持传统企业积极拥抱营销数字化转型。这些政策应针对不同规模和阶段的企业，特别是对中小企业，应提供具有针对性的支持。例如，政府可以为进行营销数字化转型的中小企业提供一定期限内的税收减免政策，减轻其转型初期的财务压力。同时，政府还应明确转型的目标和路径，包括具体的转型方向、技术路径、人才培养等方面，引导企业有步骤、有计划地推进营销数字化转型。此外，政府应加强对政策执行的监督和评估，确保政策的有效实施和落地。通过建立定期评估机制，政府可以了解企业在转型过程中遇到的困难和问题，并及时调整政策，以满足企业的实际需求。

二　设立专项资金和基金以支持企业营销数字化转型

为了更直接地支持企业的数字化转型，政府可以设立数字化转型专项资金或基金，对开展数字化转型的中小企业给予资金补贴。这些资金可以用于技术研发、人才培训、市场推广等关键环节，帮助企业突破在转型过程中遇到的技术和人才瓶颈。同时，政府还可以鼓励社会资本参与数字化转型的投资和运营，形成多元化的资金来源。通过引入社会资本，政府可以加速企业的数字化转型进程，并推动区域营销数字化转型的快速发展。加强与金融机构的合作，为营销数字化转型的企业提供优惠的融资政策，如低息贷款、担保贷款等，帮助企业解决资金问题。

三　搭建交流平台、提供咨询和培训服务以推动企业合作与自我提升

政府应积极组织行业内的企业、专家、学者等开展交流活动，分享各自在数字化转型方面的成功经验和案例。这不仅可以促进行业内的相互学习和合作，还可以帮助企业了解行业的最新动态和发展趋势。为了帮助企业更好地了解数字化转型的重要性和必要性，掌握相关技术和方法，政府可以组织专业的咨询机构和培训机构为企业提供咨询和培训服务。这些服务可以涵盖战略规划、技术选型、人才培训等方面，帮助企业全面提升数字化转型的能力和水平。此外，政府还可以选取一批在营销数字化转型方面取得显著成效的企业建立数字化转型的示范企业和项目库，为其他企业提供可借鉴的经验和模式。通过加强政策宣传和培训，提高企业对营销数字化转型的认识和理解，激发企业的积极性和主动性。

参考文献

一 中文文献

艾瑞咨询:《中国B2C电子商务市场研究报告》,2009年。

艾尚乐、杨万寿、黄永弟:《平台经济视域下的数字内容产业协同创新演化博弈研究》,《工业技术经济》2022年第10期。

白晨、彭洁、李金兵:《信息资源共享中提供方与中介的关系分析——基于博弈理论的研究》,《科技管理研究》2014年第18期。

白孝忠:《中国产业结构调整中政府行为的博弈分析》,硕士学位论文,武汉理工大学,2004年。

贝恩咨询:《中国零售业全渠道战略案例集》,2021年。

蔡跃洲:《数字经济的增加值及贡献度测算:历史沿革、理论基础与方法框架》,《求是学刊》2018年第5期。

CBNData:《中国自有品牌发展白皮书》,2023年。

曹征、李润发、蓝雪:《电商巨头下沉市场的消费驱动及发展战略——以阿里巴巴、京东、拼多多为例》,《商业经济研究》2021年第3期。

陈家乐:《"社交电商"拼多多野蛮增长的经济秘密和未来展望》,《现代商业》2019年第2期。

陈凯旋、张树山:《电商平台建设能推动数实融合吗?——来自国家电子商务示范城市的经验证据》,《当代经济管理》2024年第

8期。

陈露娟:《基于数字经济背景的电商发展策略分析》,《中国市场》2024年第18期。

陈晓红:《企业社会责任对电商品牌价值的影响机制》,《管理科学学报》2024年第2期。

陈晓红、李杨扬、宋丽洁:《数字经济理论体系与研究展望》,《管理世界》2022年第2期。

陈义涛、赵军伟、袁胜军:《电商直播中心理契约到消费意愿的演化机制——卷入度的调节作用》,《中国流通经济》2021年第11期。

陈岳飞、王理、喻准:《融合型智能控制技术研究与应用》,《计量科学与技术》2023年第6期。

陈战波、朱喜安:《科技型中小企业持续创新能力评价体系研究》,《技术经济与管理研究》2015年第3期。

戴生雷:《化工企业成本核算与精细化管理研究——评〈化工企业管理〉》,《分析测试学报》2020年第3期。

邓璐:《从2023年财报看拼多多的快速发展经验》,《中国电信业》2024年第5期。

翟雨芹:《大数据时代零售业个性化营销对消费者忠诚度的影响研究》,《商业经济研究》2023年第22期。

德勤:《全球零售力量报告》,2019年。

董岩、时光、时雨甜:《线上营销对网络消费者购买行为的影响研究》,《经济问题探索》2020年第10期。

董志良、张永礼:《电子商务在京津冀协同发展中的重要作用及其发展对策》,《河北学刊》2015年第2期。

窦静怡:《当代多元化经营成功的典型案例分析及启示——以阿里巴巴为例》,《现代商贸工业》2021年第29期。

方鸣、高秀凤：《社交媒体对中小跨境电商企业绩效的影响研究——基于动态能力的中介作用》，《财经科学》2022年第5期。

费威、王阔：《直播电商背景下品牌商、平台与主播的食品安全动态策略》，《软科学》2024年第7期。

冯朝睿：《高水平数字政府建设的影响因素及推进路径》，《河北大学学报》（哲学社会科学版）2022年第6期。

冯春雨：《电商行业成本领先战略的案例研究——以拼多多为例》，《营销界》2020年第26期。

弗若斯特沙利文：《中国家电零售渠道变革研究》，2022年。

高贵、孙元华、刘森：《对博弈理论与农民专业合作社的思考》，《现代农业科技》2013年第2期。

高凯：《数字经济时代生鲜电商企业商业模式创新研究》，《商业经济研究》2024年第11期。

高新会、胡祥培、阮俊虎：《考虑模糊时间和成熟度的跨区域鲜果电商配送模型研究》，《运筹与管理》2022年第3期。

顾丽敏、张骁：《数字经济驱动企业商业模式创新的动因、机理与路径》，《南京社会科学》2023年第12期。

郭国庆：《中国市场营销学科发展史》，中国人民大学出版社2023年版。

郭蓉：《企业营销腐败的治理对策分析：基于博弈论的视角》，《上海应用技术学院学报》（自然科学版）2013年第2期。

海关总署：《跨境电商进口数据年报》，2023年。

韩德超、李丽佳：《消费者购买意愿、品牌效应对有机农产品零售企业绩效的影响》，《商业经济研究》2023年第19期。

何帆、刘红霞：《数字经济视角下实体企业数字化变革的业绩提升效应评估》，《改革》2019年第4期。

何慧爽：《产品差异化、竞争强度与企业R&D策略分析》，《科学学研究》2010年第9期。

何文韬、邵诚：《工业大数据分析技术的发展及其面临的挑战》，《信息与控制》2018年第4期。

侯冠宇、熊金武：《数字经济对经济高质量发展的影响与提升路径研究——基于我国30个省份的fsQCA分析》，《西南民族大学学报》（人文社会科学版）2023年第8期。

胡青：《企业数字化转型的机制与绩效》，《浙江学刊》2020年第2期。

胡元聪、徐媛：《企业向政府共享数据的法律激励问题及创新路径》，《陕西师范大学学报》（哲学社会科学版）2024年第1期。

蒋和胜、陈乾坤：《竞争约束如何塑造平台相关市场？——基于反垄断案例的质性研究》，《财经问题研究》2024年第5期。

蒋石梅、曹辉、覃欣然等：《社交电商平台颠覆性创新的触发机制研究——基于拼多多的案例研究》，《技术经济》2023年第6期。

焦豪、张睿、杨季枫：《数字经济情境下企业战略选择与数字平台生态系统构建——基于共演视角的案例研究》，《管理世界》2023年第12期。

金白：《VUCA环境下土地交易的动态决策——政企动态博弈案例研究》，硕士学位论文，昆明理工大学，2020年。

靳丽娜、杨鑫婕：《拼多多裂变式社交营销策略及盈利模式研究》，《商场现代化》2025年第4期。

京东：《消费者体验升级行动计划》，2021年。

京东：《平台价格治理年度报告》，2022年。

京东财报：《企业客户服务白皮书》，2022年。

康晓光：《企业品牌个性化营销研究》，《经济纵横》2012年第6期。

李春雨、张翠华、马勇：《不同销售模式下质量投资和自有品牌侵入的交互影响》,《系统管理学报》2024年第4期。

李峰、王丹迪:《积极促进京津冀数字经济高质量发展》,《宏观经济管理》2023年第9期。

李杰:《基于电子商务平台的物流企业营销策略探讨》,《商业经济研究》2024年第6期。

李俊、付鑫:《数字贸易促进数字经济发展:机理、事实与建议》,《国际贸易》2024年第7期。

李骏阳:《改革开放以来我国的零售革命和零售业创新》,《中国流通经济》2018年第7期。

李琴、徐兵:《用户偏好连续分布下两竞争双边平台的企业社会责任与定价决策研究》,《管理评论》2024年第3期。

李然、孙涛、曹冬艳:《平台经济视角下新物流新业态运营模式研究》,《当代经济管理》2023年第6期。

李扬帆、格佛海:《客户关系管理系统与企业运营绩效的关系——基于美国和中国上市公司的对比分析》,《技术经济》2015年第8期。

李泳琪:《基于拼多多的电商平台C2M模式创新路径研究》,《河北企业》2020年第8期。

李苑君、吴旗韬、张玉玲等:《中国三大城市群电子商务快递物流网络空间结构及其形成机制研究》,《地理科学》2021年第8期。

李长江:《关于数字经济内涵的初步探讨》,《电子政务》2017年第9期。

李正波、邱琼主编:《电子商务与新零售研究》,中国人民大学出版社2017年版。

李志刚:《创京东》,中信出版社2015年版。

李宗活、李善良、刘丽雯:《面向潜在竞争者异质品引入的零售商平台定价策略与模式选择研究》,《中国管理科学》2025年第

1 期。

梁雯、陈广强、王欣：《电子商务发展中的逆向物流问题——电商企业与政府、消费者的不同利益关系博弈分析》，《产经评论》2017 年第 8 期。

刘飞：《数字化转型如何提升制造业生产率：基于数字化转型的三重影响机制》，《财经科学》2020 年第 10 期。

刘光毅、张慧敏、佟舟等：《6G 移动信息网络架构：从通信到一切皆服务的变迁》，《中国科学：信息科学》2024 年第 5 期。

刘会政、张洋洋、易辰玉：《跨境电商对京津冀商贸流通业的影响效应研究》，《商业经济研究》2023 年第 3 期。

刘强东：《我的创业史》，东方出版社 2011 年版。

刘权：《网络平台的公共性及其实现——以电商平台的法律规制为视角》，《法学研究》2020 年第 2 期。

刘淑春、闫津臣、张思雪等：《企业管理数字化变革能提升投入产出效率吗》，《管理世界》2021 年第 5 期。

刘潇：《电子商务对我国对外贸易的影响及对策研究》，《价格月刊》2015 年第 6 期。

卢亭宇、庄贵军：《网购情境下消费者线下体验行为的扎根研究》，《管理评论》2021 年第 7 期。

陆国浩：《网络营销中搜索引擎优化的研究》，《沙洲职业工学院学报》2011 年第 1 期。

罗琳：《大数据驱动的商业模式创新研究现状、内在机理及具体过程》，《商业经济研究》2020 年第 4 期。

马亮、郭鹏辉：《新能源汽车产业链合作研发契约研究》，《科技管理研究》2020 年第 8 期。

秒针系统：《电商广告投放效率研究》，2022 年。

欧阳日辉：《数字经济的理论演进、内涵特征和发展规律》，《广东社会科学》2023 年第 1 期。

潘彤、刘斌、顾聪：《跨境电商平台与企业出口产品质量升级——基于阿里巴巴国际站大数据平台的分析》，《世界经济与政治论坛》2024 年第 3 期。

普华永道：《中国科技企业 IPO 趋势报告》，2021 年。

戚聿东、肖旭：《数字经济时代的企业管理变革》，《管理世界》2020 年第 6 期。

齐二娜、舒咏平：《基于个性化推荐系统的展示广告研究》，《中国出版》2014 年第 20 期。

齐骥、陈思：《数字化文化消费新场景的背景、特征、功能与发展方向》，《福建论坛》（人文社会科学版）2022 年第 12 期。

钱雨、孙新波、苏钟海：《传统企业动态能力与数字平台商业模式创新机制的案例研究》，《研究与发展管理》2021 年第 1 期。

乔晗、胡杰、张硕等：《商业模式创新研究前沿分析与评述——平台生态系统与价值共创》，《科技促进发展》2020 年第 1 期。

Quest Mobile：《电商直播趋势报告》，2023 年。

沈波、张宁昕：《多个平台排他性交易的理论与反垄断分析》，《系统工程理论与实践》2024 年第 2 期。

石成玉、陈怪亨、王妍等：《大数据视角下生鲜电商供应链物流服务策略研究》，《农业技术经济》2023 年第 10 期。

史丹、聂新伟、齐飞：《数字经济全球化：技术竞争、规则博弈与中国选择》，《管理世界》2023 年第 9 期。

史文雷、徐蕾、彭学君等：《京津冀协同发展机遇下河北省跨境电子商务发展对策分析》，《中国市场》2017 年第 9 期。

史宇鹏、王阳、张文韬：《我国企业数字化转型：现状、问题与展望》，《经济学家》2021 年第 12 期。

宋虹桥、张夏恒：《数字化赋能新质生产力的内在逻辑与实现路径》,《湖湘论坛》2024 年第 3 期。

宋思根、冯林燕:《顾客双重价值需求与零售营销变革——新经济社会学视角》,《北京工商大学学报》(社会科学版) 2019 年第 6 期。

宋宗耀:《博弈市场环境下的媒体广告快速反应机制研究——以天津人民广播电台为例》,《经济研究导刊》2009 年第 21 期。

孙德林、王晓玲:《数字经济的本质与后发优势》,《当代财经》2004 年第 12 期。

孙红霞:《基于博弈论的中国跨国粮食供应链构建研究》,《河南工业大学学报》(社会科学版) 2023 年第 1 期。

孙岩:《新媒体背景下的营销变革》,《青年记者》2010 年第 12 期。

汤向东:《海尔集团的营销渠道策略分析》,《中国市场》2011 年第 2 期。

王海涛:《B2C 电商平台客户关系管理优化研究》,《现代营销》2024 年第 3 期。

王娟娟、黄美玲、黄明天等:《数字化赋能企业与数字化转型企业的价值共创过程与机制研究》,《南大商学评论》2023 年第 4 期。

汪涛、熊莎莎、周玲:《全球化背景下中国品牌文化原型资源的开发——基于原型理论的研究框架》,《华东师范大学学报》(哲学社会科学版) 2020 年第 6 期。

汪旭晖、任晓雪:《政府治理视角下平台电商信用监管的动态演化博弈研究》,《中国管理科学》2021 年第 12 期。

王磊、王学基:《互动创造消费:旅游电商直播情境下冲动购买的影响机制》,《西南民族大学学报》(人文社会科学版) 2023 年第 12 期。

王敏、彭敏娇:《数字经济发展对税收征纳主体行为的影响及政策建议》,《经济纵横》2020 年第 8 期。

王茜、容哲、谢康:《跨平台渠道使用习惯形成及顾客价值的影响研究:基于渠道使用全过程的实证分析》,《预测》2021年第1期。

王秦、朱建明、高胜:《博弈论与密码协议研究进展》,《密码学报》2019年第1期。

王卫东:《社会化电商拼多多盈利模式存在的问题与优化建议》,《中国商论》2022年第23期。

王文姬、李勇坚:《电商平台促进消费扩容提质的机理与对策建议》,《行政管理改革》2023年第12期。

王晓东、万长松、谢莉娟:《零售企业数字化转型策略选择——基于转型深度和广度对全要素生产率的影响》,《中国人民大学学报》2023年第3期。

王旭东:《把握行业发展机遇共谋京津冀物流协同发展——在第九届中国北京流通现代化论坛上的讲话》,《中国流通经济》2015年第12期。

王永贵、汪淋淋:《传统企业数字化转型战略的类型识别与转型模式选择研究》,《管理评论》2021年第11期。

王永贵、王皓月、杨江琳等:《社交媒体营销研究与展望——基于Web of Science核心数据库和CNKI数据库的综合分析》,《管理评论》2024年第8期。

王宇、束容与:《平台经济推动产业链高质量发展的机制与路径研究》,《当代经济科学》2024年第5期。

王真真:《市场一体化对我国商贸流通业数字创新的影响》,《商业经济研究》2024年第17期。

王智庆:《商贸流通业对区域经济发展的先导性作用及发展策略》,《商业经济研究》2016年第24期。

吴晓波:《激荡十年,水大鱼大》,中信出版社2017年版。

谢楠、何海涛、王宗润：《复杂网络环境下不同政府补贴方式的企业数字化转型决策分析》，《系统工程理论与实践》2023 年第 8 期。

谢尚果、彭振：《"一带一路"倡议下我国边境地区发展跨境电商的困境与路径》，《中国行政管理》2017 年第 10 期。

徐金鹏、冯锐、尤晓岚等：《考虑消费者渠道偏好的多渠道零售模式选择策略》，《系统科学与数学》2023 年第 12 期。

徐康宁：《数字经济重塑世界经济与全球竞争格局》，《江苏行政学院学报》2022 年第 3 期。

徐鹏、徐向艺：《人工智能时代企业管理变革的逻辑与分析框架》，《管理世界》2020 年第 1 期。

徐小平、吴婕、何平：《碳交易机制下考虑参考价格效应的平台化运作决策及协调机制研究》，《管理学报》2023 年第 10 期。

徐毅、姜长运：《城市的电商化转型能否推动低碳发展——基于国家电子商务示范城市的经验证据》，《调研世界》2023 年第 10 期。

许桂涛、康凯：《体验经济背景下新零售供应链渠道选择策略研究——以 BOPS 全渠道参与者的博弈视角》，《当代经济管理》2024 年第 5 期。

杨光、王晓卓、汪立：《"众包"平台公示成功创意有助于用户创新吗?》，《南开管理评论》2024 年第 9 期。

杨琳：《基于信息博弈模型的城市土地储备经济分析》，《技术经济》2012 年第 2 期。

杨晓光、李三希、曹志刚等：《数字经济的博弈论基础》，《管理科学》2022 年第 1 期。

杨栩、孟明明、李宏扬：《智能家居联动场景下消费者线下体验对线上购买行为的链式影响机制研究》，《商业研究》2022 年第

4 期。

姚悦霞：《拼多多战略成本管理与盈利模式分析》，《财富时代》2024 年第 8 期。

叶振宇：《京津冀产业转移协作的前瞻》，《天津师范大学学报》（社会科学版）2017 年第 5 期。

叶政豪：《B2C 跨境电商平台对我国外贸的影响分析——以阿里巴巴全球速卖通为例》，《知识经济》2018 年第 2 期。

亿邦动力：《618 大促战报分析》，2023 年。

易观智库：《中国网络零售市场生态图谱》，2013 年。

易观智库：《中国中高端电商用户画像研究》，2022 年。

尹瑶、叶敬忠：《新零售背景下的农产品流通秩序与治理变革——基于对"盒马鲜生"平台的考察》，《开放时代》2024 年第 5 期。

余海燕：《论品牌扩散与市场进入壁垒》，《生产力研究》2005 年第 2 期。

余典范、贾咏琪、王超：《跨境电子商务与企业供应链效率——基于跨境电商政策的经验研究》，《国际贸易问题》2024 年第 10 期。

余金艳、张英男、刘卫东等：《电商快递包装箱的碳足迹空间分解和隐含碳转移研究》，《地理研究》2022 年第 1 期。

张铎：《数字经济时代私域流量的价值及营销模式》，《中国流通经济》2023 年第 12 期。

张化尧、金波、许航峰：《数字经济的演进：基于文献计量分析的研究》，《燕山大学学报》（哲学社会科学版）2020 年第 3 期。

张建奇：《数字经济背景下"新零售"驱动产品全渠道供应链整合优化》，《商业经济》2024 年第 7 期。

张默：《价格战是零售企业永远的命题——京东商城 CEO 刘强东专访》，《消费电子》2011 年第 5 期。

张艳、王秦、张苏雁：《互联网背景下零售商业模式创新发展路径的实践与经验——基于阿里巴巴的案例分析》，《当代经济管理》2020年第12期。

张维迎：《博弈论与信息经济学》，上海人民出版社2004年版。

赵江、梅姝娥、仲伟俊：《基于策略性消费者不同行为的动态定向广告投放研究》，《软科学》2015年第3期。

赵金实、霍佳震：《基于消费者行为的零售商双边博弈策略研究》，《南开管理评论》2010年第3期。

赵菊、曹源红、孙翠英等：《基于平台零售的品牌商广告投入和价格博弈》，《运筹与管理》2023年第3期。

赵涛、张智、梁上坤：《数字经济、创业活跃度与高质量发展——来自中国城市的经验证据》，《管理世界》2020年第10期。

赵新泉、刘媛媛、林志刚：《"丝路电商"国际合作的成效、困难及对策》，《中国流通经济》2024年第8期。

钟芳、周颖辰、侯姣靓等：《整体主观偏好与嗜好性感官属性客观量化间的感知交互》，《中国食品学报》2024年第6期。

中国电子商务研究中心：《中国电子商务发展史研究报告》，2010年。

中国消费者协会：《电商平台消费维权报告》，2023年。

钟红、于梦扬：《央行数字货币对全球跨境支付体系的影响》，《新金融》2023年第10期。

周文辉、朱赛、蔡佳丽：《基于数字平台的创业企业如何应对独特性与合法性悖论？》，《南开管理评论》2024年第9期。

周永务、李斐：《新零售运营管理面临的问题与挑战》，《系统管理学报》2022年第6期。

周钟、熊焰、仲勇：《特色品牌海外渠道与消费群体研究：基于顾客体验和口碑传播的双重视角》，《中国管理科学》2018年第11期。

左瑞瑞、周明金:《跨境电商中小型企业客户分类管理及跟进策略——以阿里巴巴国际站平台为例》,《商业经济》2021 年第 1 期。

二 外文文献

Charoen, D., "The Development of Digital Computers", *Ijaber*, Vol. 13, No. 6, 2015, pp. 4495 – 4510.

Ernst, Stan, and N. H. Hooker, "Signaling Quality in an E-Commerce Environment: The Case of an Emerging E-Grocery Sector", *Journal of Food Products Marketing*, No. 4, 2006, p. 12.

Granados, Nelson, A. Gupta, and R. J. Kauffman, "Research Commentary—Information Transparency in Business-to-Consumer Markets: Concepts, Framework, and Research Agenda", *Information Systems Research*, Vol. 21, No. 2, 2010.

Johnson, L. and Wang, M., "Marketing in the Digital Age: Strategies and Challenges", *International Journal of Marketing Studies*, Vol. 18, No. 3, 2021, pp. 21 – 32.

Jones, Kiku, and L. N. K. Leonard, "Consumer-to-Consumer Electronic Commerce: A Distinct Research Stream", *Journal of Electronic Commerce in Organizations*, Vol. 5, No. 4, 2007.

Rose, Susan, N. Hair, and M. Clark, "Online Customer Experience: A Review of the Business-to-Consumer Online Purchase Context", *International Journal of Management Reviews*, Vol. 13, No. 1, 2011.

Soroush S., "A game theoretic approach for pricing and advertising of an integrated product family in a duopoly", *Journal of Combinatorial Optimization*, Vol. 45, No. 5, 2023.

Steven Tadelis, *Game Theory: An Introduction*, Princeton University Press,

2013.

Taleizadeh, A. A. , Ghavamifar, A. & Khosrojerdi, A. , "Resilient network design of two supply chains under price competition: game theoretic and decomposition algorithm approach", *Operational Research*, Vol. 22, 2020, pp. 825 – 857.

Timmers, P. , "Electronic Commerce: Strategies and Models for Business-to-Business Trading", *Acoustics Speech & Signal Processing Newsletter IEEE*, Vol. 17, No. 3, 2003.

Xiuxian L. , Pengwen H. , Shuhua Z. , "The optimal advertising strategy with differentiated targeted effect consumers", *Annals of Operations Research*, Vol. 324, No. 1, 2022, pp. 1295 – 1336.